KB238152

INSPIRATION

인스피레이션

내 안의
기적을
부르는 힘

인스피레이션 내 안의 기적을 부르는 힘

© 나비스쿨 2026

발행일 2026년 1월 30일 1판 1쇄 발행
지은이 웨인 다이어
역자 김석환
펴낸이 조우석
펴낸곳 나비스쿨
교정·교열 신현대
디자인 studio J
인쇄 예원프린팅

등록 No.2020-00008
주소 서울특별시 성북구 돌곶이로 40길 46
이메일 navischool21@naver.com

ISBN 979-11-94114-12-3(03190)

* 본문에 Mapo금빛나루 서체를 사용하였습니다.

INSPIRATION
인스피레이션

내 안의
기적을
부르는 힘

웨인 다이어

나비
스쿨

"인간이 얻을 수 있는 최고의 지식은 평화에 대한 열망이다.
자신의 의지를 무한한 의지와 하나로 합치고,
인간의 의지를 신의 의지와 일치시키려는 것이다."

- 알베르트 슈바이처(Albert Schweitzer)

"초원의 모든 나무와 식물들이 춤추는 듯 보였다.
그러나 보통 사람들의 눈에는
그저 한자리에 움직이지 않는 것처럼 보였을 것이다."

- 루미(Rumi)

"태초 이전에 주님과 함께 누렸던 영광을
나도 함께 누리게 하소서."

- 나사렛 예수(Jesus of Nazareth)

나는 영감받는 것을 사랑한다. 그리고 영감받는 삶을 살고자 하는 생각이 당신에게도 매력적으로 다가갈 것이라 믿는다. 나는 이 마법 같은 개념에 대해 내가 배운 것들을 당신에게 보여주겠다는 생각으로 이 책을 썼다.

이 책을 쓰는 것은 나에게 초월적인 경험이었다. 나는 여러 달 동안 매일 새벽 3시 30분경에 일어나 신과 나만의 개인적이고 사적인 시간을 보낸 후 책상 앞에 앉아 글을 써 내려갔다. 이 책에 적힌 단어 하나하나는 모두 내 손으로 직접 쓴 것이다. 나는 두 손을 책상 위에 올리고, 보이지 않는 영의 세계에서 나오는 영감이 내 가슴을 통해 페이지 위로 흘러나오도록 내버려두었다. 나는 이 단어들이 나의 것이 아니며, 나는 단지 아이디어가 표현되는 도구일 뿐임을 마음 깊이 알고 있었다. 나는 이 과정을 신뢰했으며, 실제로 '영 안에(in-Spirit)' 머물러 있는 한 이 과정은 저절로 진행되었다. 나는 이 아이디어들이 당신에게도 효과가 있을 것이라고 믿는다.

이 책은 내가 35년간 작가로 활동하며 쓴 책 중 가장 개인적인 책이다. 나는 의도적으로 내가 직접 겪은 일들을 사례로 들었다. 영감처럼 깊은 주제에 대해 글을 쓰기 위해서는 내가 느낀 것을 가능한 한 진실하게 전달해야 한다고 생각했기 때문이다. 망고의 맛을 모르는 이가 설명만으로 망고의 맛을 결코 알 수 없듯이, 다른 사람의 사례를 인용하는 것만으로는 내가 경험한 영감의 그 친숙한 느낌을 제대로 전달할 수 없을 테니까 말이다. 실제로 내가 직접 겪어 마음에서 우러나오는 글을 쓰자 비로소 나는 영감의 맛을 책에 생생하게 담아낼 수 있었다.

나는 이 책 곳곳에서 한 가지 주제를 반복해 언급하고 있다. 나는 이 사실을 잘 알고 있다. 그러나 이 책은 '영 안에' 있다는 것이 무엇을 의미하는지를 진정으로 이해하기 위한 도구이기에 이 의도적인 반복을 편집하지 않기로 했다. 자주 반복되는 주제는 다음과 같다. 영 안에 살아라. 당신은 영에서 왔으며, 영감을 받으려면 당신이 온 바로 그곳과 닮아야 한다. 당신은 신과 닮은 삶을 살아야 한다.

내가 좋아하는 멘토이자 스토리텔러인 앤서니 드 멜로(Anthony de

Mello)는 인도에서 살았던 가톨릭 사제다. 그는 복잡한 철학적 문제를 스토리텔링 기술을 통해 이해하기 쉽고 단순한 가르침으로 바꾸는 데 탁월한 능력이 있는데, 다음은 그의 책 『깨어나십시오』(*The Heart of the Enlightened*)에 실린 짧은 이야기이다. 이 이야기는 내가 당신에게 전하고 싶은 '영 안에' 사는 삶에 대한 내용을 잘 요약하고 있다.

한 신도가 제자로 입문하기 위해 구루 앞에 무릎을 꿇었다. 구루는 그의 귀에 신성한 만트라를 속삭인 다음 누구에게도 이를 말하지 말라고 주의를 주었다.

"만약 말하면 어떻게 됩니까?"

신도가 묻자 구루가 말했다.

"너에게서 그 만트라를 들은 사람은 누구든 무지와 고통의 속박에서 해방될 것이다. 하지만 너 자신은 제자의 자격을 잃고 저주받게 될 것이다."

그 말을 듣자마자 신도는 시장으로 달려가 많은 군중을 모아놓고 모두가 들을 수 있도록 신성한 만트라를 반복했다. 나중에 다른 제자들이 이 일을 알리며 신도를 수도원에서 추방해야 한다고 말하자, 구루는 미소를 지으며 말했다,

"그는 내가 가르칠 필요가 없는 사람이다. 그의 행동이 이미 그가 구루임을 보여주었다."

이 이야기에 깊이 몰입할수록 그 의미가 점점 더 명확해질 것이라고 믿는다. 당신은 영으로 돌아가라는 깊은 부름을 받고 있다. 그것은 바로 지금 당신의 삶에 작동하고 있다. 만약 그렇지 않았다면 당신은 지금 이 순간 이 글을 읽고 있지 않았을 것이다. 나는 당신이 그 부름에 귀 기울여 영감받는 삶을 현실로 만들며, 당신을 기다리는 순수한 행복을 알게 되기를 촉구한다.

영 안에서,
웨인 W. 다이어

목차

1부

영감—영 안에서 살기

"인간은 태어날 때 자연으로부터 육체를 받았다.
인간의 어딘가에는 신으로부터 시작된 최초의 신성한 불꽃이 존재하며,
그것을 다시 찾을 때,
그것은 그의 의식적인 영이 될 것이다."

- 로드니 콜린(Rodney Collin),
『의식적 조화의 이론』(*The Theory of Conscious Harmony*)

1장

영 안에 살기

> "영감을 받을 때… 잠자고 있던 힘, 능력, 재능이 살아나며,
> 당신은 당신이 꿈꾸던 것보다 훨씬 더 위대한 사람임을 발견하게 된다."
>
> - 파탄잘리(Patanjali)

나는 우리 삶에서 영감이 얼마나 중요한지를 강조하기 위해 의도적으로 이 책의 제목에 '부름(calling)'이라는 단어를 사용했다. 우주는 우리에게 여기, 이 무상한 세상에 존재하는 목적과 이유를 기억하라고 목소리를 높이고 있다. 우주는 우리에게 시간과 공간 안에서 형체를 가지고 존재하는 모든 것에 의미가 있다고 속삭이고, 외치고, 노래한다. 이 목소리는 바로 영감에서 나오는 것이며, 그것은 우리 각자 안에 존재한다.

영감은 우리가 주의를 기울일 때 다양한 방식으로, 때로는 예상치 못한 방식으로 응답한다. 예를 들어 내가 이 책을 쓰기 시작했을 때, 나는 두 가지 제목을 두고 고민하고 있었다. 하나는 '영감: 당신의 궁극적인 운명(destiny)'이었고, 다른 하나는 '영감: 당신의 궁극적인 부름(calling)'이었다. 어느 날 바다에서 수영을 하면서도 내 머릿속은 두 제목 사이를 오가고 있었다. 하지만 수영을 마치고도 여전히 결정을 내리지 못한 나는 출판사 헤이 하우스의 사장이자 CEO인 리드 트레이시에게 의견을 묻고자 공중전화로 전화를 걸었다.

그런데 리드와 통화가 되기를 기다리는 동안, 전화기의 작은 화면에 'calling'이라는 단어가 나타났다. 다른 것은 아무것도 없고, 단지 'calling'이라는 단어뿐이었다. 그리고 그 단어가 깜빡거리기 시작했다. 마치 내 주의를 끌려는 듯이.

리드가 전화를 받았을 때, 나는 방금 일어난 일을 이야기했고, 우리 둘은 새 책의 제목으로 '영감: 당신의 궁극적인 부름(소명)'을 선택하기로 합의했다. 이 모든 것이 단순한 우연처럼 보일 수도 있을 것이다. 하지만 나는 그것이 단순한 우연이 아님을 알고 있다.

'우연(coincidence)'이라는 단어 자체가 각도가 일치한다는 수학적 개념과 관련이 있다는 점을 생각해보라. 두 각도가 이렇게 '우연히' 결합할 때, 우리는 보통 이를 '완벽하게' 맞물린다고 말한다. 그러니 소위 우연이라 불리는 것들은 사실 완벽한 조화를 이루는 힘들의 정렬일 수 있다. 예를 들어 내가 'calling'과 'destiny' 사이에서 고민하고 있던 바로 그 순간, 'calling'이라는 단어가 눈앞에서 깜빡인 것은 무언가 중요한 것을 알아차릴 기회를 예시하는 것이다. 즉, 무언가 우리의 주의를 끈다는 것은 단순한 우연 그 이상일 수 있다. 영감의 잠재적 사건일 수도 있다는 뜻이다.

우리의 내면 깊은 곳에는 우리가 알아채기를 기다리는 무언가가 있다. 나는 그것을 삶의 여러 사건에 대한 '장 반응(직감)'이라고 부른다. 우리에게는 영감받은 자아를 찾고자 하는, 온전함을 느끼고자 하는 타고난 갈망이 있다. 인정과 행동을 요구하는 설명하기 힘든 일종의 감각이 내재되어 있다. 이것을 '운명', '사명', '목적'이라는 단어를 우리의 내면에 끊임없이 떠올리게 하는 메커니즘이라고 묘사할 수도 있을 것이다. 우리의 일상적인 행동이 이러한 내면의 감정과 완벽하게 일치할 때, 우리는 우리의 소명이 무엇인지 깨달을 수 있다. 이 책을 잠시 내려놓고 지금 당신이 느끼고 있는 것을 확인해보라. 그러면 자신의 한 부분이 "그래, 나는 내 삶에 더 많은 영감을 얻고 싶어! 나는 내 소명을 알고 싶어!"라고 외치는 소리를 들을 수 있을 것이다.

나는 이 책을 읽는 동안 당신이 영감받은 자아와 친밀하게 연결되기 시작할 거라고 약속할 수 있다. 내가 이렇게 확신하는 이유는 이 글을 쓰고 출판하는 것이 나의 소명이기 때문이다. 알다시피, 당신은 나의 궁극적인 소명의 한 부분이다.

나는 '영감(inspiration)'이라는 단어를 '영 안에 있음(being in-Spirit)'이라는 뜻으로 생각한다. 우리가 영 안에 있을 때, 우리는 영감을 받는다. 그리고 영감을 받는 것은 우리가 다시 영 안으로 돌아오기 때문이다.

우리 안에서 영을 완전히 깨달으면서 말이다. 영감을 받는 것은 기쁨의 경험이다. 그때 우리는 우리의 근원과 완전히 연결되고, 궁극의 목적과 완벽히 일치하는 느낌을 받는다. 창조적인 에너지가 흐르고, 일상생활에 아주 높은 활력을 느낀다. 남이나 자신을 쉽게 판단하지 않고, 비판적이지도 않으며, 영감을 느끼지 못해 좌절감을 주었던 행동이나 태도에도 더는 신경 쓰지 않는다. 우리의 가슴은 감사의 노래를 부르며, 너그럽고, 즐거워하고, 사랑으로 가득 차게 된다.

물론 영 안에 있다고 우리가 하는 일이나 일상 활동이 무조건 영향을 받는 것은 아니다. 영감을 받으면서도 어떤 직업을 추구할지, 어떤 활동을 할지 확신하지 못할 수도 있다. 영감이란 그저 우리 안의 영을 알아보는 것이기 때문이다. 모든 것이 발현되는, 보이지도 않고 형태도 없는 에너지 영역으로 돌아가는 것이라고 할 수 있다. 에너지 영역이란 내가 『의도의 힘』(*The Power of Intention*)에서 '의도'라고 부른 바로 그것이다.

하지만 이 책에서 나는 의도의 본질적인 힘에 대한 이해를 넘어, 심지어 우리가 목적이라고 부를 만한 일을 전혀 하지 않을 때도 어떻게 영 안에서 살 수 있고, 영감의 목소리를 들을 수 있는지 설명하고자 한다. 이는 강하게 동기 부여된 상태와는 상당히 다르다. 사실, 그것은 동기 부여와 거의 정반대에 가깝다.

동기 부여 vs 영감

우리의 소명(부름)을 완수하는 데 필요한 것은 그게 무엇이든 현재 진행되는 과정의 일부라는 점을 알아두는 것이 중요하다.

아마도 미국에서 가장 뛰어난 극작가였던 아서 밀러(Arthur Miller)는 이를 잘 알고 있었던 한 사람일 것이다. 말년에 한 인터뷰에서 그는 이런 질문을 받았다. "당신은 새로운 연극을 쓰고 계신가요?" 밀러의 대답은 대략 이랬다. "글쎄요, 쓰고 있는지 아닌지 모르겠지만, 아마도 그렇겠죠." 이 유쾌한 대답은 밀러의 글쓰기가 영감에서 비롯되었음을 시사한다. 즉, 에고가 아닌 다른 무언가가 그에게 글을 쓰도록 이끈다는 뜻이다.

이와는 대조적으로 높은 동기 부여를 가진 사람들은 장애물을 넘어 목표를 향해 자신을 몰아가는 일종의 '에고 결단력'을 갖고 있다. 그래서 그 무엇도 그들의 앞을 가로막지 못한다. 그동안 우리 대부분은 이런 특성이 칭찬받을 만하다고 배워 왔다. 그리고 어떤 일을 성취하지 못하거나 의욕과 야망을 보여주지 못할 때면, "강한 동기를 가져라!"라는 충고를 들어 왔다. 이와 관련된 강연이나 책, 동영상, 음원 등은 우리에게 아이디어에 전념하고 그것을 현실로 만들기 위한 행동을 취하기만 하면 된다고 가르친다. 물론 그것이 다양한 수준의 성취를 위한 유익한 접근 방식인 것은 맞다. 그러나 이 책에서 우리가 탐구하는 것은 바로 우리의 궁극적인 소명, 즉 우리가 되기로 준비되어 있고,

하기로 준비된 일을 정확하게 찾아내는 방법이다.

동기가 아이디어 하나를 붙잡아 그것을 우리가 받아들일 수 있는 결론까지 밀고 나가는 것이라면, 영감은 그 반대다. 영감에 사로잡히면, 보이지 않는 영의 실체로부터 어떤 아이디어가 나와 우리를 붙잡는다. 멀리서 오는 듯한 무언가가 우리를 움직이게 한다. 우리의 에고를 비롯해 그 어떤 환상보다도 더 강력한 힘에 의해 이끌리도록 허용하는 것, 바로 그게 영감인 것이다. 그리고 영 안에 있다는 것은 궁극적으로 우리를 소명으로 이끄는 보이지 않는 실재와 우리가 연결되어있다는 뜻이다. 종종 우리는 이런 영감의 순간을 그것이 지속적으로 나타날 때야 비로소 알아챌 수 있다. 영감은 말이 안 되는 것처럼 보이면서도 동시에 우리의 의식에 계속해서 나타나기 때문이다.

영감의 강력한 끌림을 무시한다면, 그 결과는 개인적인 불편함이나 자신과의 단절감으로 이어진다. 영감이 우리에게 '창작하라', '행동으로 옮겨라', '낯선 곳을 방문하라', '누군가를 만나라', '자신을 표현하라', '다른 이를 도와라', '어떤 대의에 동참하라' 등의 요구를 할 때, 우리는 여러 가지 이유로 저항할 수 있다. 무엇보다 목표나 성취에 대한 확신을 느끼지 못할 때도 영감은 앞으로 계속 나아가라고 우리에게 요구하기 때문이다. 심지어 그것은 한번도 가본 적 없는 낯선 곳으로 갈 것을 고집스럽게 요구할 수도 있다.

삶의 여러 단계에서 느끼는 영감은 우리를 미립자가 되기 전의 영적 에너지에 다시금 연결시키는 생각이나 아이디어라고 할 수 있다. 나는 이것을 '운명에 항복하고 소명을 들을 수 있도록 허용하는 것'이라고 부른다. 우리는 이 시점에서 에고가 요구하는 것, 즉 영감에서 우리를 멀어지게 하는 에고에 지배된 사람이나 기관들이 요구하는 것을 구별해야 한다. 영 안으로 더 깊이 들어갈수록, 우리는 우리 자신이나 다른 사람들의 요구에 더 이상 이끌리지 않을 수 있다. 우리에게 행복한 영감의 상태에 있으라고 촉구하는 존재의 근원에 순응할 때, 우리는 우리의 궁극적인 소명에 인도될 수 있으며, 바로 그것이 진정한 삶의 목적이다.

심지어 우리 자신의 삶 너머에 있는 힘

모든 물리적 생명이 시작되는 보이지 않는 실재는 우리가 '삶'이라 부르는 영원 속의 작은 괄호, 즉 탄생과 죽음 사이에 있는 것보다 더 강력하고 중요하다. 보이지 않는 실재의 영적 차원은 시작과 끝이 있는 이 물질세계에서 우리를 부른다. 이 영적인 본질이 바로 우리의 근원이며, 이는 지상의 자아에 비하면 엄청나게 웅장하고 크다. 우리가 (이 책에서 말하는 의미에서의) 영감을 받을 때, 우리는 우리의 물리적 존재보다 모든 면에서 더 위대한 힘과 연결된다. 우리의 목적이 정해진 곳도 이 영 안에서였고, 우리의 장엄함이 절대적이며 반박할 수 없는 곳도 바로 이 영 안이다. 우리는 형체로 합쳐지기 전에 신의 일부였으며,

풍요로움, 창조성, 사랑, 평화, 기쁨, 웰빙을 내보내는 창조주의 모든 고유한 특성을 가지고 있었다.

아서 밀러가 분명히 느꼈을 것을 우리도 느끼게 될 때, 우리는 우리를 관통해 흐르는 더 광대한 에너지장을 인식하고 그것과 다시 합류하며 이 근원을 우리의 일상 속으로 끌어올 수 있다. 이때 우리는 우리의 에고 정체성에서 잠시 벗어나, 우리를 창조한 에너지를 신뢰한다는 아이디어에 이끌리기 시작한다. 우리는 영 안에서 살기로 하고, 육체적 존재로서의 삶보다 더 큰 무언가에 자신을 맡길 수 있다. 우리가 이런 것들에 귀를 기울이고 받아들일 때, 영은 우리를 인도한다. 하지만 우리가 귀 기울여 듣지 않거나 에고가 끼어들어 주도권을 잡도록 허용할 때, 우리는 영감을 받지 못할 것이다. 그렇게 간단한 것이다.

이 책의 후반부에서는 우리 자신의 이 부분과 교감하고 연결하기 위한 구체적인 제안을 다룰 것이다. 그리고 먼저, 내가 영 안에 있었던 개인적인 경험 몇 가지를 나누고 싶다.

영 안에서의 나의 경험

영 안에 있을 때, 나는 만족감을 느낀다. 하지만 그보다도 기쁨이 더 크다. 그때 나는 내 근원의 진동 에너지를 받아들일 수 있다. '목소리',

'메시지', '침묵의 신호', '보이지 않는 제안' 등 뭐라고 부르든, 그것들은 방해가 되지 않도록 나 자신을 비울 때야 내가 동조할 수 있는 에너지의 진동이다. 세계적인 천재 중 한 명인 볼프강 아마데우스 모차르트는 이렇게 말했다. "내가 온전히 나 자신일 때, 완전히 혼자이고 기분이 좋을 때―예를 들어, 마차를 타고 여행하거나, 맛있는 식사를 한 후 산책을 하거나, 잠들지 못하는 밤에―아이디어가 가장 잘, 그리고 가장 풍부하게 흘러나온다. 그것들이 어디서 어떻게 오는지는 나도 모른다. 그리고 그것은 억지로 만들어낼 수도 없다."

모차르트가 말하는 것을 알기 위해 우리가 천재가 될 필요는 없다. 그것과 똑같은 힘이 다른 방식으로 지금 당신과 나에게도 흐르고 있기 때문이다. 나는 이 영적 에너지가 자유롭게 흐르는 데 저항하지 않도록, 스스로 그것과 조화를 이루거나 영 안에서 내 생각과 기대 속에 머물도록 상기시키는 법을 배웠다.

영은 어떤 것의 불가능성에 대해 골몰하지 않는다. 즉, 창조할 수 없는 것, 잘 해결할 수 없는 것, 최악을 상정하는 것, 또는 제자리에 갇혀 있는 것에 초점을 맞추지 않는다. 영 안에 있을 때, 나는 현재의 순간과 내 생각이 내가 원하는 것과 완벽히 일치하기를 바란다. 예를 들어, 나는 내 말을 듣는 사람들에게 영감의 경험을 전해주고 싶기 때문에 강연할 때 '어쩌면 내가 청중들을 실망시킬지도 모르겠다'는 생각을 하지 않는다. 설사 내가 중간에 말을 더듬거나 강연 내용을 잊어버리더라도, 그것을 헤쳐 나갈 영감이 있을 거라고 믿는다. 그리고 그 결과는 짜릿한 영감의 느낌이다.

글을 쓰기 위해 자리에 앉을 때, 나의 바람은 영이 나를 통해 표현되도록 초대하는 것이다. 그리고 나는 아이디어가 자유롭게 흐르도록 나를 열어 놓는다. 모차르트처럼, 나는 영 안에서 내 근원과 연결되어 있다고 생각하며, 내가 내 영적 근원의 도구가 되기를 기대한다. 그러면 아이디어가 흘러나오고, 내가 필요로 하는 도움이 그냥 나타난다. 모차르트처럼, 나는 아이디어가 어떻게 오는지 설명할 수 없으며 억지로 만들어낼 수도 없다. 영 안에 머무르는 것이 영감을 받는 비결인 것 같다.

나는 또한 마이클 버그(Michael Berg)가 『신처럼 되기: 카발라와 우리의 궁극적인 운명』(Becoming Like God: Kabbalah and Our Ultimate Destiny)에서 "…모든 존재가 신의 일인 것처럼, 모든 존재는 우리의 일이기도 하다"라고 매우 아름답게 설명했듯이 모든 것이 나의 중요한 일이 될 때 영감이 삶의 다른 영역에서도 흐르는 것을 발견한다. 즉, 영감을 받기 위해서는 에고를 잠시 멈추고, 나의 본래 모습과 내가 가진 것을 완전히 무제한으로 나누고 싶은 공간으로 들어가는 의지가 필요하다.

최근 강연에서, 중간 휴식 시간에 롤리나 드 실바(Rolina De Silva)라는 여성이 내게 다가와 토론토 아동병원에 입원 중인 그녀의 십 대 딸 앨리슨(Alison)을 만나줄 수 있는지 물었다. 앨리슨은 림프계가 제대로 기능하지 못하는 희귀 질병으로 여러 달을 입원해 있는 중이었다. 천공된 장이 단백질과 지방을 처리하지 못하는 상태라… 그녀의 병세는 최악이었다.

앨리슨을 세 번째 방문한 날 그녀의 손을 잡았을 때, 정맥 주사로 생긴 작은 상처 위에 앉은 딱지가 눈에 띄었다. 그 순간 무언가가 나를 사로잡았고, 나는 그녀의 눈을 바라보며 그 딱지가 그녀에게 주어진 선물이라는 것을 일깨워주었다. 딱지는 웰빙의 본질(우리의 근원)이 그녀 안에서 작동하고 있다는 증거였기 때문이다. 나는 그녀에게 그것과 똑같은 웰빙을 그녀의 고장 난 복부로 불러오기만 하면 된다고 말했다. "너는 이미 영과 연결되어 있어! 그렇지 않았다면 네 손의 상처에 딱지가 생기지 않았을 거야!"라고 나는 거의 외치듯 말했다.

14개월 후 롤리나와 통화했을 때, 나는 앨리슨의 손을 잡고 상처의 딱지에서 영감을 받아 이야기했던 그날을 기억하냐고 물었다. 그러자 그녀는 그날이 딸에게 새로운 시작이었다고, 그때 앨리슨의 안에서 무언가가 활짝 열렸다고 대답했다. 그전까지만 해도 앨리슨은 늘 무표정한 얼굴로 치료 과정에 대한 불만을 드러냈는데, 내 말처럼 손에 생긴 딱지에서 자신이 영과 연결되어 있음을 깨달은 후 태도가 완전히 바뀌었다는 것이었다.

현재 앨리슨은 집으로 돌아와 지난날 자신이 중환자로 여러 달을 보냈던 병원을 위해 기금을 모으는 일을 하고 있다(만약 TV나 강연장에서 나를 본다면, 내가 작은 천사 모양의 핀을 옷에 착용한 것을 볼 수 있을 것이다. 그것은 앨리슨이 내게 건넨 감사의 선물이다. 이 핀은 그날 나를 인도해 앨리슨에게 그런 말을 하도록 이끌어 준 천사의 상징인 것이다).

우리가 항상 근원과 연결되어 있고 신의 웰빙을 불러올 수 있다는 것을 기억할 때, 바로 그때가 영감을 받는 때임을 나는 마음 깊이 알고 있다. 그 결과가 앨리슨의 경우처럼 기적의 발현이든, 아니면 육신의 죽음을 통해 우리의 근원과 물리적으로 재결합되는 것이든, 우리는 영 안에서 우리의 순간을 살아간다. 중요한 것은 신 또는 영이 이 행성에서 스스로를 드러내는 존재가 바로 우리라는 것을 이해하는 것이다.

또한 창조적 힘은 우리에게 다가오는 에너지라는 것을 명심해야 한다. 우리가 그것을 본받을 때 영감이 내 삶 전체를 통해 흐르게 되고, 궁극적인 소명의 삶을 살게 되는 것이다. 그러나 만약 더 높은 무엇인가에 소명을 느끼고도 아무것도 하지 않는다면, 일반적으로 불만과 실망을 경험하게 될 수밖에 없다. 반대로 소명과 진동에 조화를 이뤄 행동하고, 가능한 한 많은 사람과 그것을 나누려는 의지를 가질 때, 우리는 영감을 받을 수 있다.

예를 들어, 교도소나 도서관에 책을 기부할 때, 나는 궁극적인 소명을 다하고 있다고 느낀다. 실제로 나는 오늘 아침, 한 여성에게서 감사 전화를 받았다. 그녀는 자신의 작업물에 대한 추천사를 부탁했었고, 나는 일부러 시간을 내어 그녀의 치유 최면에 대한 영적 실천이 나에게 어떻게 도움이 되었고, 다른 사람에게 어떤 도움이 될 수 있는지를 평가하는 답장을 보냈었다. 그녀는 "당신의 추천사는 제가 받은 최고의 크리스마스 선물이었어요"라고 말했다. 내가 여전히 이런 일에서 영감을 받는 이유는 무엇일까? 그것은 내가 에고의 세계를 떠나 다른 사람을 이롭게 하고자 영을 표현하는 세계로 들어갔기 때문이다.

영 안에 있는 경험은 우리 모두에게 가능하다. 나는 지금까지 각자가 자신의 소명을 발견하는 방법을 보여주기 위해 내 개인적인 이야기를 몇 가지 이용했다. 나는 다른 이를 도와주라는 소명을 느꼈고, 내 삶은 그 방향으로 나를 이끌고 있는 것이다.

당신은 어떤 방향으로 가고 있는가?

영 안에 있는 것은 우리가 도달해야 할 목적지라기보다 우리가 선택하는 방향이다. 영 안에서 삶을 살아간다는 것은 그 방향을 결정해야 함을 의미한다. 그리고 우리는 우리의 생각과 행동을 주의 깊게 관찰함으로써 방향을 정할 수 있다. 영 안에 있을 때의 생각은 진동적 정렬을 통해 우리를 궁극적인 소명으로 이끈다. 그리고 분명히, 이것은 우리가 원하는 방향이다. 일단 우리가 우리의 생각을 깊이 관찰하기 시작하면, 우리가 자주 반대 방향으로 가고 있다는 것을 깨닫게 된다. 바로 그것을 알아차릴 때, 우리는 의식적으로 노력하여 새로운 생각을 함으로써 방향을 바꿀 수 있다. 예를 들어, 우리가 '악'이라고 부르는 것을 비난하는 행동은 사실 잘못된 방향으로 생각하는 것이다. 우리가 악이라고 부르는 것을 목격할 때, 실제로 우리가 보고 있는 것은 악의 힘에 사로잡힌 개인이 아니라 그들의 근원에서 멀어지는 사람들이다.

우리가 사는 세상에는 악의에서 비롯된 것처럼 보이는 활동이 너무나 많다. 하지만 존재하지 않는 힘에 권능을 부여하지 않도록 조심해야 한다. 오직 근원에서 멀어져 자신 안에 있는 창조적 에너지와 모순되게 행동하는 사람들만 있을 뿐이다. 미움이나 잘못된 판단, 또는 배척하는 생각을 할 때, 우리는 근원에서 멀어지고 있는 것이다. 그런 영적이지 않은 생각이 테러 활동 같은 고통스러운 형태로 분출될 때, 우리는 그것을 '악'이라고 부르는 것이다. 즉, 우리가 사용하는 경멸적인 꼬리표는 분노와 무력감을 덜어줄 수는 있어도, 그것이 우리가 영 안에 있도록 도와줄 수는 없다. 따라서 영감받은 삶을 추구하기 위해서는 자신들의 생각과 행동이 영으로 향하고 있는지, 아니면 영으로부터 멀어지고 있는지 평가하는 것이 중요하다. 어떤 행동을 악한 힘이라고 비난하는 것은 그것이 우리를 영 안에 사는 삶으로부터 멀어지게 할 뿐이다.

일상에서 영감을 받으려면, 우리를 근원에서 멀어지게 하는 생각을 재빨리 알아차리고 방향을 바꿀 수 있어야 한다. 우리는 성 프란치스코가 조언한 대로 미움이 있는 곳에 사랑을 가져와야 한다. 악이라고 이름 붙인 생각에 사로잡혀 있다면, 잘못된 방향으로 가고 있음을 알아차려야 한다. 물론 이를 이해한다는 것은 쉽지 않다. 왜냐하면 우리는 악이나 증오 같은 외부의 힘을 현실의 문제 탓으로 돌리는 데 익숙하기 때문이다. 하지만 우리는 더 잘 알고 있다. 우리를 신에게서 멀어지게 하는 바로 그 에너지를 되돌려 우리가 유턴할 수 있다는 것을.

악이나 증오, 두려움, 그리고 심지어 질병도 우리가 영 안에 있다면 사랑과 친절로 부드러워진다. 우리가 유턴할 때, 우리의 생각과 행동은 영의 공간에서 다시 정렬할 수 있다.

- 적어도 하루에 한 번, 인정받거나 감사받을 기대 없이 당신의 무언가를 다른 이에게 나누는 경험을 하겠다고 다짐하라. 예를 들어, 나는 매일 운동이나 명상, 또는 글쓰기 같은 일과를 시작하기 전에 책상 앞으로 다가가 그날의 선물을 고른다. 그리고 나에게 편지를 보낸 낯선 사람에게 전화를 걸거나, 꽃을 주문해 배송하거나, 가게에서 나를 도와준 사람에게 책이나 선물을 보낸다. 한 번은 내가 졸업한 대학의 총장에게 장학금 모금 활동을 시작하겠다는 뜻을 편지로 보냈고, 또 어떤 날에는 정원사에게 달력을 가져다줬으며, 또 다른 날에는 '사랑의 집 짓기 운동 연합회(Habitat for Humanity)'에 수표를 보냈고, 또 다른 날에는 이제 막 사업을 시작한 아들에게 우표를 세 뭉치 보냈다. 이런 활동은 크든 작든 상관없다. 이것이 내가 하루를 영 안에서 시작하는 방법이다.

● 당신의 근원과 조화를 이루지 않는 모든 생각을 알아채라. 누군가를 배제하거나 판단하는 생각을 알아차리는 순간, 스스로에게 "영 안에 있으라"고 말하라. 그런 다음 그 생각이 근원의 에너지와 일치하도록 조용히 노력하라.

● 아침에 깨어나기 전, 그리고 저녁에 잠들기 전, 1~2분 정도 시간을 내어 '신과의 조용한 시간'을 가져라. 감사하는 마음을 느끼면서 큰 소리로 "나는 기분이 좋아지고 싶어"라고 말하라.

● '내 삶은 나 자신보다 크다'라는 문구를 항상 되새겨라. 이 문구를 출력해서 집, 차, 사무실에 잘 보이게 붙여놓아라. 여기서 '나'는 에고 정체성을 말한다. 당신의 삶은 에고에 방해받지 않은 채 흘러야 한다—영은 당신이 여기서 실현하기 위해 나타난 것이다—그리고 그것은 무한하다. 당신을 당신과 동일시하는 '나'는 찰나의 조각일 뿐이다.

● 당신의 신성함을 인식할 수 있는 무언가에 당신의 삶을 헌신하라. 당신은 위대함의 화신이며, 천재이며, 창조적인 거장이다. 다른 그 누구의 의견과 상관없이 말이다. 당신의 신성한 본성을 격려하고 표현하는 일에 조용히 헌신하라.

　『기적 수업』(*A Course in Miracles*)을 보면 다음처럼 예수의 말을 인용하고 있다. "네가 나와 같아지고 싶다면 내가 너를 돕겠노라, 우리가 같음을 알기 때문이다. 네가 나와 다르고 싶다면 네가 마음을 바꿀 때까지 기다리겠노라." 영감을 받는다는 것은 진정으로 우리의 근원과 같아지는 것이다. 만약 당신이 영감을 받지 않고 있다면, 당신의 근원은 당신이 단순히 마음을 바꾸는 것 같은 간단한 일을 하기를 정중히 기다리고 있다.

2장

몸으로 태어나기 전의 삶

"모든 육체는 영혼에서 나와 다시 그곳으로 돌아간다.
보이는 것은 보이지 않는 것에서 나와,
그것에 의해 통제되며, 다시 그것으로 돌아간다."

- 라오 러셀(Lao Russell)

양자 물리학자들은 입자는 (다른) 더 많은 입자를 만들어내지 않으며, 오히려 그것들은 '에너지 파동'이라 불리는 것에서 나온다고 말한다. 물리학자와 형이상학자들은 우리의 삶이 물리적 의미에서 '영(Spirit)'이라 불리는 보이지 않는 곳에서 비롯된다는 데 동의한다. 모든 물리적 입자가 시작되는 영의 보이지 않는 세계를 설명하거나 검증할 수 없다는 것은 당신에게 놀라운 일이 아닐 것이다. 깨달음의 순간에 본질적으로 명확해지는 것을 단어는 정확히 정의할 수 없기 때문이다.

이 우주는 분명히 목적이 있는 우주이며, 창조와 지속적인 진화를 뒷받침하는 지성을 갖추고 있다. 그리고 우리는 그 지성에서 나왔기 때문에 그 지성의 일부라고 할 수 있다. 예를 들어, 혈액 한 방울에 대한 과학적 분석만 봐도 우리 몸 전체 혈액의 모든 특성을 그대로 갖고 있다. 혈액 한 방울 속의 철분 비율은 우리 몸 전체를 흐르는 혈액과 비례적으로 동일하다. 그러므로 혈액 한 방울이 그것이 나온 근원과 동일하다는 것에 쉽게 동의할 수 있다.

이제 혈액 한 방울이 분리된 상태로 있을 때를 생각해보자. 그것이 우리에게 힘을 주거나 우리를 치유할 수는 없다. 자유롭게 순환할 수도 없다. 게다가 근원에서 너무 오래 분리돼 연결이 끊어지게 되면, 그것은 말라버리고, 부패하고, 분해될 것이다. 비록 그것이 원래의 근원과 동일하게 생존에 필요한 모든 물리적 특성을 포함하고 있더라도 말이다.

나는 영적 근원에서 입자로 이루어진 물리적 존재로 전환된 우리가 혈액 한 방울과 비슷하다고 믿는다. 우리 역시 근원과 동일한 모든 속성을 가지고 있기 때문이다. 하지만 혈액 한 방울과 달리 우리는 결코 근원에서 완전히 분리되지 않는다. 나는 실로 끝없이 마법을 창조하는 근원 에너지에 의해 지시되고 있는 이 우주에는 우연이 없다는 것을 알고 있다. 나는 우리가 영의 세계에서 입자와 형태의 세계로 이동하기로 동의했고, 정확히 지금 이 시점에 태어나기로 했으며, 우리가 동의한 때에 이 세계를 떠나기로 했다는 것도 알고 있다. 나는 또한 우리가 이 세상에 완벽한 기쁨을 가져오고, 지구에서 만나는 모든 사람과 신과 같은 에너지를 나누기로 결정했다는 것도 안다. 그것이 우리의 본성이다!

고대로부터 내려오는 신비주의 전통은 우리의 행성 지구가 창조주의 보편적인 사랑과 아름다움, 그리고 풍요를 나누기 위한 도구로 존재한다고 가르친다. 우리가 영에서 멀어질 때, 반드시 원래의 본성에서 분리되어야 하는 것은 아니지만, 그렇게 되는 것처럼 보이는 것도 이 때문이다. 따라서 영감을 받고자 한다면, 우리의 원래 자아와 다시 연결되도록 도와주기 위해 나타나는 느낌에 대해 호기심을 갖고 주의를 기울여야 한다.

우리를 통해 흐르는 영감은 우리가 이 보이는 형태의 세계에 들어오기 전에 있었던 비물리적 자아의 영역에서 온 메신저다. 우리는 육체적 죽음을 경험하지 않고도 지금 당장 우리의 내면 안에서 형체가 없는 곳으로 돌아갈 수 있는 능력이 있다.

이것은 주로 정신적인 여행이며, 우리는 이때 모든 것을 창조하는 에너지, 즉 신이 생각하는 방식으로 생각해야 한다. 그렇다면 우리가 영에서 물질적인 형태로 전환하기 직전의 모습은 어땠을까? 우리가 있었고, (지금도 있는) 무한한 하나 속에서 앞서 말한 에너지 파동이 작은 아원자 입자로 나타났고, 쿼크(양성자, 중성자와 같은 소립자를 구성하고 있다고 여겨지는 기본적인 입자―역자 주), 전자, 원자, 분자, 그리고 궁극적으로 우리 몸의 물리적 발현과 그 모든 추구, 성취, 획득 및 물리적 속성에 필요한 모든 것을 구성하는 세포로 나타나도록 하는 무언가가 일어났다.

영의 화신이 되기 전 우리의 삶은 정확히 우리의 근원과 같았다. 그러다가 우리는 전환의 과정을 시작했고, 어머니의 자궁에서 9개월 동안 성장하기 위해 의도된 작은 태아가 되었다. 나는 우리가 입자와 형태의 세계로 들어오기로 선택했다고 생각한다. 지금은 쉽게 이해하지 못하는 방식으로, 우리는 우리가 기원지에 있을 때 여기에 와서 무엇을 성취할 것인지를 알고 있었고, 이 삶의 과정을 시작하는 데 참여했다.

그런데 왜 우리는 우리의 일부가 아닌 다른 사람이나 사물에 책임을 돌리고 탓하는가? 지구에서 우리는 선택의 자유라는 선물을 받았다(즉, 우리는 선택할 수 있다는 것이다). 그러니 우리가 영적인 영역에만 머물러 있었을 때도 동일한 능력이 있었다고 가정해보자. 우리는 물리적 몸을 선택했다. 이 여정에 필요한 부모도 우리가 선택한 것처럼 말이다. 그리고 우리가 근원과 함께 이 삶을 선택했다고 믿는 것도 무리한 추측은 아닌 것 같다.

우리의 자아로 의도된 최초의 인간 원형질 입자는 우리라는 물리적 존재의 설계자가 아니었다. 그것은 우리의 자아가 발현된 보이지 않고 형태 없는 에너지장의 한 측면이었다. 그 입자와 그것이 나온 에너지장에는 우리의 눈, 다리, 입 등의 크기와 모양이 담겨 있었다. 그래서 그 에너지장에 우리 삶의 모습도 담겨 있다고 가정하는 것은 직관적으로 자연스럽게 느껴진다.

우리의 내면 깊은 곳에는 우리의 삶이 어떤 모양이 되어야 하는지에 대한 인식이 있다. 따라서 우리가 선택한다면, 우리가 알고 싶어 하는 우리의 소명에 대한 목소리를 들을 수 있다. 그리고 이를 위해서는 먼저 우리가 잉태되기 전에 서명한 신성한 계획에 항복해야 한다.

형태 속의 첫 9개월

우리가 입자로 발현된 첫 순간부터 어머니의 자궁에서 나오기까지 어떤 일이 있었는지 잠시 되돌아보자.

우리의 배아는 완전한 믿음과 협력의 공간에서 태아가 되었다. 거기엔 아무런 요구도 없었다. 왜냐하면 우리는 단순히 자연의 신성한 힘에 이끌려 왔기 때문이다. 우리의 발달은 기본적으로 우리의 의지 없이 이루어졌다. 뇌는 우리가 어떻게 해야 한다고 생각하지 않아도 발달했고, 심장, 간, 신장, 발가락, 손가락, 눈썹, 그 외 모든 다른 특징은 자궁 밖에서 보면 기적처럼 보이는 일정에 따라 발현됐다. 우리는 어머니의 자궁(자궁이 우리의 존재를 협력하고 환영했는지의 여부와 상관없이)이라는 생명의 근원에 맡겨져 9개월을 보냈다. 우리가 되기로 서명한 존재로 자라나는 데 필요한 모든 에너지는 직접 우리에게로, 그리고 우리를 통해 흘렀다.

어머니의 협력만으로 어떻게 우리는 9개월 동안 그렇게 잘 지낼 수 있었을까? 인간의 첫 여정에 필요한 모든 것이 어떻게 그렇게 완벽하게 창조적 영과 일치할 수 있었을까? 우리의 근원인 씨앗은 너무나 작아서 바늘귀 안에 수백만 개가 들어갈 수 있고, 기린, 야자수, 또는 다른 유기체의 씨앗과 다를 게 없어 보인다. 그런데도 어떻게 그 씨앗이 결국 당신이나 내가 되었을까?

그 씨앗은 창조적 지성의 후원 아래 우리가 되고자 하는 바대로 물질화되었고, 모든 생명을 책임지는 놀라운 영의 도움으로 번성할 수 있었다. 창조의 전체 과정은 그냥 펼쳐졌다. 자궁에서 보낸 몇 달 동안, 우리는 영 안에 머물렀다고 말할 수 있다. 우리는 그 어떤 노력 없이 영이 완벽하게 정렬되도록 허용하고 있었다. 우리는 전적으로 누구도 완전히 설명하거나 이해할 수 없는 어떤 생명력에 의해 길러진 것이다. 우리는 작은 애벌레 모양의 점액 덩어리였을 뿐이지만, 자궁이라는 생명을 유지하는 데 필요한 장치 안에서 상대적으로 짧은 시간 안에 인간이 되었다.

결국 우리는 우주에 100퍼센트 신뢰할 수 있는 힘이 존재하며, 그 힘에 의지하여 우리가 여기까지 왔다는 것을 알 수 있다. 그것은 사랑, 협력, 아름다움, 확장의 영에서 창조하고 발현한다. 그리고 이 영의 완벽한 작용으로 돌아갈 때 우리는 영감을 받을 수 있다. 우리는 창조의 에너지에 의존하여 우리 안에 있는 영감의 빛에 연료를 공급하면서 자궁 밖에서도 평생에 걸쳐 지속적으로 성장해 나갈 수 있다.

이제 나는 내가 나의 근원이 되는 영과 나누었던 대화를 공유하려 한다(앞서 언급했듯이 이것은 우리 모두가 상상 속에서 연습할 수 있는 것이다). 그것은 진정 놀라운 경험이었다. 나는 모두가 나와 같은 기회를 발견하거나 적어도 이런 일이 일어나게 할 상황을 주의 깊게 살피길 권한다.

물리적 입자로 나타나기 전에 있었던 나의 영과의 대화

우리가 사고와 우연을 배제하는 조직적인 지성에 의해 창조되고 인도되는 우주에 존재한다는 느낌, 그리고 지금 내가 여기에 존재하는 것이 그 지적 시스템의 일부라는 느낌을 나는 항상 받아왔다. 나는 강력한 최면 경험을 통해 나의 가장 높은 영적 자아와 내가 여전히 연결되어 있다는 것을 깨달았기에, 이를 통해 근원 간의 대화를 재창조할 수 있었다. 실제로 이 상상 속의 대화는 내가 살아가는 동안 큰 도움이 되었다.

나는 1939년 9월 1일에 잉태되었고, 1940년 5월 10일에 태어났다. 내가 잉태된 날은 아돌프 히틀러가 폴란드를 침공한 날이었고, 이틀 후 제2차 세계대전이 발발했다. 내가 태어난 날은 나치 독일이 벨기에, 네덜란드, 룩셈부르크를 침공해 점령한 날이었고, 나는 홀로코스트가 다가오는 것을 보았다. 나는 내가 수백만 명을 학살한 끔찍한 행동을 낳은 증오를 뒤집는 데 주도적인 역할을 하기로 되어 있었다는 것을 알았다.

나는 자기 신뢰와 연민을 가르치기 위해 여기에 왔다. 이전의 생에서 13세기에 내가 프란체스코 베르나도네(Francesco Bernadone, 후에 아시시의 성 프란치스코가 됨)와 함께 또는 그로서 유럽과 아시아를 돌아다니며 십자군 전쟁으로 알려진 잔혹한 활동을 멈추려 했던 것처럼 말이다. 나의 무한한 영혼은 인간이 같은 인간에게 보이는 비인간성에 괴로워했고, 우리가 집단적이나 개별적으로 우리 자신을 분리하고 분쟁을 해결하기 위해 폭력을 사용함으로써 발생하는 고통을 지금도 여전히 근절하고 싶어 한다. 나에게 있어서 그 해답은 자신의 근원과 연결돼 사랑, 평화, 친절, 하나됨의 의식에 머무를 수 있는 방법을 가르치는 것으로 보인다. 우리 중 충분한 수의 사람들이 영 안으로 돌아가는 여정을 시작할 때, 우리의 그룹과 공동체는 내가 어떤 식으로든 장려하도록 부름받은 영감을 반영하게 될 것이다.

1939년에 순수한 영적 존재에서 입자의 세계로 전환될 준비를 하면서, 나는 내가 신이라고 부르게 될 창조적 지성과 다음과 같은 대화를 나눴다.

신: 이제 곧 시작될 이 여정에서 무엇을 이루고 싶은가?

나: 자립, 연민, 용서를 가르치고 싶습니다.

신: 이것이 네가 이번 생애에서 헌신하고 싶은 것이 확실한가?

나: 네, 이제 그 필요성을 더 명확하게 알 수 있습니다.

신: 그렇다면, 너를 여러 위탁 가정에 보내 10년 정도 머물게 해서 네가 스스로 의지하는 법을 배우도록 하는 것이 좋겠다. 그리고 부모를 떼어놓음으로써 네가 네 사명에서 벗어나지 않도록 할 것이다.

나: 받아들이겠습니다. 그런데 제 부모는 어떻게 되나요? 누가 제 삶의 목적에 가장 도움이 될 수 있을까요?

신: 네 아버지로 멜빈 라일 다이어를 선택할 수 있다. 죄수이자 알코올 중독자이며 도둑인 그는 너를 아기일 때 버리고 네 삶에 다시는 나타나지 않을 것이다. 너는 처음엔 그를 미워하고 복수를 꿈꾸겠지만, 그가 세상을 떠난 한참 후에는 결국 그를 용서할 것이다. 이 용서의 행위는 네 삶에서 가장 중요한 사건이 될 것이다. 그것이 네가 서명한 길로 너를 이끌 것이다.

나: 제 어머니는요?

신: 라일의 아내인 헤이즐 다이어를 선택하라. 자녀에게 품은 그녀의 연민은 너에게 본보기가 될 것이다. 그녀는 10년 정도 고생하면서 너와 네 형제들과 재결합하기 위해 뼈를 깎는 노력을 할 것이다.

나: 두 분에게는 너무 잔인한 운명 아닌가요?

신: 전혀 아니다. 네 아버지는 25년 전에 이것에 서명했다. 그는 이번 생애 전체를 자신의 자녀 중 한 명에게 용서의 교훈을 가르치는 데 바칠 것이다. 고귀한 행동이라고 생각하지 않는가? 그리고 네 어머니는 진정한 연민이 매일의 일상에서 어떻게 나타나는지 보여주기 위해 여기 있다. 자, 내려가서 입자가 되는 일에 참여해라.

내 책 『믿으면 보인다』(*You'll See It When You Believe It*)의 서문에서, 나는 1970년대 초 아버지의 무덤을 방문한 이야기를 했다. 사실 나를 거기 까지 이끈 것은 논리 법칙을 거스르는 일이었다. 하지만 그럼에도 그곳 을 방문했던 이유는 내가 1939년에 서명한 내 사명인 글쓰기와 강연 경력을 시작하기 전에 극복해야 할 마지막 장애물이었기 때문이다.

나는 유럽의 홀로코스트 현장도 방문했고, 전쟁을 일으킨 증오의 원 인이 된 사건들의 역사를 읽고 또 읽었다. 1960년대에는 끔찍했던 베 트남 전쟁을 둘러싼 사건에 평화를 가져오기 위해 노력했고, 오늘날 에는 아프리카, 중동, 특히 이라크에서 벌어지는 폭력과 증오에 대한 대안을 찾는 데 관심을 기울이고 있다. 나의 소명은 내 안 깊이 자리 잡고 있으며 나를 붙잡고 이끌고 있다. 아서 밀러처럼, 내가 다음에 무엇을 할지 정확히는 모르지만, 아마도 이 여정의 시작에서 영과 내 가 결정한 것에 따라 인도받고 있을 것이다. 다만, 내가 확실히 아는 한 가지는 내가 영감을 받고 있다는 것이다!

지금까지 나의 소명에 대한 개인적인 통찰을 설명했다. 나의 소명은 우리 모두가 자신의 사명을 완수하기 위해 필요한 경험으로서 모든 고난과 성공을 포함하여 자신의 삶을 돌아보도록 격려하는 것이다. 이런 관점에서 삶을 바라보는 것은 영으로 돌아가라고 부르는 내면의 깊은 열망을 키워준다.

영감의 관점에서 삶을 바라보기

나의 사례에서 볼 수 있듯, 당신의 삶 전체를 당신이 이곳에 도착하기 전에 참여했던 계획의 전개로 보면 큰 도움이 될 수 있다. 그렇게 하면 다른 사람이나 상황을 탓하는 대신 책임감을 갖고 자신의 목적을 느끼는 것으로 생각을 전환할 수 있다. 그러면 당신의 삶에 나타나는 모든 것은 이 계획의 완성을 위한 과정의 일부로 볼 수 있게 된다. 예를 들어, 당신이 경험하는 모든 것이 환영받지 못하는 것처럼 보이더라도, 당신은 겉으로 보이는 장애물에서 무엇을 얻을 수 있는지 찾아낼 수 있는 것이다.

이처럼 끌어당기는 것에 대한 책임이 우리 자신에게 있다는 것을 기억할 수 있다면, 우리는 부정적 에너지에 빠져 허우적거릴 때도 스스로 이런 에너지를 제거할 수 있다. 우리가 원하는 것은 영감을 받고 기쁨을 느끼는 것이다. 따라서 반대되는 상황이 계속된다면, 운명을 저주하는 대신 우리가 단지 창조적인 진동의 조화에서 벗어났기 때문이라고 생각해야 한다. 그러면 우리는 진동을 변화시켜 우리의 소망과 조화를 이루는 진동으로 바꿀 수 있으며, 영감을 느끼기 위한 작은 발걸음을 뗄 수 있다.

근원적인 에너지는 우리가 그것을 에너지로 인식하고 궁구할 때 우리와 협력한다. 나아가 우리는 잘못 정렬된 끌림과 상상 속의 불운 속에서도 우리의 삶을 재평가할 수 있다.

이런 본질이 정신적으로 전환될 때, 누군가는 자신이 왜 동성애자가 되는 것을 선택했는지 의문을 제기할 수도 있다. 그 선택이 준 것이 온통 고통뿐일 때 말이다. 그는 부모에게서조차 거부당하고, 어린 시절 내내 주위에서 조롱받았으며, 취업의 기회를 놓쳤고, 삶의 모든 영역에서 차별받았기 때문이다. 하지만 만약 자신의 영적 기원을 더 깊이 들여다볼 수 있다면, 그는 세상의 주류에 속하지 않은 사람들을 사랑하고 받아들이는 법을 가르치기 위해 서명한 자신을 발견할지도 모른다. 이처럼 고정관념에 쉽게 사로잡히는 몸으로 삶을 살아가는 것보다 더 좋은 방법이 무엇이 있겠는가? 만약 이것이 사실로 느껴진다면, 그는 자신의 편견을 바꾸는 데 관여하는 것이 자신의 소명임을 인식할 수 있다. 즉, 형태의 세계에서 무슨 일이 일어나든 그의 내면은 영 안에서 살아갈 수 있게 되는 것이다.

우리가 내면에서 평화를 느낄 때, 우리는 더 많은 평화를 끌어들일 수 있다. 왜냐하면 우리는 영적인 평화의 공간에서 기능하고 있기 때문이다. 영과 연결되어 있을 때, 우리는 궁극적인 근원의 힘을 되찾을 수 있다. 마찬가지로 길거리의 부랑자는 이 세상에 더 많은 연민을 불러일으키는 인식을 가르치고 생성하기 위해, 또는 어떤 사람(아마도 여러분)에게 더 자비로운 사람이 되도록 가르치기 위해 이 경계의 세계에 들어오는 데 동의했을 수 있다. 결국 근원은 끝없이 다양한 옷차림으로 이 세상에 나타나는 것이다.

무한한 우주에서는 우리가 얼마나 많은 생을 살든 시간의 제한이 없다. 우리 앞에는 무한함이 있으니 어느 한 생애를 연민을 가르치는 데 보낸다고 터무니없다고 생각할 필요는 없다. 마찬가지로 자폐아, 시각 장애인, 폭력 피해자, 낙태된 태아, 사지 마비 환자, 굶주린 아이뿐만 아니라, 당신 역시-그 어떤 질병과 어려움을 가졌든-이 우주의 완벽함의 일부인 것이다. 마찬가지로 세상을 바꾸고 개선하려는 욕망도 그 완벽함의 일부다. 그러므로 영감이 함께하는 태도는 덜 비판적이고 더 감사하며, 신 또는 근원 에너지가 어떻게 나타나는지에 대해 예리한 눈을 가진다. 그리고 기억하라. 근원은 그것이 창조한 것에서 떨어져 나올 수 없다.

나는 스리 스와미 사치다난다(Sri Swami Satchidananda)가 그의 멋진 책 『언어를 초월하여』(*Beyond Words*)에서 전하는 다음의 이야기를 사랑한다. 나는 스와미를 여러 번 만나는 큰 기쁨을 누릴 수 있었는데, 그는 몇 년 전 비육체적인 영으로 다시 돌아갈 때까지 지극히 영감이 넘치는 존재였다.

아주 오래전에 매일 이렇게 기도하던 남자가 있었다.

"신이시여, 저는 정말로 당신이 직접 오셔서 저와 함께 맛있는 점심을 먹었으면 좋겠습니다."

그가 끊임없이 애원하자 어느 날 신이 나타나 말했다. "좋다, 내가 가겠다."

"신이시여, 너무 기쁩니다. 언제 오실 수 있나요? 준비할 시간을 좀 주셔야 합니다."

"좋다, 그럼 금요일에 가마."

신이 떠나기 전, 남자가 물었다. "친구들을 초대해도 될까요?"

"당연하지." 신이 말했다. 그러고 나서 신은 사라졌다.

남자는 친구들을 초대하고 진수성찬을 준비하기 시작했다. 금요일 정오가 되자 거대한 식탁이 차려졌다. 친구들 모두가 참석했고, 큰 화환과 신의 발을 씻길 물도 준비되었다. 남자는 신이 시간을 잘 지킨다는 것을 알고 있었다. 하지만 시계가 정각 12시를 가리켜도 신은 오지 않았다. 그가 말했다. "무슨 일이지? 그래도 신은 나를 실망시키지 않을 거야. 신이 늦을 리 없어. 인간은 늦을 수 있어도 신은 아니야."

그는 조금 당황했지만, 예의상 30분을 더 기다렸다. 하지만 여전히 신은 오지 않았다. 그러자 손님들이 말했다. "바보야, 네가 신이 온다고 했지만 사실 우리는 믿지 않았어. 도대체 신이 왜 너와 식사를 하러 오겠어? 자, 돌아가자."

남자는 "아니야, 기다려봐"라고 말하고는 식당으로 향했다. 그리고 당황스럽게도 식탁 위에서 커다란 검은 개 한 마리가 음식을 먹어 치우고 있는 것을 보았다.

"오! 신은 이미 개가 점심을 먹어 치운 것을 알고 있었구나. 그래서 오지 않은 것이야." 그는 큰 몽둥이를 들고 개를 때리기 시작했다. 개는 비명을 지르며 도망갔다.

그러고 나서 남자는 밖으로 나와 손님들에게 말했다. "어떡하죠? 이제 신도 여러분도 음식을 먹을 수 없어요. 개가 음식을 더럽혀 놨어요. 그래서 신이 오지 않은 거예요." 그는 너무 속상해서 기도를 시작했다. 그러자 신이 다시 나타났다. 그런데 신은 온몸이 상처투성이였다.

"신이시여, 대체 무슨 일이 있었던 것이죠?" 남자가 물었다. "끔찍한 사고를 당하신 겁니까?"

"사고가 아니야." 신이 말했다. "네가 한 짓이야!"

"왜 저를 탓하시죠?"

"내가 시간에 맞춰 와서 음식을 먹기 시작했는데, 네가 나를 때렸어. 넌 내게 몽둥이질을 해서 내 뼈를 부러뜨렸지."

"무슨 소리죠? 당신은 안 오셨잖아요!"

"정말 아무도 네 음식을 먹지 않았다고 확신해?"

"글쎄요, 검은 개가 있기는 했어요."

"그것이 내가 아니면 누구겠어? 난 정말 네 음식을 즐기고 싶어서 개로 왔던 것이야."

모든 사람과 모든 것에 신 또는 근원이 담겨 있다. 그러니 모든 살아 있는 것에서 신의 힘을 찾아야 한다. 그 힘이 변장한 채로 우리에게 얼마나 많은 축복을 전하고 있는지 탐구해야 한다.

우리는 순수한 영의 세계에서 왔다. 우리는 아무런 간섭도 받지 않고 의문도 품지 않은 채, 이 근원이 모든 것을 처리하도록 허용했다. 우리가 영 안에 있는 동안 우리의 근원은 갖가지 모습으로 나타나 모든 것을 처리했다. 하지만 우리가 형체를 가지고 태어나면서, 우리는 영을 부정하고 에고를 강조하는 프로그램을 시작했다.

지금 이 글을 읽는 당신은 에고 정체성을 내려놓고 영감이 기다리고 있는 삶으로 돌아가는 문턱에 서 있다. 다음은 그 문턱을 넘는 데 도움이 될 몇 가지 제안이다.

- 당신 자신을 인류라는 몸의 단일 세포로 보고, 전체에 속한다는 느낌으로 모든 주위의 세포와 협력하는 세포가 되겠다고 다짐하라. 영감을 받지 못하는 생각과 행동은 당신의 웰빙과 모든 인류의 웰빙을 해치는 것으로 간주하라.

- 당신의 몸이 지닌 자연 치유력과 웰빙 능력이 저절로 발휘되도록 의식적으로 노력하라. 당신의 몸과 당신의 삶에서 무엇이 잘못되었는지에 초점을 맞추지 마라. 대신 당신의 생각을 근원 에너지와 조화를 유지하게 하는 생각으로 전환하라. 예를 들어 "나는 아프다(또는 피곤하다)"라고 말하는 대신 "나는 기분이 좋아지고 싶다. 그러니 건강한 웰빙과 자연스럽게 연결되도록 나 자신을 허용할 것이다"라고 말하라. 이렇게 자신과의 대화 방식을 개선하면 영

감의 흐름을 끌어들일 수 있다.

● 과거에 당신에게 부정적이거나 파괴적이었던 이들의 목록을 만들어라. 그리고 그들의 행동이 당신의 행복을 방해하는 장애물로 위장되었을 뿐 실제로는 도움이 되는 사건과 태도였을지도 모른다고 생각하고 그것들을 찾아보라. 예를 들어 내가 싫어했던 계부의 알코올 중독과 술주정은 나중에 내가 중독을 극복하는 데 큰 도움이 되었다. 버림받고 학대받고 배신을 당한 것이 더 큰 선(善)을 위한 경험이었다고 생각하면, 비록 고통스럽지만 소중한 스승이 될 수 있다.

● 당신이 잉태되기 직전에 당신을 물질화한 창조적 영과 대화를 나눈다는 상상을 해보라. 당신이 선택한 부모와 형제, 그리고 당신이 태어난 시기를 생각해보라. 순수한 영적 존재로서 당신이 소명을 달성하기 위해 품었던 깊은 내면의 충동과 당신의 삶에 참여한 사람들이 어떤 방식으로 조화를 이루었는지를 찾아보라. 처음에는 서로 관련이 없는 것들이 마구 뒤섞여 있는 것처럼 보일 테지만, 그것들이 어떻게 연결되어 있는지 이해하려고 노력하라. 만약 이 훈련이 당신을 만족시키고 영감을 준다면, 다른 사람을 설득할 필요는 없다.

● 팔꿈치를 부딪치거나, 발가락을 찧거나, 떨어지는 나뭇가지에 맞는 등의 작은 사고에서도 우주의 완벽함을 인식하고, 그 뒤에 있는 창조적 근원을 주의 깊게 관찰할 수 있다. 그런 일이 일어날 때면 멈춰 서서 "그 순간에 내가 무슨 생각을 했었지? 그리고 그것이 우연처럼 보이는 이 일과 어떤 관련 있지?"라고 자문하는 것이다. 그러면 어떤 패턴을 발견할 수 있다. 당신이 생각하는 것은 일반적으로 매 순간 일어나는 일과 신비롭게 연결되어 있기 때문이다. 이런 식으로 당신의 근원과 삶의 방향을 지속적으로 인식하라.

다음 장에서는 우리가 영 안에 있던 세상에서 왜 떠나왔는지 살펴볼 것이다. 거대한 참나무도 한때는 자신의 자리를 지킨 작은 도토리였다는 고대의 단순한 진리를 기억하라. 우리 모두는 자라고 있는 거대한 참나무와 같다. 그리고 우리가 우리의 자리를 지키고 있는 한, 약간은 정상이 아니어도 괜찮다!

3장

왜 우리는 영적 정체성을 버렸는가

"우리가 부족한 것 중 진정으로 바로잡아야 할 유일한 것은
신과 분리되었다는 생각이다."

- 『기적 수업』 중에서

우리는 이제 우리가 영에서 창조되었으며, 따라서 그 영이 우리의 일부임을 이해하게 되었다. 또한 자궁 속에서 9개월 동안 우리는 이 근원적인 영을 전적으로 신뢰했고, 영은 우리에게 필요한 모든 것을 제공했으며, 그 후 우리가 영의 순수한 표현으로 태어났음을 깨닫게 되었다. 그런데 왜 우리 대부분은 '영의 신분증'을 고통, 두려움, 불안, 한계, 걱정과 같이 우리가 온 곳에는 존재하지 않는 것들을 믿고 싶어 하는 신분증으로 바꿔버렸을까? 그 해답은 우리가 왜 영의 세계에 온전히 참여하는 것을 뒤로한 채 떠났는지를 이해하는 데 있다.

나는 우리가 영적 의식을 반영하지 않는 방식으로 생각하고 행동하는 순간에도 사실은 항상 영과 연결되어 있다는 의미로 '온전히(full-time)'라는 용어를 사용하고 있다. 결국 이 책에서 내가 제안하는 것은 우리가 '온전히' 영감의 위치로 되돌아갈 수 있으며, 그것이 우리 삶의 진정한 의미라는 깨달음을 얻어야 한다는 것이다.

우리는 영감을 개발할 수 있으며, 영감은 우리 삶 전반에 걸쳐 열정을 불러일으키는 원동력이 될 수 있다. 그것은 어느 날 문득 나타났다가 우리의 욕구와 무관하게 신비롭게 사라지는 그런 것이 아니다. 그것은 예술과 과학 분야의 창의적 천재들만 누릴 수 있는 것 또한 아니다. 그것은 모든 사람이 타고난 신성한 권리이다. 문제는 태어날 때부터 우리가 '에고 클럽(Club Ego)'이 지배하는 세계만을 믿도록 가르침을 받는다는 것이다. 그 결과 우리는 '영 클럽(Club Spirit)'에서의 정회원 자격을 보류해 버리고 만다는 것이다.

에고 클럽에 가입하기

우리가 이 물리적 세계에 도착한 순간부터, 우리는 그 즉시 선의를 가진 사람들에게서 돌봄을 받는다. 문제는 그들이 파탄잘리가 '거짓 자아'라고 부른 환상을 믿도록 가르침 받은 사람들이라는 것에 있다. 그들은 자신들이 온 영적 본질이 아니라 독특하고 특별한 개성, 소유물, 성취로 정의된다고 생각한다. 그들은 자신을 서로로부터, 그들의 삶에서 물질적으로 부족한 것으로부터, 그리고 신으로부터 분리된 존재로 본다.

여기서 우리는 왜 에고(ego)라는 단어가 종종 '신을 밀어내다(edging God out)'의 약자로 불리는지 알 수 있다. 에고는 우리가 에고 중심의 사람들로 가득한 꽉 막힌 환경에서 얻은 개념이다. 나는 '에고'라는 단어를 단순히 지나치게 자기중심적이고 거만함의 망상에 빠진 사람들을 묘사하기 위해 사용하지 않는다. 나는 그것을 거짓된 자아와의 동일시를 정의하는 포괄적인 용어로 사용한다.

아주 오래전부터 에고는 우리 개개인이 다른 모든 사람과 분리되어 있다고 말하고 있다. 이는 우리 모두가 같은 생명력을 공유한다고 상기시키는 영의 말과 직접적으로 모순된다. 에고는 우리에게 경쟁하라고 잔소리하고, 다른 사람이 우리를 이기거나 우리보다 더 많이 가지고 있으면 우리가 실패했다고 주장한다. 그리고 무엇보다도 에고는 우리가 영감받는 삶을 사는 것을 두려워한다. 왜냐하면 그렇게 되면 우리는 에고가 필요 없기 때문이다.

우리는 성장기를 거치면서 영감에 머무르는 훈련을 받는 것이 아니라 오히려 그 반대의 훈련을 받는다! 실제로 우리는 살아가며 우리가 하는 것이 곧 우리 자신이라고 끊임없이 학습됐고, 다른 사람들이 우리에게 바라는 삶을 이루지 못하면 낙담해야 한다고 배웠다. 우리의 문화는 우리가 가진 것은 우리가 얻은 것이며, 우리가 가진 것이 거의 없거나 원하는 것이 거의 없다면 우리는 가치 없다는 것을 일찍부터 배우기를 원했다.

더 나아가, 우리는 다른 사람들이 우리를 어떻게 생각하느냐로 정의된다. 따라서 평판이 나빠지면 더 하찮은 존재로 전락하고 만다!

우리는 가족, 교회, 지역 사회, 학교, 미디어, 심지어 낯선 사람으로부터도 이러한 가르침을 받고 세뇌당하고 있다. 이러한 에고가 지배하는 명령은 우리에게 강제로 주입되어, 우리가 왜 여기 있는지 기억하라는 깊은 내면의 목소리에 침묵하게 만들고 있다. 우리는 영의 속삭임을 무시하는 법을 배우고, 기쁨, 만족, 행복을 추구하는 것이 아니라 "이 모든 것이 대체 무엇인가(무슨 소용인가)?"라고 묻는 공허함을 배웠다. 결국 우리는 다른 사람의 꿈을 좇으며 성공의 척도로서 수입과 소유물을 세는 일에 적응하기로 선택했다. 그로 인해 얻은 끊임없는 불안감은 이 삶에 적극적으로 참여하고 있는 우리가 진정한 영적 자아를 포기한 결과다. 하지만 용기를 내야 한다. 영은 결코 우리를 떠나지 않았으며, 오늘도 우리 안에 살아 있다.

에고의 주요 메시지

에고가 우리 삶에서 무엇을 성취하게 했는지 되짚어 살펴봄으로써, 나아가 우리 문화 속에 자리 잡은 에고의 강력한 압력에 맞서 영감이 가득한 삶을 선택하려는 결연한 노력을 기울임으로써, 우리는 영 안으로 되돌아갈 수 있다. 에고는 단지 환상에 불과하다. 그러니 진실이 아닌 것에 계속 지배당하고 싶은지, 아니면 변하지 않는 진실을 들여다보고 싶은지 우리 자신에게 물어보아야 한다. 영은 고정되어 있고 영구적이며 무한하다. 하지만 에고는 바람과 함께 왔다가 사라진다는 점을 명심하라.

이 논의를 이어가기 위해, 개리 레너드(Gary Renard)의 매혹적인 책 『우주가 사라지다』(The Disapperance of the Universe)에 나오는 몇 가지 내용을 각색해보았다. 이 책은 두 명의 영적 방문객이 개리에게 헬렌 슈크만의 『기적 수업』의 중요성을 가르치는 이야기를 담고 있다. 이 전제를 받아들이든 말든 그것은 당신의 선택이다. 하지만 나는 이 가르침이 심오하며, 고려할 가치가 있다고 생각한다.

1. 에고는 말한다, "당신은 육체다." 그러나 성령은 말한다, "당신은 심지어 사람도 아니다. 당신은 나와 똑같다. 나와 당신은 존재의 근원이 같다."

에고는 우리가 영원하지 않다고 주장한다. 하지만 이는 기원전 6세기의 신비로운 영적 스승인 노자(老子)의 가르침, 즉 우리가 '변하지 않는 존재'라는 가르침과 반대된다. 지구에서의 삶만을 생각하기 때문에, 우리 몸을 포함하여 우리가 경험하는 모든 것이 영에 의해 재활용되기 위해 먼지로 되돌아간다는 인식을 에고는 하지 못하는 것이다.

우리의 에고는 이 개념을 받아들이는 것이 불가능하다고 여긴다.

2. 에고는 말한다, "당신의 생각은 매우 중요하다." 그러나 성령은 주장한다, "신과 함께하는 생각만이 진짜다. 다른 것은 중요하지 않다."

이 가르침은 우리 자신, 외모, 소유물, 두려움, 또는 인간관계에 초점을 맞춘 생각은 중요하지 않을뿐더러 진짜도 아니라고 말한다. 에고는 우리가 느끼는 감각과 생각을 중요시하지만, 영의 무한한 관점에서 그것들은 비현실적일 뿐이다. 우리가 완전히 영 안에 있을 때, 우리가 갖고 있던 생각은 영에 대한 생각뿐이었다. 왜냐하면 그것이 우리의 전부였기 때문이다. 그러나 우리가 영을 떠나면서, 우리는 에고가 중요하다는 생각을 선택했다. 이에 대해 『기적 수업』은 천국에서는 생각할 필요조차 없었다고 말한다. 왜냐하면 우리는 신에 의해 생각된 것이기 때문이다. 따라서 우리는 다시 한번 우리 자신을 신의 생각이 되도록 온전히 맡김으로써 영구적인 영감에 접근하고 지상에서 천국의 상태를 이룰 수 있다.

3. 에고는 말한다, "주님은 주기도 하고 빼앗기도 한다." 그러나 성령은 단언한다, "신은 주기만 하고 절대 빼앗지 않는다."

영감받은 삶을 살 때, 우리의 삶을 내어주는 동시에 그것이 어떻게 되돌아오는지 관찰하는 데 초점을 맞추면, 내어주는 것은 다시 돌아온다는 개념이 견고해진다. 에고는 우리가 가진 것을 잃지 않을까 두려워하라고 끊임없이 강조하며, 우리의 것을 빼앗으려는 탐욕스러운 다른 사람들을 경고하라고 말하지만, 신은 우리에게서 무엇도 빼앗아 가지 않는다. 이런 식으로 생각하는 법을 배울 때, 우리는 우리 삶에서 놓치는 것을 더 많이 끌어당길 수 있다. 그 이유는 간단하다. 우리는 우리가 생각하는 대로 되기 때문이다. 우리가 신이 하는 것처럼 베풂에 대해 생각한다면, 우주는 그것을 제공해줄 것이다. 반대로 우리가 빼앗기는 것에 대해 생각한다면, 우리는 바로 그런 것을 끌어들일 것이다.

4. 에고는 말한다, "선과 악이 있다." 그러나 성령은 주장한다, "판단할 것은 없다. 왜냐하면 애초부터 그것은 실재가 아니기 때문이다."

에고 신분증을 받아들인다는 것은, 우리가 거의 모든 사람과 모든 사물을 선과 악의 관점에서 판단하는 데 동의한다는 뜻과 같다. 그러나 이것의 문제는 우리가 동일한 영을 갖고 있다는 데 있다. 예를 들어, 만약 내가 당신을 나쁘게 만들고 나를 좋게 만든다면, 나는 당신 안에 있는 영의 존재를 부정하는 것이다. 신은 그것을 아주 다르게 본다. 우리의 영적 근원은 오직 그것만이 실재한다는 것을 알고 있다. 형태와 경계의 모든 덧없는 세계는 영의 무한한 본성에 속하지 않는다. 우리 모두가 그곳에서 오고 그곳으로 돌아가는 우리의 중심부에는 판단할 주체도 없고 판단될 객체도 없다. 물론 이 개념에 익숙해지는 데는 다소 시간이 걸릴 것이다. 하지만 일단 이 관찰의 진실을 이해하면 우리는 진정한 영감에 접근할 자유를 얻는다.

5. 에고는 사랑과 증오를 개인에게 향하게 한다. 그러나 성령의 사랑은 어떤 개인을 특정하지 않으며 모든 것을 포괄한다.

에고는 어떤 일부를 사랑하고, 다른 많은 사람에게 무관심하라 말한다. 심지어 다른 모든 사람을 미워하라고 지시할 때도 있다. 그러나 우리가 전적으로 영 안으로 다시 돌아가는 법을 배울 때, 우리는 에고 이전의 시절에 알고 있던 것을 발견하게 된다. 거기에 '그들'은 없고, '하나'만 있다. 모든 것을 포괄하는 사랑의 하나뿐인 근원은 경계나 서로 다른 관습, 지리적 구분, 가족 분열, 인종, 신념, 성별 등의 차이를 알지 못한다. 그저 모든 것에 대한 사랑만 알 뿐이다.

지금 이 글을 읽는 이 순간에도 에고는 어리석은 생각으로 당신을 설득하려 하고 있을 것이다. "당신을 해치는 적으로 규정된 사람들을 어떻게 사랑할 수 있겠어?"라고 말이다. 에고가 이렇게 말할 때, 예수의 말을 떠올려보자. "너희는 '네 이웃을 사랑하고 네 원수를 미워하라'는 말을 들었다(마태복음 5:43)." 바로 이것이 에고가 작동하는 방식이다. 일부에게는 사랑을 나누고 다른 이들은 증오하라고 말이다. 그러나 완전히 영 안에서 살았던 예수는 이어서 말한다, "그러나 내가 너희에게 이르노니. 너희 원수를 사랑하고 너희를 박해하는 자들을 위해 기도하라. 그래야 너희가 하늘에 계신 너희 아버지의 자녀가 될 것이다(마태복음 5:44-45)."

예수는 에고와 영의 차이를 너무나도 완벽하게 지적하고 있다. 우리가 영 안에 있을 때, 우리는 하늘에 계신 아버지의 자녀였으며, "하나님께서는 악한 자에게나 선한 사람에게나 해가 떠오르게 하신다(마태복음 5:45)." 이는 모든 것이 하나라는 뜻이다. 악한 자, 선한 자, 의로운 자, 불의한 자는 모두 동일하다. 그럼에도 어떤 이들은 아버지에게서 멀어지고, 어떤 이들은 아버지를 향해 나아간다. 이것은 우리가 영 안에서 살며 영감받는 방향으로 나아가면서 배워야 할 매우 중요하고 강력한 교훈이다.

6. 에고는 우리가 계속해서 이기적인 조언을 들어야만 하는 교묘한 이유를 고안해 낸다. 그러나 성령은 우리가 언젠가는 성령을 향해 돌아서고 궁극적으로 돌아올 것임을 확신한다.

에고는 우리의 몸, 소유물, 성취가 모두 매우 진실되고 중요하다는 것을 확신시키기 위해 거부할 수 없는 논리를 내세운다. 에고는 우리가 보고, 만지고, 듣고, 맛보고, 냄새 맡을 수 있는 것이 진짜라고 주장하며, 보이지 않는 영은 진짜가 아니라고 우리를 설득한다. 계속해서 물건에 집착하고 돈과 권력을 획득하는 것을 평생의 목표로 삼게 한다. 그 목적을 위해 용서를 경멸하고 복수를 추구하라고 권한다. 주위를 둘러보면 거의 모든 이가 실제로 그렇게 행동하는 것을 볼 때, 이는 매우 설득력 있는 논리처럼 보인다.

그러나 영감의 렌즈를 통해서 보면, 우리는 에고가 성령의 메시지를 어떻게 왜곡하는지 알 수 있다. 에고에 휘둘리면, 우리는 아무리 노력을 해도 결국에는 도달하지 못하는 매우 슬픈 종족이 될 수밖에 없다. 우울하고 불안으로 가득 찬, 기쁨을 느끼지 못하고 종종 외로운 삶에 대한 해결책을 자신의 외부에서 찾는 약물 중독자가 될 가능성이 높다. 하지만 우리가 성령으로 돌아갈 때, 우리는 더 이상 에고의 터무니없는 충고에 휘둘리지 않게 된다.

7. 에고는 우리가 과거를 후회하기를 원한다. 그러나 성령은 우리가 무조건적인 용서를 실천하기를 원한다.

성령은 과거나 미래가 아닌, 오직 영원한 지금에만 있다. 우리가 과거에 일어난 일에 쏟는 에너지는 죄책감의 토대가 되며, 에고는 죄책감을 좋아한다. 이런 부정적인 에너지는 현재의 순간이 왜 힘든지에 대한 변명을 만들고, 영에서 벗어날 핑계를 제공한다. 우리가 과거에 어디 있었는지, 무엇을 잘못했는지에 대해 생각하는 것은 영감받은 삶에 큰 장애물일 뿐이다.

반면, 영감을 받을 때 우리는 지금에 완전히 몰입할 수 있다. 시작도 끝도 없는 무한한 우주에는 과거가 있을 수 없다. 모든 죄책감과 후회는 우리가 가진 유일한 지금 이 순간을 피하기 위한 방편일 뿐이다. 바로 지금이 우리가 영과 다시 연결되는 순간이다. 만약 우리가 이 거룩한 순간을 망상일 뿐인 과거에 대한 후회로 채운다면, 우리는 기쁘고 사랑스럽고 평화로운 현재에 존재할 수 없다. 이 거룩한 순간을 죄책감, 회한, 그리고 후회의 생각으로 채우는 것은 에고에게는 더할 나위 없이 좋은 일이다. 그것은 우리를 영 안에 있는 것에 저항하게 만든다.

이 일곱 가지 메시지가 에고가 끊임없이 우리에게 떠들어대는 것이다. 우리가 이 메시지에 귀를 기울이지 않는다면, 에고는 걱정과 두려운 생각을 더 강하게 만듦으로써 우리의 영감을 묻어버리고자 애쓸 것이다. 나는 이 짜증 나는 에고의 목소리를 길들여 내 삶에서 에고의 영향력을 거의 무시할 정도로 줄일 수 있었다. 그리고 당신도 그렇게 할 수 있다는 것을 알고 있다.

에고 침입자를 물리치는 방법

나는 에고의 목소리가 우리에게는 운명을 스스로 관리할 능력이 없다고 확신하게 만든다는 것을 깨달았다. 물론 많은 사람들의 삶에서 에고가 지배적인 역할을 하는 것이 현실이기에 나 역시 한때는 에고에 대해 훨씬 더 친절하게 느꼈던 때가 있었다. 그러나 이제 나는 에고를 파괴해야 할 무언가로 본다. 나는 에고가 우리의 삶에 있으니, 그것이 아무리 성가시더라도 그저 사랑하고 받아들이는 법을 배우는 것이 좋다는 생각에 더 이상 동의하지 않는다. 나는 또한 에고가 무언가 유용한 목적을 제공한다고도 더 이상 믿지 않는다. 우리가 창조주의 형상대로 창조되었으며, 따라서 동일한 본질과 동일한 궁극적 잠재력을 가졌음을 안다면, 에고는 더 이상 우리의 그림에 필요 없다! 에고는 우리의 보이지 않는 본래의 실체를 부정한다. 따라서 우리는 그것을 우리의 인식에서 완전히 몰아내고 제거해야 한다.

에고가 우리의 위대함을 훼손하는 배신자라는 것을 깨닫는 순간, 나는 궁극적으로 에고의 끌어당기는 힘에서 자유롭게 벗어날 수 있었다. 에고가 여전히 반항하고 내가 받는 영감을 지워버리려고 할 때마다, 나는 에고가 실재하지 않는다는 사실을 끊임없이 떠올린다. 그러면 나의 진정한 자아는 이렇게 응답한다. "웨인, 당신을 끌어내리려고 하는 것은 진짜가 아니라는 것을 기억해."

나를 올바른 길에 머물도록 도움을 준 것 중의 하나가 자녀를 돌보는 육아였다. 나는 여덟 명의 자녀를 둔 아버지이기 때문에 아이들과 함께 혼란과 불확실성의 블랙홀로 빨려 들어갔던 수천 번의 경험을 가지고 있다. 학교 공부, 의심스러운 친구, 통금 시간, 친구 집에서 자는 문제, 복장 규정, 데이트, 담배나 마약, 내 관점에서 옳지만 아이들의 관점에서 틀린 것(그 반대도 마찬가지) 등등… 목록은 끝도 없다. 나는 그때마다 분노를 느끼고 상처를 받았고, 잠 못 이루는 밤도 많았다. 물론 행복과 기쁨, 만족감을 느낀 적도 많았다.

부모와 자식 간에 갈등하던 시절이 우리 모두에게는 분명 있었다. 하지만 되돌아보면 놀랍게도 지금 이 순간에는 그 어떤 것도 존재하지 않는다는 것을 깨닫게 된다. 그것은 변화하는 시간과 공간의 세계에 있기에 언제까지나 실재하는 것은 아닌 것이다. 이제 나는 모든 갈등이나 투쟁, 반대로 기분 좋은 경험이라고 부를 수 있는 것들조차 영감의 관점에서 보면 실재하지 않는 것임을 깨닫는다. 그러므로 만약 내가 경험하는 모든 것이 환상으로 끝나버릴 것이라면, 그저 영과 연결 상태로 있는 것이 낫지 않겠는가?

물론 나 역시 여전히 실수할 때가 있지만, 이제 나는 대부분 성인이 된 내 아이들(또는 다른 사람들)과의 갈등이 나와 그들 사이의 문제가 아니라 나와 신 사이의 문제라고 말할 수 있다. 나는 신처럼 되는 방법, 그리고 내 안에서 사랑하고, 배려하고, 용서하고, 평화롭게 머무는 방법을 찾기 때문이다. 나는 내가 반드시 옳아야 한다는 욕구를 내려놓아야 하며, 다음 순간에는 모든 것이 사라질 수밖에 없는 것임을 잘 안다. 그리고 그것은 이 환상의 세계에서 펼쳐지는 모든 것에 적용되는 것이다.

나는 평화가 소음이 없거나 문제가 없다는 것을 의미하는 게 아님을, 혼란 속에서도 여전히 평온함을 느낄 수 있는 것임을 강조하고 싶다. 오히려 혼란 속에서도 충분히 평온을 느낄 수 있다. 돌이켜보면, 내가 화를 내고 통제력을 잃었던 것들 중에서 오늘날 중요한 것은 하나도 없다. 그것은 모두 나의 에고가 '이기고', '옳고', '최고가 되게' 함으로써 나를 중요한 무엇으로 만들고자 하는 욕구가 만든 환상일 뿐이었던 것이다.

　마하트마 간디가 삶의 바탕으로 삼았던 힌두교 성서 『바가바드 기타』의 몇 구절과 함께 이 장을 조금 다르게 마무리하겠다. 이 구절들은 우리가 순수한 영과 영감의 세계를 떠나 육신으로 태어난 것에 대해, 내가 이 장에서 전하려 했던 바를 고대의 영적인 시로 말하고 있다(이 영적 문헌에서 '자아(Self)'라는 단어가 대문자로 쓰인 것에 주목하라 ─ 이것은 영적이고 영원한 자아를 나타낸다).

자아(Self)는 육신의 집에 거하며,
어린 시절, 청년기, 노년기를 거친다.
죽음의 순간에 자아는
또 다른 몸으로 옮겨 간다.
현자는 이 진리를 알고
이에 속지 않는다.

감각이 감각 대상과 접촉할 때,
뜨거움과 차가움,
쾌락과 고통의 느낌을 불러일으키며,
이 느낌들은 왔다가 사라진다.
현자처럼 그것을 차분하게 받아들여라.

쾌락과 고통으로부터 자유로운 현자는

불멸의 삶을 누릴 자격이 있다.

내가 이 장에서 표현하려 했듯이, 쾌락과 고통, 고난과 행복의 시간은 영원하지 않다. 크리슈나는 우리에게 그것들을 침착하게 받아들이되 초연하라고 조언한다. 만약 우리가 그렇게 한다면, 우리는 불멸이라고 부르는 영 안에서 살게 될 것이다.

화살에 뚫리지도 않고, 불에 타지도 않으며,

물이나 바람에도 영향을 받지 않는

자아는 물리적 존재가 아니다.

상처받지 않고, 타지 않고, 젖지 않고, 마르지 않는

자아는 언제나 그리고 어디에나 있으며,

움직이지 않고 영원하다.

이 영적 고전(古典)은 우리가 에고를 가진 물리적 존재일 뿐만 아니라, 영 안에서 하나가 되기를 원하는 자아(Self)라는 사실을 일깨워준다. 영은 어디에나 있고 영원하다. 이것이 우리의 진정한 본질이다. 내면의 영 안으로 들어가 모든 삶의 경험을 이 관점에서 바라볼 때, 우리는 영구적으로 영감을 받을 수 있을 것이다.

어떤 이들은 모든 경이로움 속에서 자아를 깨달았다.

또 다른 이들은 그것을 경이롭다고 말할 수 있다.

하지만 많은 이들은 그 말을 들어도 이해하지 못한다.

모든 피조물 안에 있는 자아는 죽지 않는다.

이 진리를 알고 모든 슬픔을 뒤로하라.

크리슈나가 조언한 대로 자아를 깨달을 때, 우리는 우리의 진정한 존재가 죽지 않는다는 것을 인식하고 살아갈 수 있다.

이것은 커다란 위안이다. 우리는 슬픔을 뒤로하고 영감을 받을 수 있기 때문이다.

● 이 물리적 세계를 환상이라고 생각하면 아이러니하게도 더 많은 것을 즐기고 영감받을 수 있다. 당신 자신과 사람들이 중요시하던 일상적인 상황을 가볍게 웃음으로 넘기고 바라보는 연습을 해보라. 영원의 관점에서 보면 무거운 짐이 가벼워지는 것을 느낄 것이다(나는 문제가 괴롭게 느껴질 때 "이 또한 지나가리라"라는 말을 자주 되새기며 마음의 짐을 던다).

당신의 에고는 당신이 자기중심적인 상태에서 살기를 원한다. 하지만 성령은 진정으로 중요한 것은 영과 조화를 이루는 것뿐이라고 말한다. 그러니 두려움, 질병, 걱정, 수치, 분노 등 영에 속하지 않은 것들은 모두 웃어넘겨도 된다.

- 다른 사람들이 당신을 유혹하여 기분 나쁨, 죄책감, 걱정, 두려움, 또는 영과 관련이 없는 어떤 감정으로 끌어들이려 할 때, 당신 자신에서 벗어나 모든 덧없는 것들을 관찰하는, 당신의 모든 물리적 세계를 관찰하는 관찰자가 되는 연습을 해보라. "이것은 내 것이 아니다", "나는 그것을 가지지 않겠다", "나는 영과 어긋나지 않겠다"라고 다짐하는 것이다. 삶의 어떤 순간이든 이 관찰자 기법을 연습할 수 있다. 정신적으로 당신의 몸에서 빠져나와 무엇이 당신을 영감에서 멀어지게 하고 있는지 관찰하라. 그런 다음, 위의 말을 반복하며 영으로 돌아가겠다고 다짐하라.

- 이 우주 어디에도 영이 없는 곳은 없다는 물리적이고 형이상학적인 진리를 끊임없이 상기하라. 모든 것과 모든 사람은 물리적 형태로 나타나기 이전이든 도중이든 이후이든 모두 영의 일부다. 에고는 영이란 것은 없다고 확신하듯 말하지만, 나는 이 영을 추구하라고 말한다. 영감을 받지 못하고 있다고 느끼는 모든 순간, 에고의 수다를 멈추고 선의를 찾아라. 혹은 그 일이 일어나는 이

유를 찾아라. 심지어 허리케인이나 쓰나미, 홍수, 화재 같은 끔찍한 자연재해 속에서도 선의를 찾아라. 무한의 관점에서 죽음이라는 것은 없다. 그러므로 일단 죽음의 공포를 제거하고 나면 다른 관점을 갖게 될 것이다.

● 다른 사람들의 죽음은 우리에게 좀 더 영 안에 있으라는 가르침을 준다. 좀 더 친절해지고, 배려와 연민을 키우고, 우주 안에서 하나가 되는 것에 대한 감수성을 키우라고 말이다. 우리는 이러한 높아진 감수성을 더 많이 베풀고 용서하며 서로 돕고 협력하는 행동으로 전환할 수 있다. 그러면 두려움과 분노보다 영 안에 더 머물도록 자신의 본능을 따르는 방법을 발견할 수 있을 것이다.

● 살아 있는 동안 죽음을 경험하라. 신약 성경의 "너는 이 세상에 있지만 이 세상에 속하지 않았다"는 말을 실천하라. 단순히 몸에 대한 동일시를 버림으로써 우리는 여기에 있으면서도 여기에 집착하지 않을 수 있다. 자신을 영이 아닌 그 어떤 것에도 영향을 받지 않는 분해된 에너지장이라고 상상해보라. 예를 들어, 비판이나 부적절함의 감정은 이 세상에 있는 것일 뿐, 당신의 몸에 들어올 수 없다고 상상하는 것이다. 왜냐하면 당신은 이미 몸을 떠났고, 더 이상 이 세상에 속하지 않는 비(非) 입자로 이루어진 반투명한 덩어리이기 때문이다.

이 연습은 당신의 마음에 연결된 수많은 문제들에서 당신을 해방시키는 데 도움을 줄 것이다. 당신에게는 지금만 있다. 그리고 그것마저도 순식간에 사라질 것이다. 영의 무한한 세계에 온 것을 환영한다! 한 세대 전의 유명한 저널리스트이자 풍자 작가인 멘켄(Menchekn)이 썼듯이. "우리는 여기에 있으며, 그것은 지금이다. 여기서 벗어날 때 모든 인간의 지식은 허튼소리다."

● 에고의 요구 사항을 길들이기 위해 매일 노력하라. 당신이 몸으로 있는 동안 부끄럼 없이 에고를 죽이는 것을 당신의 궁극적인 목표로 삼아라. 에고는 당신이 죽어 원래의 실재 영역으로 돌아가는 순간 어차피 파괴되기로 예정돼 있다. 에고는 애초에 거짓된 자아이기 때문에 에고를 파괴하는 것은 잔인한 행위가 아니라는 점을 명심하라.

이 장을 요약하고 마무리하는 가장 좋은 방법은 앞에서 언급했던 『기적 수업』의 인용문을 다시 한번 돌아보는 것이라고 생각한다. 이 인용문은 우리가 왜 영적 정체성을 버리고 떠났는지 이해하는 데 도움을 준다. "우리가 부족한 것 중 진정으로 바로잡아야 할 유일한 것은 신과 분리되었다는 생각이다."

이제 그 분리를 바로잡는 작업을 시작하자.

4장

영으로 돌아가는 느낌

"인생의 목표와 목적은 신과의 하나됨을 아는 것이다."

- 올더스 헉슬리(Aldous Huxley)

지금쯤이면 다음과 같은 개념 정도는 분명해졌을 것이다. 우리는 경계 없는 에너지장에서 시작되었다. 형태의 세계로 들어오기 전, 우리는 영 안에 있었다. 말하자면 신의 한 조각이었다. 우리는 처음에는 입자로, 그다음에는 세포, 태아, 유아, 그리고 궁극적으로는 완전히 발달한 인간으로 이 물리적 세계에 들어왔다. 하지만 우리의 궁극적인 목적은 헉슬리가 아름답게 표현한 대로 '신과의 하나됨을 아는 것'이다.

그러나 안타깝게도 인간으로서 훈련을 시작하며, 우리는 영적 정체성의 대부분을 버리고 에고 의식, 즉 영과 분리된 느낌에 기반한 새로운 정체성을 받아들인다. 다시 말해, 우리는 영감의 장소에서 지금 이곳에 왔고, 영적인 상태를 유지하려 노력했지만, 불행히도 그렇게 하는 방법을 잊어버리고, 영감을 주는 개념을 버리고 영을 포함하지 않는 '현실'과의 합의를 선택했다. 결국 우리는 거짓 자아를 선택했다. 바로 그것이 우리가 설명할 수 없을 정도로 목적에서 벗어난 느낌을 받는 이유다.

특히 서구의 전통 심리학은 인간 내면의 신성(Atman)을 온전히 받아들이지 않았고, 심리적이고 영적인 가르침 역시 요가와의 합일을 이루는 법을 완벽히 가르쳐주지는 않는다(이런 종류의 학습을 위해서는 요가 교사나 조직화된 종교와 함께 공부해야 한다). 그럼에도 이제 우리는 익숙해진 몸에서 벗어나지 않는 상태에서도 영의 세계와 다시 연결되기를 바라고 있다. 파탄잘리의 가르침이 도움을 줄 수 있는 것이 바로 이 지점이다.

파탄잘리는 생전에 성인으로 여겨졌으며, 인간을 최고의 잠재력으로 끌어올릴 수 있는 수트라(철학의 핵심)를 가르쳤다. 그는 명상과 요가를 통해 신을 알 수 있는 법, 근원과의 합일점에 도달하는 법을 가르쳤다. 그는 또한 우리가 기적을 수행할 수 있는 능력에 관해 설명했는데, 이러한 위업을 위해서는 특정한 영적 격언과 매일의 요가 수행이 필요하다. 이 장에서는 2,300년 전 파탄잘리의 영감에 대한 관찰이 나에게 준 인상에 대해 이야기할 것이다.

당신이 영감을 받을 때…

여기서 제시하는 여섯 가지 아이디어에 대한 내 개인적인 견해는 우리 안에는 신의 의식이 존재한다는 믿음이 있다는 것이다. 그리고 다음의 몇 페이지에 걸쳐 제안하는 내용은 당신이 이 완벽한 요가와 하나됨을 이루고, 매일매일 이 영감을 받은 관점에서 살도록 돕기 위한 것이다.

파탄잘리가 2,000여 년 전 우리에게 제시한 다음의 말은 우리의 궁극적인 소명의 역할에 대해 내가 찾아낸 가장 심오한 표현이다.

"당신이 어떤 위대한 목적이나 특별한 프로젝트에서 영감을 받을 때, 당신의 모든 생각은 그 족쇄를 부수고, 당신의 마음은 한계를 뛰어넘으며, 의식은 사방으로 확장된다. 당신은 새롭고 위대하고 멋진 세상에 있는 자신을 발견하게 된다. 잠자고 있던 힘, 능력, 재능이 살아나고, 자신이 꿈꿔왔던 것보다 훨씬 더 위대한 존재라는 것을 발견하게 된다."

나는 파탄잘리의 영감에 대한 관찰과 함께 여섯 가지 결론을 이어갈 것이다. 이 여섯 가지 핵심 포인트는 이 장의 기초이며, 우리가 영의 세계로 돌아갈 때 어떤 느낌인지를 설명한다.

1. 영감을 받을 때… 당신의 모든 생각은 족쇄를 부순다

앞서 설명한 바와 같이, 영감을 받는다는 것은 영 안으로 돌아가는 것과 같다. 우리가 형태로 나타나기 전, 우리의 마음과 신의 마음은 하나였으며, 이는 우리가 에고의 속박에서 자유로웠다는 것을 의미한다. 이것이 바로 영의 세계가 작동하는 방식이다. 이때 우리에게 제한적인 경계를 짓거나 스스로 부과한 족쇄를 씌우는 것은 불가능하다. 신의 마음과 조화를 이룰 때, 우리는 우리가 무엇인가를 성취할 수 없다는 것을 전혀 생각하지 않기 때문이다. 우리의 생각은 더 높은 에너지의 생각인 것이다.

우리가 가진 모든 욕망에는 에너지의 진동 요소가 포함되어 있다. 우리가 생각의 형태로 발현하는 욕망, 즉 "나는 번영을 끌어들이고 싶다. 나는 신체적 웰빙을 경험하고 싶다, 나는 평화로운 관계를 갖고 싶다, 나는 내 삶에 대해 기분 좋게 느끼고 싶다" 등은 일반적으로 우리의 영적 근원과 동일한 에너지 진동을 가지고 있다. 우리의 생각이 품은 에너지는 우리가 영감을 받은 수준에서 살고 있는지 여부를 결정한다. 따라서 욕망을 실현하는 능력 또는 영적 인도를 받는 능력에 대한 의심은 진동의 차원에서 조화를 이루지 못한다. 이런 일이 발생할 때, 우리는 자동으로 마음에 족쇄를 씌우는데, 이러한 족쇄는 대부분 영감을 받는 우리의 능력을 위협하는 생각의 형태를 띠게 된다.

영으로 돌아가는 것은 우리에게 신성한 목적과 조화를 이루는 거대한 느낌을 안겨준다. 단 하나의 요인, 즉 영 안으로 돌아가려는 의지

덕분에 피곤함이나 배고픔, 목마름, 정신적 피로를 느끼지 않고 몇 시간 동안 계속할 수 있다고 상상해보라. 나 역시 '어떤 위대한 목적이나 특별한 프로젝트에 영감을 받고 있다'는 생각이 들 때 피로가 사라지는 것을 발견하게 된다. 즉, 영 안에 있으면 '나는 지쳤다'는 신호를 내 몸에 보내는 생각이 사라진다. 글을 쓰거나 강연을 하거나, 가족과 함께 여행하거나, 테니스를 치거나, 나에게 영감을 주는 어떤 일을 하는 동안, 모든 족쇄가 내 마음에서 사라지고 피로를 느끼는 것은 불가능해진다.

더 나아가, 나의 욕망을 생각과 행동의 형태로 일치시키는 것은 배고픔과 불편함의 족쇄를 깨뜨린다. 나는 실제로 열네 시간 동안 아무것도 먹지 않고도 배고픔을 느끼지 않고 글을 쓴 적이 있다. 이처럼 영감을 받는다는 것은 내가 여기서 달성하기로 한 일을 하지 않을 핑계로 작용할 수 있는 모든 족쇄를 제거하는 것이다.

파탄잘리가 오래전에 관찰한 이것은 정말 대단하다. 당신도 영으로 돌아가 모든 생각이 그 근원의 영과 일치하도록 허용하는 연습을 해보라. 당신의 생각은 당신의 몸과 주변 환경에 작용하여 장애물을 욕망의 성취로 변형시킬 것이다.

2. 영감을 받을 때… 당신의 마음은 한계를 뛰어넘는다

다음으로, 절대적인 믿음, 즉 실패가 애초에 불가능하다는 내면의 확신, 그리고 당신이 주의를 기울이는 모든 것을 창조할 수 있는 능력에 대해 전혀 의심하지 않는 것이 어떤 느낌인지 상상해보라. 나는 신이 창조를 준비할 때 이런 느낌을 가졌을 거라고 확신한다. 신은 결과에 대한 확신을 가졌을 것이다.

영감을 받을 때, 우리는 신이 항상 우리 안에 있고 우리가 항상 신 안에 있다는 것을 알고 있다. 따라서 우리는 한계를 생각할 필요가 없다. 우리는 초월적이며, 경계의 세계를 넘어 창조적 앎의 공간으로 들어간다. 다시 말해, 우리는 놓아버린다… 목적 있는 힘의 인도와 통제에 우리 자신을 맡긴다.

나는 이 놓아버리는 과정을 개인적으로 증명할 수 있다. 나는 사는 동안 돈과 번영을 끌어들이는 능력에 대해 흔들리지 않는 믿음을 가져왔다. 심지어 위탁 가정에서 살던 어린 시절에도, 나는 부를 가질 자격이 있다고 항상 느꼈다. 나는 그것이 끝없이 공급되고, 완전히 중립적이며, 불러주는 곳으로 가는 에너지라는 것을 알았다. 내가 왜 이것을 평생 알았는지 모르겠지만, 나는 오늘날 더 확실히 안다.

일전에 한 TV 진행자가 내가 저술과 녹화 활동으로 많은 돈을 벌어들이는 것에 대해 죄책감을 느낀 적이 있냐고 물었다. 나는 이렇게 대답하며 그녀를 놀라게 했다. "죄책감을 느끼기도 합니다. 하지만 그것이 제 잘못이 아니라면 죄책감을 느끼지 않습니다." 그녀가 무슨 뜻이냐고 물었을 때, 나는 돈이 항상 나에게 왔던 이유는 내가 내면에서 나 자신을 돈이라고 느꼈기 때문이라고 설명했다. 나는 번영을 누릴 자격이 있다고 느끼기 때문에 번영을 끌어들이고, 그것이 나를 정의

하는 것이라고 느낀다. 돈은 항상 나에게 왔고, 돈이 왔기 때문에 나는 그것을 필요로 한다고 느껴지는 곳으로 돈을 보낸다. 그것은 내 마음이 만든 에너지 시스템일 뿐이다. 돈은 그것이 나의 본래 모습이기 때문에 나에게 흘러오는 것이다.

나는 내가 순수하고 무한한 풍요의 에너지장에서 왔다는 사실을 한 번도 의심해보지 않았다. 이 흔들리지 않는 믿음 덕분에 나는 항상 이 번영의 의식에 따라 행동해왔다. 경제가 좋을 때나 나쁠 때나 나는 한 순간도 실업자가 된 적이 없었다.

어린 시절, 나는 음료수 병을 모으면 몇 페니의 돈을 벌 수 있고 그것이 모여 달러가 된다는 것을 알았다. 할머니들의 장보기를 돕거나, 쌓인 눈을 치우거나, 석탄 아궁이에서 재를 비우는 것이 번영을 가져오는 행동이라는 것을 알았다. 그리고 오늘날에도 나는 훨씬 더 큰 규모로 음료수 병을 모으고, 눈을 치우고, 재를 비우고 있는 것이다. 번영은 여전히 나를 쫓아다닌다. 왜냐하면 나는 여전히 풍요와 번영이라는 나의 근원 영과 완전히 조화를 이루고 있기 때문이다.

몇 달 전, 롱아일랜드의 웨스트베리 뮤직 페어에서 내가 진행한 강연의 맨 앞줄에 2004년 NFL 러싱 챔피언인 뉴욕 제츠의 커티스 마틴(Curtis Martin)이 앉아 있었다. 강연이 끝난 후, 자신의 분야에서 정점에 오른 이 신사는 나에게 다가와 강연에 감사해하며 종이 한 장을 건넸다.

호텔 방으로 돌아와서 살펴보니, 마틴 씨가 그 어떤 제한이나 요구 없이 나에게 5,000달러짜리 개인 수표를 줬다는 사실을 깨달았다. 내가 방송 진행자에게 말했듯이, 이것은 내 잘못이 아니다(나는 그가 준 선물을 22년 넘게 휠체어를 탄 마우이의 한 여성이 밴을 구입하는 데 기부했다)! 정말로 영감을 받을 때 우리는 우리가 기원한 곳에서 풍요를 끌어들인다. 그리고 그때 마음은 진정으로 모든 한계를 초월하게 된다.

3. 영감을 받을 때… 당신의 의식은 사방으로 확장된다

이제 방향이 없는 세상에서 사는 자신을 상상해보라. 동서남북도 없고, 위아래도 없으며, 과거도 미래도 없는 세상, 그곳에서는 어떤 방향을 택하든 모든 방향으로 향한다. 방향이 없는 우주를 상상하기는 어렵지만, 그 모습이 바로 영의 세계다.

우리가 영 안에 있을 때, 모든 순간마다 모든 방향이 우리에게 가능하다. 왜냐하면 우리의 의식은 마음 안에서 일어나기 때문이다. 이제 우리의 내면세계는 근원이 되는 본질과 재결합하며, 한 방향만 생각하지 않고 모든 가능성을 허용한다. 우리의 의식은 절대적인 허용의 상태에 있으며, 따라서 생각의 형태로 나타나는 모든 저항은 존재하지 않는다.

나는 지금 '위대한 목적, 특별한 프로젝트'에 영감받을 때 우리에게 찾아오는 느낌, 즉 모든 가능성을 일상으로 끌어들일 수 있는 확장된 의식의 행복을 경험하는 순간을 말하고 있다. 우리는 어떤 특정 방향에서 답을 찾지 않는다. 답은 우리의 북쪽이나 서쪽에서 오는 것이 아니고, 위에서 내려오거나 아래의 무언가에 막히는 것도 아니다. 우리는 삶의 더 큰 의미를 느끼고, 모든 것의 일부가 되는 느낌이 어떤 것인지 다시 한번 느끼기 시작한다.

신이 존재하지 않는 곳이 있을까? 그리고 만약 우리가 신에게서 왔다면, 우리도 신과 같아야 하지 않을까? 영감을 받을 때 우리는 이미 필요한 모든 것과 연결되어 있다. 즉, 우리 안에서 재정렬이 일어나 모든 사물, 모든 사건, 모든 사람이 우리의 영감받은 의식 속에서 합쳐진다. 우리가 영의 완벽한 하나로 다시 나타날 때, 우리는 영감받은 삶의 방식을 통해 만나는 모든 사람을 동맹으로 여기게 된다. 우리는 특별히 인도되는 느낌을 통해, 사람, 사건, 상황을 우리의 영감받은 상태로 끌어들일 수 있다. 왜냐하면 우리의 세계는 원초적인 원인과 결과, 탄생에서 죽음까지의 단순한 경로를 넘어 동시에 모든 방향을 초월했기 때문이다. 그때 우리는 저항 없이 최대로 허용된 상태에서 살 수 있다. 영 안으로 돌아온 것이다.

4. 영감을 받을 때…

새롭고 위대하며 멋진 세상에 있는 자신을 발견한다

파탄잘리의 이 결론은 정말 옳다. 우리는 영감을 받으면 절대적으로 새로운 세계로 들어가며, 달라진 기분을 느끼게 된다. 왜냐하면 우리가 더 이상 신을 밀어내지 않기 때문이다. 우리는 한계도 없고 족쇄도 없는 조화로운 진동의 상태로 돌아왔기에, 몸을 비롯한 모든 경계를 떠나 확장된 의식 속에서 살게 된다. 이제 우리는 기적이 진정 가능할 뿐만 아니라 지금도 활발히 일어나고 있다는 관점에서 생각하기 시작한다. 곧 우리는 모든 일이 잘 풀리는 것에 놀라지 않으며, 대신 "필요한 것은 이미 오고 있다"라고 확언한다. '우리는 기적을 기대한다'라는 문구는 단순한 뉴에이지의 구호에 그치는 것이 아니다. 그 이상이다. 그것이 바로 우리가 매일 영 안에서 살아갈 때 느끼는 방식이다. 우리는 불안, 두려움, 의심, 불가능의 세계를 떠나 모든 것이 가능한 새롭고 멋진 영의 세계로 들어간다.

1976년, 나는 영 안에서 온전히 살기로 결심하며, 세인트 존스 대학의 교수직을 사임하고 훨씬 더 큰 무대에서 가르치고 글을 쓰기로 했다. 나는 마침내 내가 잉태되기 전에 내 운명을 선택했던 내면의 목소리에 진지하게 귀 기울이고 있음을 내 안에서 인식했기 때문이다. 나는 자립을 가르치고 우리 행성이 지상의 천국에서 더 통합된 삶의 방식을 찾도록 돕기 위해 육화했지만, 지난 35년 동안은 내 사명에 온전히 헌신하지 않았던 것이다.

36세부터 나는 글쓰기에 몰두했고, 내 책 『행복한 이기주의자』(*Your Erroneous Zones*)에 대해 이야기하는 데 전념했다. 나는 내가 관여하고 있는 일에 흥분과 열정으로 가득 차 있었다. 이전의 35년 동안, 비록 가르치고 상담하는 흥미진진하고 만족스러운 일에 경력을 쌓아왔음에도 불구하고 한 번도 그렇게 완전한 느낌을 가져 본 적이 없었다. 하지만 피고용인의 삶을 떠나 내 꿈을 살기로 용기를 낸 순간, 영 안에 있기로 한 그 순간은 30년이 지난 지금도 내 마음속에 생생하게 살아 있다. 그 순간부터 일어난 일은 바로 파탄잘리가 말한 대로였다. 나는 '새롭고 위대하고 멋진 세상'에 있는 나 자신을 발견했다. 마치 나를 덮고 있던 거대한 담요가 벗겨지고, 어디를 가든 사방에서 산들바람이 나를 상쾌하게 해주는 느낌이었다. 영감의 세계로 옮겨 오자 세상은 내가 원하는 대로 되었다.

갑자기 라디오와 TV 프로그램에서 내가 열정적으로 믿는 바를 이야기해 달라는 요청이 들어오기 시작했다. (지금은 영감으로 인식되는) 이야기를 더 많이 하면 할수록 나는 더 많은 초대를 받았다. 전국 각 도시의 라디오 진행자들이 내게 프로그램을 맡기기 시작했다. 때로는 밤새 예닐곱 시간 동안, 그런 다음에는 한 번에 일주일 내내 말이다. 나는 영감을 잃지 않고 매 순간을 사랑하며 하루 열여덟 시간씩 일하며 영 안에 머무르기 위해 필요한 것은 무슨 일이든 기꺼이 했다.

곧 전국 방송에서 나에게 관심을 가지기 시작했고, 그러는 동안 나를 가르치고 안내할 적임자들이 계속 나타났다. 홍보 담당자, 편집자, 도서 유통업자, 탤런트 코디네이터, 여행사, 은행가 등 필요한 모든 사람이 계속 나타났다. 내가 해야 했던 일은 영감을 유지하는 것뿐이었고, 조셉 캠벨의 말대로 '나의 행복을 따르는' 것이었다. 그것은 마치 거대한 손이 적절한 끈을 당기는 것 같았다. 순간순간, 날마다, 나는 그 모든 것에 경외감을 느꼈고, 수년이 지나 이 글을 쓰는 지금도 여전히 경외감을 느낀다. 오늘날 나는 그 어느 때보다도 영 안에 머무르라는 파탄잘리의 조언을 신뢰한다.

이렇게 말한다고 장애물이 사라졌다는 뜻은 아니다. 장애물은 오늘도 여전히 계속 내 앞을 가로막고 있다. 때로는 나 역시 왜 이렇게 많은 어려움을 겪어야 하는지 이해할 수 없을 때가 있다. 65세가 되었을 때, 마음 아픈 일은 이제 다 끝났다고 생각했지만, 지금도 여전히 마음 아픈 일들이 일어난다. 건강을 위협하는 심장 마비, 사생활의 비극, 가족 내의 심각한 중독 문제 등이 최근에도 일어났다. 그러나 이런 모든 어려움에도 불구하고 나는 이 모든 경험이 나에게 연민과 용서, 친절을 길러준 소중한 경험이라는 것을 알고 있다.

이러한 부정적인 상황들은 나의 글쓰기와 강연에 영향을 미쳤고, 공영 TV를 통해 훨씬 더 많은 청중에게 다가가 긍정적인 영감을 주는 메시지를 전하게 했다.

나의 교훈은 영 안에 머물고, 익숙한 몸과 삶의 환경 밖으로 나와서 나에게 흘러오는 모든 것을 초연한 관점에서 관찰하라는 것이다. 그것은 나 개인에 관한 것이 아니다. 우리에게 흘러오는 모든 것, 심지어 고난조차도 신성한 축복임을 알면서 영 안에 머무는 것에 관한 것이다.

다음은 역경을 다루는 방법에 대한 이야기로, 특히 생각을 자극하고 영감을 주는 이야기이다.

당근, 달걀, 커피

한 젊은 여성이 어머니에게 삶의 고단함과 어려움에 대해 불평했다. 그녀는 어떻게 삶을 계속 살아가야 할지 알 수 없어 모든 것을 포기하고 싶었다. 젊은 여성이 말했다. "지지고 볶고 싸우는 것도 이제 지쳤어요. 한 가지가 해결되면 곧바로 새로운 문제가 생기는 것 같아요." 이에 어머니는 그녀를 부엌으로 데려간 뒤, 냄비 세 개에 물을 채우고 센 불 위에 올려놓았다.

곧 물이 끓기 시작했다. 어머니는 첫 번째 냄비에는 당근을 넣고, 두 번째 냄비에는 달걀을 넣고, 마지막 냄비에는 커피 원두를 넣었다. 그러고는 아무 말 없이 냄비가 끓을 때까지 기다리다가 20여 분 후에 불을 껐다. 어머니는 당근을 건져 그릇에 담았다. 달걀을 꺼내 그릇에 담았고, 커피를 떠서 그릇에 담았다. 그러고는 딸을 돌아보며 물었다. "뭐가 보이니?"

"당근, 달걀, 커피요." 딸이 대답했다.

어머니는 그녀에게 당근을 만져보라고 했다. 딸은 당근을 만져보고 당근이 부드러워졌다고 말했다. 그러자 어머니는 딸에게 달걀을 건져 깨보라고 했다. 딸은 달걀 껍데기를 벗긴 후 다 익은 달걀을 보았다. 마지막으로 어머니는 커피를 한 모금 마시라고 했다. 딸은 커피의 풍부한 향을 맛보며 미소를 지었다.

딸이 물었다. "이게 무슨 뜻이에요, 엄마?"

어머니는 이 셋은 모두 끓는 물이라는 같은 역경을 겪었지만 각기 다르게 반응했다고 설명했다. 당근은 처음엔 강하고 단단했지만, 끓는 물에 부드러워지고 약해졌다. 달걀은 깨지기 쉬운 얇은 껍데기가 액체 상태의 속을 보호하고 있었지만, 끓는 물에 속이 단단해졌다. 하지만 커피 원두는 독특했다. 끓는 물에 들어가면서 물 자체를 변화시킨 것이다.

이 이야기의 메시지는 무엇인가? 영 안에 머물러, 커피가 그랬던 것처럼 역경을 새롭고 위대하며 멋진 세계로 바꾸라는 것이다.

5. 영감을 받을 때… 잠자고 있던 힘과 능력과 재능이 살아난다

나는 이 강력한 진리를 가르쳐준 파탄잘리를 사랑한다. 본질적으로 그는 우리가 영감을 자각할 때, 우리가 완전히 사라졌거나 사용할 수 없다고 여겼던 힘이 살아나며, 영감받은 욕구를 실현하는 데 사용할 수 있게 된다고 말한다. 이것이 진짜 사실일까? 우주가 오랫동안 잠들어 있던 힘과 능력과 재능을 깨우는 데 우리와 협력할까? 나는 이것이 사실임을 잘 알고 있기에, 내 대답은 무조건 "그렇다"이다! 나는 이 특별한 통찰을 매일 삶에서 사용하고 있다. 심지어 지금 이 순간에도 사용 중이다.

나는 내가 이 페이지에서 해야 할 말이 어떤 형태로든 나에게 올 것이라고 확신한다. 왜냐하면 영감이라는 아이디어가 내 삶 속에서 살

아 숨 쉬고 있으며, 다른 사람들에게 궁극적인 소명을 귀담아듣는 것
이 얼마나 중요한지 깨닫도록 돕는 데 내가 열정을 쏟고 있기 때문이
다. 나는 잠을 잘 때 침대 옆에 종이와 펜을 둔다. 내가 전하고 싶은
많은 것이 꿈을 통해 오기 때문이다. 여기 마우이 해변을 걸으며, 바
다에서 고래와 돌고래가 춤추는 모습을 보면서 나는 그들에게 안내를
요청한다. 나는 그 안내를 받고, 기록하고, 당신과 공유한다.

나는 이 글을 쓰는 모든 단계에서 나를 인도하는 힘이 존재한다는
것을 느낀다. 내가 책을 집어 들 때, 종종 정확히 필요한 페이지가 펼
쳐지고, 내가 필요로 하는 것이 눈앞에 나타난다. 나는 속으로 미소를
지으며 큰 소리로 말한다. "하나님, 감사합니다. 제가 식당에서 글을
쓰며 멋진 바다를 바라볼 때, 혼자인 것 같아도 당신은 항상 저와 함
께 계십니다."

나는 잠자고 있던 힘이 살아나 나만의 영감으로 나를 인도하는 모습
을 좋아한다. 나는 내가 여기서 해야 할 일을 할 때 오랫동안 내 안에
잠들어 있던 재능이 깨어나는 것이 너무나 감사하다. 만약 내가 외부
의 선의로 만들어진 평범한 의식 수준에서 살았다면, 나는 이 힘에 접
근할 수 없었을 것이다. 나는 영감을 받을 때만, 즉 에고의 요구를 내
려놓고 영의 마법적인 영역으로 다시 들어갈 때만 잠자고 있는 힘에
접근할 수 있다.

이 잠자고 있는 힘은 우리 모두에게 올 수 있다. 그 힘은 언제나 생
생히 살아 있으며, 우리가 여기에 있는 동안 우리를 대신해서 일해 왔

다. 하지만 그 힘은 우리에게 죽은 것처럼 느껴진다. 왜냐하면 미친 에고를 받아들이기 훨씬 전에 결정한 신성한 목적을 우리가 뒤로하고 떠났기 때문이다.

나는 항상 동시성의 멋진 이야기를 좋아했다. 다음의 이야기는 우주가 영감의 삶을 선택하는 사람들을 인도하기 위해 어떻게 음모를 꾸미는지를 보여준다. 어떤 이들에겐 도시 전설로 여겨지는 이야기일 것이다.

스코틀랜드의 가난한 농부 플레밍은 근처 늪지에서 도움을 요청하는 소리를 들었다. 그는 연장을 내려놓고 그쪽으로 달려갔다. 그리고 검은 진흙탕에 허리까지 잠긴 채 겁에 질려 비명을 지르는 소년을 볼 수 있었다. 농부 플레밍은 공포 속에서 죽음을 맞이할 수도 있었던 소년을 구해냈다.

이튿날, 화려한 마차가 농부의 초라한 집 앞에 멈춰 섰다. 우아하게 차려입은 귀족이 마차에서 내려 자신이 농부가 구한 소년의 아버지라고 소개했다. 귀족이 말했다. "당신에게 보답하고 싶습니다. 당신이 내 아들의 생명을 구했습니다."

"아니요, 저는 제가 한 일에 대해 보상을 받을 수 없습니다." 농부는 제안을 거절하며 대답했다. 그 순간, 농부의 아들이 초라한 오두막 밖으로 나왔다.

"저 아이가 당신 아들입니까?" 귀족이 물었다.

"네." 농부가 자랑스럽게 대답했다.

귀족이 말했다. "제가 제안을 하나 하겠습니다. 제 아들이 누릴 수준의 교육을 당신의 아들에게 제공하겠습니다. 아이가 아버지를 닮았다면, 분명 우리 모두가 자랑스러워할 사람으로 성장할 것입니다."

그리고 그 아이는 그렇게 되었다.

농부 플레밍의 아들은 최고의 학교에 다녔고, 마침내 런던대학교의 세인트 메리 병원 의과대학을 졸업했다. 훗날 그는 페니실린을 발견한 유명한 알렉산더 플레밍 경으로 전 세계에 알려지게 되었다.

몇 년이 지난 후, 늪지에서 구출된 귀족의 아들이 폐렴에 걸렸다. 이번에 그의 생명을 구한 것은 무엇이었을까? 페니실린이었다. 그 귀족의 이름은? 랜돌프 처칠 경이다. 아들의 이름은? 윈스턴 처칠 경이다.

여기서 작용하는 힘은 무엇일까? 그것은 우리가 영감의 삶을 살기로 선택할 때 우리와 함께 움직이는 바로 그 힘이다.

6. 영감을 받을 때…

당신은 자신이 꿈꿔왔던 것보다 훨씬 더 위대한 사람임을 발견한다

어떤 위대한 목적에 의해 영감을 받는 것은 우리가 인간적인 경험을 하는 영적인 존재라는 본질을 느끼게 해준다. 파탄잘리는 우리가 우리 자신이 누구인지에 대한 믿음에 갇혀 있기 때문에 우리의 위대함을 꿈도 꾸지 못했다고 말한다. 우리는 모든 것을 아우르는 삶을 창조할 능력에 한계가 있다는 생각을 받아들였고, 우리 운명에 선택권이 없다고 확신했다. 우리는 더 많이 획득해야 하고, 전체 파이의 빈약한 조각을 차지하기 위해 다른 사람들과 경쟁하는 결핍 의식 속에서 살아야 하는 필요를 옹호해 왔다. 우리를 옥죄는 이 모든 억압적인 생각은 우리가 영에 의해 인도되지 않을 때 일어난다.

그러나 영감의 상태로 이동할 때, 이 모든 구속적인 생각은 사라지게 된다. 파탄잘리의 말처럼, 우리는 상상할 수 없었던 누군가를 발견하게 될 것이다. 왜냐하면 우리는 그동안 에고의 감옥, 영감의 관점에서 보면 환상으로 인식되는 것에 갇혀 있었기 때문이다. 1913년 노벨 문학상을 받은 시인 타고르는 에고의 거짓된 정체성 속에 사는 사람들을 이렇게 묘사했다. '인간 세상에서 현악기 하나에 누더기로 된 긴 옷을 등에 걸치고 노래하며 문전걸식을 하는 사람'. 우리가 영 안에 있지 않을 때 우리의 생각과 삶이 얼마나 제한적인지를 묘사한 것이다.

우리가 궁극적인 소명에 귀 기울이며 나아갈 때, 우리는 더 이상 '인간 세상'에서만 살지 않게 된다. 그럼으로써 우리는 우리 모두에게 위대함이 기다리고 있음을 알게 된다. 우리는 에고의 안개 속에서 우리를 무감각하게 만들었던 나쁜 꿈에서 깨어나, 영 안에 있는 상태가 주는 행복한 관점으로 살아야 한다.

- 당신의 발현 능력에 족쇄를 채우는 모든 생각을 모니터링하라. 영 안에서 살겠다는 결심에 의문을 제기하는 사소한 생각조차도 욕망을 만들어내지 못하게 하는 에너지 진동을 나타낸다. '그런 일은 일어날 것 같지 않아. 나는 전부터 운이 좋았던 적이 전혀 없었거든'이라는 생각을 '내가 필요한 것이 오고 있는 중이다. 나는 내 욕망과 동일한 에너지 진동에 맞춰져 있다는 증거를 어디서나 찾을 것이다'로 바꾸어라. 습관적으로 찾아드는 생각을 경계하고, 당신이 욕망을 실현할 수 없다는 생각을 반성하라.

- 이 만트라를 가능한 한 자주 반복하여 당신만의 의식으로 만들어라. "내가 창조하고자 하는 것에는 절대적으로 제한이 없다." 이 말을 반복하면 무한함이 모든 현실을 정의하는 영의 세계로 미끄러져 들어갈 것이다.

- 매일 명상 상태에서 시간을 보내려 노력하라. 시간과 공간, 그리고 선형적 방향성에 대한 모든 생각을 내려놓아라. 그저 존재하기만 하라. 육체가 없는 자신 또는 소유물과 집착이 없는 자신을 상상해보라. 이렇게 하면 영의 세계를 닮아가기 시작할 것이다. 앞뒤, 위아래, 남과 북이 없는 무방향성에서 영감에 바로 다가갈

수 있을 것이다. 이런 느낌은 갑자기 올 수도 있지만, 그것은 당신이 영과의 연결을 위해 최선을 다할 때 나타날 것이다.

● 당신 안에 잠자고 있는 힘을 활성화하고 끌어당기는 당신의 능력에 대한 믿음을 키워라. 당신 자신을 겉으로 보기에는 무기력한 힘들이 당신과 함께 일하도록 명령할 수 있는 존재로 시각화하라. 이 진리를 스스로 상기하라. "만약 내가 본래의 영과 조화를 이룬다면, 보이지 않는 모든 것을 창조하는 힘이 나를 위해 일할 것이다." 이것을 내면에 각인하라. 그런 다음 잠자고 있는 힘이 깊은 잠에서 깨어나 당신과 함께 일하기 시작한다는 작은 단서를 찾아보라. 사실 이 힘들은 결코 잠자고 있지 않다. 그들은 당신과 진동이 일치할 때만 함께 일한다. 그러니 자신에 대한 기대치를 바꿔라―최고를 기대하고, 인도를 기대하고, 운이 바뀌기를 기대하고, 기적을 기대하라!

미켈란젤로의 이 말을 기억하라. "우리 대부분에게 더 큰 위험은 목표를 너무 높게 잡았다가 실패하는 데 있는 것이 아니라, 목표를 너무 낮게 잡고 그것을 달성하는 데 있다." 우리가 물질화되기 전, 영 안에 있었을 때, 우리의 목표는 높았고 우리의 기대는 신과 같았다. 그 비전을 다시 되새기고 영감 넘치는 삶을 시작하라. 단지 다음 페이지를 넘기기만 하면 된다.

5장

영감받는 삶으로 가는 길

"우리의 삶의 모든 단계를 살펴보면,

첫 숨부터 마지막 숨까지 우리가 상황의 제약을 받고 있음을 알게 된다.

그럼에도 불구하고 우리는 우주의 도덕적 질서와 조화를 이루며

내면의 자아를 발전시킬 수 있는 가장 위대한 자유, 즉 어떤 장애물을 만나더라도

마음의 평화를 얻을 수 있는 힘을 여전히 지니고 있다.

이것을 말하고 쓰는 것은 쉽다. 하지만 이것은 매일 헌신해야 하는 과제다.

매일 아침이 우리에게 외친다. '해야 할 일을 하고, 될 대로 되리라 믿어라.'"

- 요한 볼프강 폰 괴테(Johann Wolfgang von Goethe)

영감과 목적에 대해 사람들에게 이야기할 때면, 나는 자주 이런 질문을 듣는다. "하지만 무엇이 저에게 영감을 주는지 잘 모르겠다면 어떻게 해야 하나요?" 또는 "당신이 말하는 행복의 수준에서는 아무것도 공감이 되지 않을 때, 어떻게 나의 목적을 찾죠?" 그래서 이번 장과 다음 장에서는 이런 질문들에 대한 나의 진심 어린 답변을 말해 보고자 한다. 이 질문들은 자신의 궁극적인 소명에 귀를 기울이고 싶어 하는 사람들에게 가장 고민스러운 문제처럼 보인다.

영감받는 삶을 살 수 있는 능력에 의문을 제기하는 것 자체가 우리

안에 살펴봐야 할 저항이 있다는 것을 보여준다. 우리에게 영적 탐구에 대한 부족함이 있다는 것을 암시하는 것이다. 물론 이는 진실과는 전혀 다르다. 우리가 온 영의 세계에는 결핍이나 부족이나 빈곤이 없다. 그리고 목적 없음이란 것도 절대 존재하지 않는다. 그것은 우리가 속해 있는 하나의 지적인 시스템이다. 우리는 창조의 한 조각인 신성한 존재이다. 그럼에도 영감과의 연결을 활성화하는 우리의 능력에 의문을 제기함으로써, 우리는 우리의 신성에 대한 믿음이 부족하다는 증거를 드러낸다. 이 작은 질책을 염두에 두고, 이제 우리의 궁극적인 소명을 믿고 연결하는 방법을 설명하겠다.

먼저, 영감받는 삶을 살 권리에 대한 모든 질문을 잠재우기 위해, 우리는 우리의 신성을 주장해야 한다. 우리 각자가 확인해야 할 근본적인 진리는 다음과 같다. "나는 신성한 피조물이다. 모든 창조에는 목적이 있다. 나는 신처럼 되기 위해 여기에 있다." 우리는 이 문장을 우리의 의식에 문신으로 새기고 자랑스럽게 간직해야 한다!

우리는 결코 흔들리지 않는 확고한 선언으로 영 안에 들어가는 과정을 시작해야 한다.

월트 휘트먼의 시에 이 진실을 상기시키는 구절이 있다. "…아마도 인간 영혼에 잠재된 가장 깊고 영원한 생각은 신에 대한 생각일 것이다. 그것은 도덕적 옳음과 정체성의 불멸성에 대한 생각과 합쳐져 있다. 위대하다, 이 생각은 위대하다. 그렇다, 다른 모든 것보다 더 위대하다."

그렇다. 휘트먼이 말하듯, 신과 합쳐진다는 생각은 우리가 가질 수 있는 그 어떤 생각보다 위대하다.

일단 이 사실을 받아들이고 나면, 우리가 왜 여기 있는지, 무엇이 우리에게 영감을 주는지 알게 되는 길로 들어설 수 있다. 그러면 우리는 1분에 50~60번 심장을 뛰게 하고, 지구를 24시간마다 한 번 돌게 하며, 행성들을 정렬시키고, 1,000분의 1초마다 생명을 창조하는 위대한 지성을 신뢰할 수 있다. 우리의 임무는 가능한 한 모든 존재의 근원을 닮아가는 것이며, 그러면 이 위대한 욕구 속에서 우리가 무엇으로부터 영감을 받으며 무엇 때문에 여기에 있는지에 대한 성가신 질문들은 사라진다. 일단 우리의 거룩하고 신성한 본질은 검증받아야 할 무언가가 아니라고 선언하면, 모든 것이 명백해진다. 목적의식과 영감을 얻기 위한 여정은 모든 생각과 행동에서 신처럼 되고자 하는 노력으로부터 시작된다.

이 장의 첫머리에 괴테의 말을 인용한 이유는 그가 르네상스 시대에 살았던 사람 중에서 지적으로나 영적으로나 가장 뛰어난 재능을 가진 사람이라고 생각되기 때문이다. 이 장을 읽으면서 그의 말을 주의 깊게 살펴보고, 우리 모두가 매일매일 영감을 받을 수 있다는 점을 기억하라. 결국 이는 우리가 이곳에 오기까지 함께한 신이 우리에게 준 우리의 권리이다.

나눔이 곧 영감이다

근원과 하나됨은 그것과 닮아감으로써 이루어지며, 근원의 본질은 베풀고 나누는 것이다.

그러므로 우리의 목적을 알고 궁극적인 영감의 부름에 귀를 기울이기 위해서 우리는 받는 것보다 나누는 것에 더 초점을 맞춘 존재가 되어야 한다.

이 우주는 끌어당김의 법칙에 따라 작동하고 있다. 그래서 욕망의 초점을 우리 자신에게서 다른 사람들을 위해 더 많은 것을 원하는 쪽으로 옮길수록, 우리는 더 풍요로워진다. 우리가 우주에게 "주세요, 주세요, 주세요"라고 말할 때, 우주는 비슷한 방식으로 응답함으로써, 우리는 균형을 잃는 느낌을 받을 수밖에 없다. 그러나 우리가 우주에게 "제가 어떻게 나누는 게 좋을까요?"라고 묻는다면, 우주는 "내가 당신과 어떻게 나누는 게 좋을까? 당신은 나누는 존재이고, 나는 당신에게 동일한 에너지를 돌려준다"라고 말할 것이다.

자, 이것은 처음에는 터무니없어 보일 수 있다. 특히 우리가 "나 자신부터 챙겨야 한다"거나 "남이 가져가기 전에 챙길 수 있는 것을 챙겨야 한다"라는 에고 의식에서 자란 사람이라면 더 그렇다. 하지만 우리가 나누는 존재로 변신할 때, 어떻게 영감을 받을 수 있는지에 대한 의문은 사라질 것이라고 나는 확신한다. 그러니 우리가 '더 갖고 싶다'고 느낄 때마다, 해결책은 사회나 인류 또는 환경을 위해 더 많은 일을 하는 것이다. 우리가 무언가를 필요로 할 때 오히려 나눔을 실천하는 모든 행위는 영감받는 느낌으로 이어진다. 사실, 다른 사람을 위해 무언가를 하는 것은 그냥 기분이 좋은 일이다.

예를 들어, 몇 년 전 『의도의 힘』 집필을 마쳤을 때, 나는 글을 쓰는 동안 누군가가 나를 인도했다는 영광스러운 느낌을 받았고, 그래서 그것을 나 자신의 공로로 삼거나 나 자신만 생각하는 대신 감사의 마음을 표현하고 싶었다. 그때 내 개인 편집자인 조안나 파일(Joanna Pyle)이 떠올랐다. 그녀는 거의 30년 동안 나의 흐트러진 생각과 두서없는 글을 응집력 있는 책으로 매끄럽게 만들어준 친구였다. 나는 내 친구가 65년 동안 새 차를 갖는 기쁨을 단 한 번도 느껴보지 못했다는 것을 알고 있었다. 그것은 단지 그녀의 삶에서 우선순위가 아니었다. 그래서 나는 1970년대부터 그녀가 훌륭하게 내 책을 편집해준 것에 대한 감사의 표시로 새 캠퍼 밴을 선물했다. 그 한 번의 나눔으로 나는 거의 1년 동안 몰두했던 한 권의 책 내용을 쓰는 것만큼이나 큰 기쁨과 성취감을 얻었다.

나눔은 단순히 우리의 소유물이나 돈을 나누는 것을 의미하는 게 아니다. 근원과 같은 진동 에너지 속에서 살아가며 서로가 서로에게 에너지를 끌어당기는 것임을 이해해야 한다. 그것은 우리가 우리 자신보다 다른 사람을 먼저 생각하고, 모든 생명에 대해 느끼는 사랑을 먼저 생각하고 행동으로 실천하는 것을 뜻한다. 이것이 바로 우리가 영감과 연결되는 방법이다. 우리가 생각과 행동에서 우리의 근원과 하나가 되었기 때문이다. 괴테의 말을 기억하라. "우리는 우주의 도덕적 질서와 조화를 이루며 내면의 자아를 발전시킬 수 있는 가장 위대한 자유, 즉 어떤 장애물을 만나더라도 마음의 평화를 얻을 수 있는 힘을 여전히 지니고 있다." 나누는 존재는 자주 이런 식으로 생각한다.

우리의 창조주를 생각할 때, 우리는 신이 그저 주고 나누며 아무런 대가를 요구하지 않는다는 것을 깨닫는다. 우리 역시 신에게 주거나, 경의를 표하거나, 무언가를 할 필요가 없다. 우리를 영감에서 멀어지게 하는 것은 '우리의 요구'이기 때문이다. 그러므로 요구하는 마음을 내려놓고 나눔의 태도로 자신을 확장해야 한다. 지금 나는 사랑을 우리 밖으로 확장하는 내면의 변형에 대해 이야기하고 있다. 예를 들어 이전에는 비난하기 바빴던 누군가에게 우리는 이제 조용한 축복이나 따뜻한 인사, 친절한 말을 보낼 수 있다. 또는 모두에게 최고의 선을 바라는 생각을 행동으로 취할 수 있다. 단순하게 들릴 수도 있지만, 이것이 영감을 느끼는 궁극적인 원동력이다.

영감의 행복을 가로막는 것

영감을 느끼고 싶어 하는 사람들로부터 가장 자주 듣는 한탄은 "내가 뭘 해야 할지 아무것도 모르겠어요. 그런데 어떻게 영감을 찾을 수 있죠?"라는 것이다. 이에 대한 나의 대답은 항상 똑같다. "영감은 우리가 하는 일에서 받는 것이 아닙니다. 그것은 우리가 우리의 행동으로 옮기는 것입니다." 다시 말해, 영 안에서 살아갈 때야 우리는 무슨 일을 하든 영감을 얻을 수 있다는 뜻이다. 우리가 해야 할 일은 영적 본질과의 연결을 제공하는 자리를 찾는 것이 아니라, 영적 본질과 연결될 수 있는 상태를 유지하는 것이다.

영감을 얻기 위해 무엇을 해야 할지 혼란스럽다면, 그때는 조용한 장소로 가는 것이 좋다. 그곳은 집일 수도 있고, 바닷가, 초원, 또는 깊은 숲속일 수도 있다. 신과 단둘이 있을 수 있는 곳이면 된다. 그곳에서 우리는 우리가 사랑하는 창조주와 대화하는 상상을 할 수 있다. 창조주는 누구보다 가장 신뢰받는 존재다. 신과의 대화는 우리 안에 이미 있는 답을 확인시켜줄 것이고, 그러면 우리는 우리가 해야 할 일을 깨달을 수 있게 된다. 그것은 올바른 직업을 얻는 것에 관한 것이 아니다. 우리가 현재 하고 있는 일이 무엇이든, 그것은 그 일에 영감을 가져올 독특한 기회를 제공하는 것이다. 우리는 우리가 만나는 모든 사람, 특히 가장 성가시게 보이는 사람이나 영감이 떠오르지 않는다고 탓하기 쉬운 사람들에게 우리가 받은 사랑을 나누고 확장하는 존재가 됨으로써 이 일을 할 수 있다.

기본적으로 영감받는 행복을 막는 것처럼 보이는 문제에 직면했을 때, 우리에게는 두 가지 선택지가 있다. 첫 번째 선택은 나약함의 길이다. 이때 우리는 스스로가 약하고 무능하다고 확신한다. 좌절과 슬픔, 두려움 또는 눈물이 이 선택의 특징이다. 우리는 잘못을 또 다른 잘못으로 치료하려고 시도한다. 나약함의 방식은 부족한 것에 초점을 맞춤으로써 긴장을 배가시키고, 내면의 긴장과 영감의 부족을 해결하기 위해 다른 사람들의 조언을 구하는 경우가 많다.

두 번째 선택은 우리의 내면으로 들어가 모든 물리적, 정신적 요인을 넘어 우리의 중심에는 항상 신과 연결된 영이 존재하고 있음을 아는 것이다. 강조하지만, 모든 문제는 우리가 우리의 근원과 의식적으로 연결되지 못하기 때문에 일어난다. 의식적인 연결이 이루어지면, 우리는 다른 사람의 조언을 구하지 않고도 정보를 구할 수 있다. 결정은 우리와 창조주 사이에서 내려지는 것이다. 우리는 신과 조용히 교류할 수 있으며, 영적 인도는 에너지가 정렬될 때 가능해진다는 것을 알고 신뢰해야 한다.

영감을 받지 못하고 있다고 느낄 때, 우리는 영감을 받고자 하는 욕구와 우리의 생각과 행동을 다시 정렬시키는 진동의 조정이 필요함을 인식해야 한다. 이 재정렬이 이루어질 때, 우리는 영감을 얻기 위해 외부에서 무언가(활동이나 직업 등)를 찾는 어리석음을 비웃을 수 있다. 단순히 영과 조화를 이루고 재정렬하는 것만으로도 우리는 조화의 장에서 영감을 꽃피울 수 있다.

신의 목소리에 귀 기울이기

우리가 나누는 존재가 되기로 결심하고, 매일 우리의 생각을 영적 에너지와 조화롭게 유지하는 연습을 할 때, 우리의 목적은 우리를 찾아낼 뿐만 아니라 우리가 어디를 가든 쫓아올 것이다. 우리는 창조주와 정렬되어 있기 때문에 그것을 피할 수도 없다. 우리가 신을 실현하는 삶을 가능한 한 많이 살아갈 때, 그 무엇도 잘못될 수 없다. 우리가 필요로 하는 것과 필요로 하는 사람이 나타날 것이며, 우리 개인의 삶보다 훨씬 더 큰 무언가가 우리 안과 주변에서 작동하고 있다는 느낌을 피할 수 없음을 알게 될 것이다.

우리가 맺어야 하는 가장 중요한 관계는 신의 창조적 에너지와의 관계여야 한다. 우리가 근원으로 갈 때, 우리는 우리를 목적에 다시 연결시켜주는 에너지를 활성화시킬 수 있다. 그러면 영감은 우리가 그것에 대해 생각을 멈췄을 때도 바로 눈앞에 나타난다. 우리의 목적은 다양한 방식으로 나타나며 단순히 직업에 국한되지 않는다. 사실, 그것은 종종 우리가 특정한 종류의 직업을 떠나게 하고, 전혀 고려하지 않았던 어떤 것을 추구하도록 요구한다.

우리는 영감이 이미 여기 있다는 것을 신뢰해야 한다. 만약 우리가 어떤 식으로든 우리의 본질이었고 앞으로도 그렇게 될 영과 단절되면, 그것은 우리를 피해가기만 한다. 최근 캔자스에 사는 한 여성으로부터 이 메시지를 완벽하게 보여주는 편지를 받았다. 그녀는 전에는 전혀 생각한 적도 없는 일을 갑자기 해야겠다는 충동을 느꼈고, 그렇게 했다. 그 순간―짜잔!―그녀는 영감을 받았고 오늘까지도 그 상태를 유지하고 있다. 그녀의 허락을 받아, 명확성을 위해 편집된 편지를 여기에 소개한다[자파(Japa)에 대한 자세한 내용은 나의 책 『틈 안으로 들어가기』(*Getting in the Gap*)를 참고하라. 자파는 명상의 한 형태다].

친애하는 웨인에게,

당신의 강연과 테이프에 정말 감사드립니다. 당신은 제가 운전하는 일을 할 때 종종 저의 동반자입니다. 자파의 힘에 대한 제 간증을 알려드리고자 이 글을 씁니다.

저는 명상을 가끔씩 하는 편인데, 명상을 할 때 제 하루가 훨씬 더 순조롭게 흘러간다는 것을 깨달았습니다. 그리고 2002년 6월에 아프리카 케냐를 방문했을 때, 그곳에서 여덟 살 고아 소녀를 만났습니다. 제가 바닥에 앉아 있을 때 그 아이가 제 무릎 위로 기어올랐고, 그때 "그 아이를 집으로 데려가라"라는 목소리가 들렸습니다. 저는 주위를 돌아보았지만, 주위에는 아무도 없었습니다. 하지만 다시 목소리가 말했습니다. "그 아이를 집으로 데려가라." 저는 여행에 함께 갔던 열여덟 살 딸에게 이 예쁜 아이를 입양하는 것에 대해 어떻게 생각하는지 물었습니다. 딸은 단거리 육상 선수처럼 빠르게 대답했습니다. "해요."

일주일 후 미국으로 돌아와서도 저는 입양을 추진하지 않으면 평생 후회할 것 같은 느낌이 들었습니다. 후회는 입양이라는 과제보다 훨씬 더 크게 느껴졌습니다! 그날부터 저는 매일 아침 자파를 시작했고, 일련의 기적을 통해 그 아이는 새로 사귄 친구와 함께 이 나라로 올 수 있었습니다. 저는 아이에게 넬리라는 이름을 지어주었고, 넬리는 저와 제 다른 아이들에게 축복이 되었습니다.

넬리의 입양은 신의 계획에서 두 번째 부분이었습니다. 첫 번째는 몇 년 전 제가 워크숍 시리즈를 후원하도록 인도받았을 때 펼쳐졌습니다. 그때 저는 워크숍에서 큰 시간이나 노력을 들이지 않고도 1만 달러의 수익을 올릴 수 있었습니다. 그런데 넬리를 입양하는 데 든 최종 비용이 얼마였는지 아세요? 처음 그 목소리를 들었을 때 저는 무시하거나 입양했을 때의 장단점 목록을 작성하면서 신중하게 생각해보려 했습니다. 하지만 워크숍 진행을 앞두고 안정을 찾을 수가 없었습니다. 그래서 가족에게 넬리를 입양해야겠다고 했습니다—순종이 우리 삶에 풍요를 가져다주었으니 이제 그 풍요를 나눌 때라고 말이죠. 넬리는 우리 집에 사랑과 용서의 풍요를 가져다주었습니다. 그녀는 정말 보물입니다.

이 멋진 명상의 선물을 공유해주셔서 감사드립니다. 그것은 제 삶과 한 어린 소녀의 삶을 바꿔주었습니다.

진심으로,
게일 빌
토피카, 캔자스

게일은 명상 수련을 통해 창조주와의 연결을 유지하고 삶의 목적이 자신을 찾도록 마음의 문을 열어두었다. 그리고 케냐에서 작은 고아 소녀가 그녀의 무릎에 기어올랐을 때, 목적이 실제로 그녀를 찾았다. 게일은 이를 '신의 계획'이라고 부르지만, 사실 그녀 자체가 신의 일부이다. 그녀는 신에게서 왔다. 따라서 그녀는 자신이 온 근원과 같은 존재일 뿐이다. 그러므로 신의 계획은 곧 그녀의 계획이고, 그 반대의 경우도 마찬가지다. 명상 속에서 게일은 목소리를 들었다. 그 목소리는 그녀의 가장 높은 자아이며, 영을 떠난 적이 없을 때, 항상 영감을 받을 때, 영감이 통과하도록 허용될 때 들을 수 있는 소리인 것이다. 또한 그 목소리는 우리 모두 안에 살아 있는 목소리이기도 하다.

구하라, 그러면 주어질 것이다

너무 단순하게 들릴지 모르지만, "구하라, 그러면 주어질 것이다"라는 고대 성경의 조언은 영감받은 삶으로 가는 길을 찾고자 하는 우리에게 큰 메시지를 전한다. 나는 '구한다'를 우리의 근원의 안내가 우리에게 다시 흐르도록 허용하는 것과 같은 의미라고 해석한다. 허용한다는 것은 저항이 없다는 것을 의미하며, 이는 우리가 영의 진동 에너지와 다시 연결되는 과정이라는 뜻이다. 외부에 따로 존재하는 단절된 존재에게 간청하는 것이 아니다. 우리가 영과 조화를 이룰 때, 우리는 신과 같아지고, 우리의 욕망도 같아진다. 이 상태에서 우리는 우리의 가장 높은 자아에게 균형을 되찾고 우리의 욕망이 영적인 비율을 이루도록 허용해 달라고 요청하는 것이다.

욕망이 클수록, 우리는 그 욕망을 이루기 위해 더 많은 힘을 쏟을 것이다. 이것이 바로 진정한 간구이다. 간구란 우리의 욕망에 부합하는 것을 실천할 수 있도록 도와 달라는 간청이다. 우리의 욕망이 강렬할수록 우리의 간구와 수고에 들어가는 사랑의 양은 더 커질 것이다. 사랑과 접촉하는 것이 바로 영과 영감의 본질이다. 약한 욕망은 의심과 나약함을 끌어들이고, 우리에게 노력의 단조로움과 고단함을 경험하게 만들 것이다. 단조로움은 우리를 포기하게 하지만 사랑은 풍성한 희망을 품게 한다.

예를 들어, 나는 글을 쓸 때 지루함을 느끼지 못한다. 내 욕망이 너무 강렬해 내가 하는 일에 사랑을 느끼기 때문이다. 글을 쓰는 공간을 지나갈 때조차 기쁨을 느낄 정도다. 나는 글을 쓸 때 온몸에 따뜻한 느낌을 받는다. 아이디어를 전달하고 매일 영에서 배우는 것을 표현하려는 욕구가 너무 강해, 그것이 모든 창조의 근원의 영적 에너지와 일치하기 때문이다. 내가 요청할 때, 강렬한 욕망은 나의 영적 근원과 일치하고, 그 욕망을 성취할 수 있도록 돕는다. 분명히 내가 안내를 요청할 때, 나의 생각이나 질문은 나의 영으로 전달되고, 그 영은 신성한 근원에 맞춰진다.

영감을 느끼는 사람들의 두드러지는 특성은 강렬한 욕망을 가지고 있다는 것이다. 그것은 재능과 능력을 넘어 성공의 척도가 된다. 우리는 이 가장 높은 욕망이 우리의 근원과 정렬되도록, 그리고 우리의 본래 모습과 우리가 하는 일에 대한 사랑이 지루함이나 따분함, 또는 피로를 느끼지 못할 정도로 강렬해지도록 요청해야 한다. 이렇게 할 때, 영감으로 가득한 비전이 다가올 것이다.

비전을 창조하고 유지하기

영감의 길을 찾으려면 100퍼센트 영감으로 살겠다는 비전을 가져야 한다. 무엇을 해야 할지, 사명이 무엇인지 전혀 모르더라도, 우리는 어쨌든 이 비전을 창조하는 연습을 해야 한다. 우리가 그리는 내면은 기분 좋게 느끼려는 의도에 기반해야 하며, 그것은 당연히 신을 느끼는 것과 같은 것이다.

"나는 기분이 좋아지고 싶다"를 내면의 만트라로 삼으면, 주변에서 무슨 일이 일어나든 우리는 기쁨을 경험하는 자신을 그릴 수 있다. 우리는 우리가 원하는 것은 무엇이든 상상했던 것보다 더 크게 오고 있다고 스스로 상기할 수 있다. 이 비전을 마음속에 최우선으로 둔다면, 머지않아 모든 것을 창조하는 근원이 우리의 비전을 물리적 삶으로 가져오기 위해 음모를 꾸밀 것이다. 가장 중요한 것은 우리가 비전에 따라 행동하기 시작하고 신의 인도를 받게 된다는 점이다.

내가 늘 가슴속에 간직하고 있는 라오 러셀(Lao Russel)의 명언을 여기에 소개하고자 한다.

마음속 깊은 욕망으로 이루고자 하는 일이 무엇이든, 신은 당신이 신의 증거가 되기 위해 하는 만큼만 해줄 것이다. 농부나 정원사나 임업 종사자들은 이것을 잘 알고 있다. 그들은 자신들이 조금만 일하면 자연도 조금만 일한다는 것을 안다. 자연은 주는 만큼 되돌려준다. 당신이 자연에 더 많이 해줄수록 자연은 당신에게 더 많이 돌려줄 것이다.

우리가 지금 우리 주변에서 무엇을 보든 상관없이, 모든 것은 우리 내면의 욕망을 붙잡으려는 의지에서 시작되고 끝이 난다. 내면의 그림은 궁극적으로 우리가 행동해야 할 것이므로, 우리는 우리가 무엇을 창조하고 우리 자신을 위해 무엇을 붙잡아야 하는지 매우 신중해야 한다. 만약 우리가 우리 자신을 제한적이고, 무가치하고, 소심하고, 병약하다고 본다면, 우리는 이러한 내면의 초상화에 따라 행동하게 될 것이다. 예를 들어, 나는 람 다스가 그의 저서 『여전히 여기』(Still Here)에서 늙고 허약해지는 것이 어떤 느낌일지 궁금해하는 모습에 감동했다. 그는 그 생각을 품고 있다가 바로 뇌졸중을 경험했고, 다른 사람의 지속적인 보살핌이 필요하게 되었다. '늙는다는 생각'이 그가 그토록 두려워했던 늙음의 요소를 끌어들인 것이다.

우리는 우리가 창조하고 유지하는 비전에 반응하며, 우리 몸의 모든 세포도 마찬가지이다. 따라서 우리 자신이 영감을 받을 자격이 있다는 명확한 비전을 유지하고, 그것이 우리의 궁극적인 소명임을 알고, 주변의 모든 것이 달리 제안할 때도 영 안에 있기를 선택하는 것이 매우 중요하다. 우리는 나누는 존재가 되기를 선택하고, 가능한 한 신을 실현하는 일에 가깝게 살아야 한다. 고대 페르시아의 시인 루미(Rumi)는 다음 같은 시구로 이를 완벽하게 표현하고 있다.

세상의 정원은 네 마음속을 제외하면 한계가 없다.
그 존재는 별보다 아름답고, 네 마음의 빛나는 거울보다 선명하다.

마음에서 한계를 지우고, 루미가 말하는 '별보다 아름다운' 존재인 영으로 들어가라.

이 장의 아이디어를 당신에게 적용하기 위한 몇 가지 제안

- 아무도 모르게 나눔을 실천하라. 나눔의 목표는 창조주와 하나가 되는 것이다. 그리고 칭찬이나 보상, 또는 감사도 바랄 필요도 없다. "내가 얻는 것은 무엇이지?"라고 계속 궁금해하지 않고 나눔을 더 많이 실천할수록, 예상치 못한 순간에 더 많은 나눔이 당신에게 돌아올 것이다. 특별한 호의를 주고받기 위해 나누는 행위

를 하는 식으로 신과 거래할 필요는 없다. 단지 아무런 대가를 기대하지 않고 나누는 존재가 되기 위해 노력하라. 그러면 영감으로 가득한 자신의 모습에 스스로 놀랄 것이다.

● 당신의 근원과 대화를 나눌 시간과 조용한 공간을 확보하라. 영의 인도를 받을 수 있는 질문을 적극적으로 던져라. 만약 당신이 진정으로 소통하고 있다면, 당신이 원하는 답이 쏟아져 들어올 것이다. 나는 새벽 시간이 아주 강력한 시간이라는 것을 발견했고, 그래서 그 시간을 '신과 함께하는 시간'이라고 부른다. 나는 매일 아침 잠에서 깨어나면 침대에 누운 상태로 "몇 분간 신과 조용한 시간을 보내면서 오늘 하루를 위한 안내를 부탁할 거야"라고 말한다. 그러면 항상 누군가와 무언가를 나누는 것으로 하루를 시작하라는 지시를 듣는다. 나는 살아 있고, 건강하며, 다른 사람들을 도울 수 있음에 감사하면서 나의 근원과 함께하는 그 10~15분의 시간을 소중히 여긴다.

● 영감을 느끼는 데 무엇이 요구되든 열린 마음으로 받아들여라. 그러기 위해 꼭 직업을 바꿔야 할 필요는 없다. 그것은 『홀랜드 오퍼스』(*Mr. Holland's Opus*)와 같은 작품을 쓰거나, 고아들을 돕거나, 승마를 위해서나 대회에 출전하기 위해 말을 구입하거나, 빈 땅을 사서 휴양지를 계획하는 것일 수도 있다. 물론 직업과 거주

지를 바꾸라는 부름이 당신을 기다릴 수도 있으니 마음을 열어두고 그것이 당신을 찾아내도록 허용하라. 어떤 경우든 항상 영과 연결 상태를 유지하고 수신되는 메시지를 신뢰해야 한다.

● 이 단순한 진리를 기억하라. "어떻게"에 대한 답은 "예"이다. 당신은 영감을 느끼는 방법을 정확히 알지 못할 수도 있다. 하지만 삶에 대해서 "예!"라고 말하고 당신을 부르는 모든 것에 "예!"라고 말하면, "어떻게"는 저절로 해결될 것이다.

● 당신이 원하지 않는 것에 대한 내면의 말과 비전을 모두 없애 버려라. "나는 병을 끌어들이지 않을 것이다"라고 생각하는 대신 "나는 건강을 끌어들이고, 내 뇌가 위축되지 않도록 할 것이며, 평생 활기차게 지낼 것이다"라고 확언하라. 당신이 지속적인 웰빙의 흐름과 연결되어 있음을 알고, 이 앎이 당신을 영감으로 이끌도록 하라.

다음 섹션으로 넘어가기 전에 랄프 왈도 에머슨이 던진 질문을 한번 생각해보라. "우리는 위대함에 매우 가까이 있다. 한 걸음만 내딛으면 우리는 안전하다. 한번 도약해보지 않겠는가?"

한 걸음이다. 영감으로 가득한 당신의 위대함을 향해 분명히 당신은 한 걸음을 내디딜 수 있다.

2부

영감의 기초

"6천 년의 철학도 영혼의 방과 보고(寶庫)를 탐구하지 못했다.
그 실험 속에는 늘 마지막 분석에 이르면 해결할 수 없는 잔재가 남아 있었다.
인간은 그 근원이 숨겨져 있는 흐름이다.
우리의 존재는 우리가 알지 못하는 곳에서 우리 안으로 내려오고 있다.
나는 매 순간 내가 내 의지라고 부르는 것보다
더 높은 기원을 인정해야 한다는 압박을 받는다."

- 랄프 왈도 에머슨(Ralph Waldo Emerson),
『초영혼』(*The Over-Soul*) 중에서

6장

영감 가득한 삶으로 가는 길을 찾기 위한 필수 원칙

"모든 사람은 종교를 갖고 있다.

하늘이든 땅이든, 그가 모든 것을 버리고 따를 무언가가 있다.

다른 이들에게는 쓸모없어 보일지 몰라도 그를 사로잡는 것은 그의 꿈이고,

그의 북극성이며, 그의 주인이다.

그것이 무엇이든, 그것은 나를 붙잡아 나를 그 종으로, 노예로 만들었다.

다른 야망을 제쳐 놓게 했고, 하늘에 빛나는 영광의 흔적을 따라가게 했다.

나는 온 마음을 다해 그것을 따랐다… 한번 확신하면 나는 절대 놓지 않는다….:"

- 월트 휘트먼(Walt Whitman)

이 장에서는 영감 넘치는 삶을 추구할 때 지켜야 할 여섯 가지 원칙을 제시할 예정이다. 이는 영 안에서의 삶을 재구성할 때 우리가 참고할 만한 청사진이라고 할 수 있다. 나는 이 원칙들을 중요도에 상관없이 나열할 생각인데, 이 원칙들이 모두 똑같이 중요하다고 믿기 때문이다.

원칙 1: 다른 사람의 좋은 평가에 의존하지 마라

영 안에서 살아가려면, 근원이 항상 우리 안에서 작용하고 있다는 아서 밀러의 믿음이나 "우리의 궁극적인 소명은 다른 사람들에게 쓸모없는 것으로 여겨질 수 있지만, 그것은 (우리의) 꿈이며, (우리의) 북극성이다"라는 월트 휘트먼의 믿음을 받아들여야 한다. 다시 말해, 영감을 따르는 것이 다른 사람들을 실망시킬지라도 영감이 우리의 주인이 되어야 한다.

영감이 자신의 존재를 드러낼 때, 우리는 우리가 무엇이 되도록 의도되었는지, 어떤 존재가 되는 것이 우선인지 주의를 기울여야 한다. 윌리엄 셰익스피어의 유명한 질문 "사느냐, 죽느냐. 그것이 문제로다"는 우리가 내려야 할 긴급한 선택, 즉 우리가 여기 온 목적을 따를 것인가, 아니면 그 소명을 무시할 것인가를 상징적으로 나타낸다. 자주 인용되는 이 독백에서 햄릿은 더 깊이 파고든다. "성난 운명의 돌팔매와 화살을 참고 견디는 것이 더 고귀한 일인가, 아니면 끝없는 고난의 바다와 맞서 싸워 이를 끝내는 것이 더 나은가?" 다른 사람의 뜻에 따라 살면서 고통을 겪는 것은 의미가 없다. 오히려 우리에게 의도하지 않은 사람이 되라고 강요하는 외부 의견에 우리는 반대해야 한다.

우리 주위에는 우리가 무엇을 해야 하고 무엇을 하지 말아야 하는지에 대해 선의의 아이디어를 가진 사람들이 많이 있다. 특히 친척들은 이 분야의 전문가인 척 행동한다! 하지만 조언이 우리 내면의 부름과 일치하지 않는데도 그들이 이끄는 대로 놔 둔다면, 우리는 영감 없는 삶에서 오는 고통, 즉 화살과 돌팔매라는 고통을 겪게 될 것이다. 우리 모두는 자신이 무엇이 되도록 부름을 받았는지 느낄 수 있으며, 주의를 기울이면 영의 세계에서 가져온 과제를 완수할 것을 재촉하는 목소리를 들을 수 있다. 하지만 만약 우리가 다른 사람의 의견과 지시에 따라 어떻게 할지를 결정한다면, 영감 넘치는 삶을 살겠다는 목표를 잃어버릴 수밖에 없다.

우리는 우리가 어떤 일을 하고, 어디에서 살고, 누구와 함께 살고, 심지어 어떻게 대우받는지와 같은 문제를 다른 사람들이 결정하도록 그동안 얼마나 많이 허용했는지 스스로 판단해야 한다. 우리 자신을 제외한 그 누구도 우리가 이 삶에서 무엇을 성취하고자 하는지 진정으로 알고 느끼지 못한다는 것을 알아야 한다. 그러니 내면의 안내에 귀 기울이고, 다른 사람의 압력을 무시할 수 있어야 한다. 내면의 부름이 아무리 터무니없어 보일지라도 그것은 진정으로 우리 자신의 것이며, 다른 누구의 이해도 필요로 하지 않는다. 다른 사람의 의견과 무관하게 자신의 영감에 귀 기울이고 그에 따라 행동하려는 의지가 반드시 필요하다.

원칙 2: 다른 사람의 비판을 기꺼이 받아들여야 한다

이 원칙은 앞의 '원칙 1'과 논리적으로 이어진다. 이 원칙은 우리가 영 안에 있고, 이곳에 온 목적대로 삶을 살아갈 때, 많은 사람의 비난을 받게 될 것임을 알려준다. 이것은 이기적이거나 냉소적인 태도가 아니다. 우리가 궁극적인 소명을 따르기 시작할 때, 많은 저항이 있을 것이다. 사실, 우리에게 보내는 '화살과 돌팔매질'의 목적은 우리가 마음을 바꿔 '합리적'이 되게 하려는 것이다. 즉 "내 방식대로 해!"라는 뜻이다.

그러나 순응하라는 압력을 무시할 힘을 우리가 얻을 때, 저항은 줄어들 것이며 궁극적으로는 존중을 받을 수 있다. 다른 사람의 지시에 따라 생각하고, 행동하고, 순응하는 일을 단호하게 거부할 때, 우리에게 가해지던 압력은 힘을 잃게 된다. 따라서 우리가 해야 할 일은 독단적인 설득, 분노, 삐침, 침묵, 장황한 강의와 같은 초기의 거부감을 견디는 것뿐이다. 그러면 우리는 좌절이 아닌 영감을 받는 길로 나아갈 수 있다.

최근의 내 삶을 예로 들어보자. 나는 이 책의 로열티 대부분과 선인세 전부를 장학기금으로 기부하기로 결정했다. 그리고 이 결정을 '돈을 버리는 것'으로 보고 내게 "정신 차려라"라고 말리는 사람들이 있었다. 하지만 나는 압도적으로 강력한 내면의 목소리를 듣고 있었다. 나는 진정으로 내게 영감을 주는 그 무엇을 신뢰하고 있었다. 나는 수

년 전부터 내가 언젠가는 모교에 장학기금을 설립할 것임을 알고 있었다. 내가 젊은 군인이었을 때 기회를 받았던 것처럼 경제적으로 어려운 학생들이 기회를 얻을 수 있다는 생각은 이 글을 읽는 여러분에게 설명할 수 없을 만큼 나에게 큰 영감을 주는 일이었다. 그래서 나는 "나는 내가 하는 일과 그 이유를 잘 알고 있습니다.", "나를 설득하려고 시간을 낭비하지 마세요" 등의 반응을 보이며 반대 의견을 무심히 흘려들을 수 있었다. 그러자 내게 반대했던 사람들의 저항은 금세 사그라들었다.

삶에서 가장 많은 인정을 받는 사람들은 다른 사람들의 인정에 가장 관심이 없는 사람들이다. 그러니 다른 사람의 인정을 받고 싶다면, 다른 사람의 인정에 관심을 멈추고, 다른 사람에게 영감을 주는 나눔의 존재가 되는 데로 주의를 돌려야 한다. 여기서 한 가지 주의할 점이 있다. 우리가 이 원칙에 따라 자녀들을 양육하고, 우리가 매일매일 이 원칙을 실천하는 것을 자녀들이 지켜본다면, 그들이 내면의 부름을 따를 때, 그들의 결심을 존중해주는 자세가 필요하다. 예를 들어, 내 딸 소머가 열한 살쯤 되었을 무렵 나는 그녀의 성적표를 보여달라고 했고, "아빠가 왜 그걸 보고 싶어 해요?"라는 질문에 당황하고 말았다.

내가 "난 네 아빠고, 학교에서 네가 어떻게 하는지 알아야 한다고 생각해"라고 말하자, 그녀는 당연하다는 듯이 이렇게 대답했다. "하지만 이것은 내 성적이지 아빠의 성적이 아니잖아요. 아빠가 볼 필요가 있다고 생각했으면 벌써 보여드렸을 거예요."

장담컨대 그녀는 무례한 것이 아니었다. 단지 자신의 성적을 나와 공유할 필요를 느끼지 못했을 뿐이었다.

나는 그녀가 학교에서 아주 잘 생활하고 있다는 것을 알았기에, 그냥 넘어갔고, 그녀가 원하는 대로 되도록 내버려두었다.

원칙 3: 결과로부터 초연하라

영감은 과제를 완수하거나 목표를 달성하는 데서 오는 것이 아니다. 오히려 그것은 영감을 사라지게 할 수 있다. 영으로 돌아간다는 것은 지금 이 순간을 온전히 살아가는 경험이다. 춤의 목적이 플로어의 특정 지점에서 마치는 게 아닌 것처럼, 인생의 목적은 영감을 얻는 목적지에 도착하는 것이 아니다. 춤의 목적, 그리고 인생의 목적은 음악이 흐르는 동안 우리가 어디에 있든 매 순간 매 걸음을 즐기는 것이다.

많은 사람들이 성공적인 삶을 위해서는 목표가 필요하다고 믿도록 유혹받는다. 특히 "어디로 가는지 모른다면, 어떻게 거기에 도달했는지 알겠어?"나 "목표를 달성하지 못하는 것보다 목표가 없는 것이 더 두려운 거야" 같은 구호에 세뇌 당하며 살아왔다. 이런 종류의 논리는 우리를 영감을 느끼지 못하게 만든다. 왜냐하면 이런 방식은 목적지에 도달하는 것을 전제로 하면서 고군분투하는 삶을 살게 하기 때문이다.

그러나 오직 지금만이 있으며, 이 순간은 곧 다른 순간으로 무한히 대체된다는 영적 진리는 우리에게 더 많은 것을 깨우치게 해준다. 결국 '그때'일 뿐인 '미래의 지금'에 열중하느라 '현재 이 순간'을 다 써버리는 것은 영감을 없애는 결과를 가져올 뿐이다. 오직 지금만 존재한다. 따라서 지금 안에 살고, 현재의 매 순간을 즐기는 법을 배우는 것은 영 안에 있는 것과 같다. 반면에 성과에 초점을 맞추어 행복과 성공의 수준을 결정하는 것은 우리를 영에서 멀어지게 한다.

요가 마스터 스리 스와미 시바난다(Sri Swami Sivananda)가 삶의 목표는 '신을 실현하는 것'이라고 말한 것처럼, 내가 아는 유일한 가치이자 따를 수 있는 목표 역시 바로 그것이다! 결국, 이 목표를 통해 나는 삶의 모든 순간을 영 안에서 살면서 동시에 신을 실현하는 다음 순간(그리고 또 그다음 순간)을 생각하게 된다. 인도의 위대한 현자 라마나 마하리시는 이렇게 말했다. "도달할 목표는 없다. 달성해야 할 것은 아무것도 없다. 당신은 자아다. 당신은 항상 존재한다." 자, 이것이 바로 진짜 영감이다.

지금 이 순간 책상 앞에 앉아 글을 쓰면서도 나는 마음속에 목표를 두고 있지 않다. 그래도 나는 이 책이 완성될 것이라고 믿는다. 최종 결과물이 나오기까지 몇 달이 남았음에도 불구하고 나는 이미 그것을 보았기 때문이다. 나는 지금 이 순간 창조의 행복 속에서 살고 있고, 이 순간을 즐기고 있다. 나는 지금 쓰고 있는 글귀가 떠오르도록 영감을 준 바로 그 원천이 결과를 만들어줄 것이라 믿는다. 나는 지금 평화와 사랑, 경외감 속에서 이 자리에 있으며, 내 유일한 목표는 이 의식 속에 머물며 매 순간을 즐기는 것뿐이다. 이 영광스러운 여정을 시작한, 즉 입자가 되기 전의 영 안에서 이미 동의했던 것을 실천하는 것이다.

원칙 4: 영감을 얻기 위해 아무것도 필요하지 않음을 알라

우리는 형태 없는 영의 에너지장에서 이 경계의 세계로 왔다. 우리는 아무것도 가진 것 없이 이곳에 도착했고, 아무것도 가진 것 없이 떠날 것이다. 따라서 우리의 목적(신을 실현하는 것) 역시 아무것도 요구하지 않는다. 우리가 영감을 받고 목적에 따라 살아가는 데 필요한, 우리 삶에 흘러드는 것들은 우리 근원의 무한한 풍요의 상징일 뿐이다. 다시 말해, 이것들은 그 자체로 아무 가치도 없다. 왜냐하면 물리적 세계의 모든 것은 변화하며, 어떤 식으로든 다시 무(無)로 녹아 없어질 것이기 때문이다.

우주는 객관적인 사물로 이루어진 것이 아니다. 우주는 우리가 실재한다고 믿도록 배운 것들을 모방하는 운동의 파동으로 이루어져 있다. 무한한 관점에서 우리가 자연에서 보는 모든 것이 실제로 보이는 것이 아니라는 사실을 받아들이면, 우리는 눈으로 보는 것을 모든 것에 대한 깨달음으로 전환시킬 수 있다. 그렇게 되면 우리가 영감을 얻기 위해 필요하다고 믿었던 대상들이 영의 관점에서는 아무것도 아니라는 것을 인식할 수 있다. 이것이 바로 육체적 인간과 영적 인간의 차이, 영감을 받은 사람과 영감을 받지 못한 사람의 차이를 구분하는 점이다.

우리는 영의 존재이며, 수많은 제약을 가진 육체가 아닌 정신으로 살아가는 존재이다. 그러므로 만약 우리가 빛과 에너지의 언어로 신과 소통한다면, 소유의 환상에 대한 우리의 집착에 대해서 신이 관대하게 웃는 모습을 보게 될 것이다. 영감을 얻기 위해 더 많은 게 필요한 것이 아니다. 오히려 우리는 눈에 보이는 것에서 시선을 떼고, 기쁨과 행복이 우리를 기다리는 영의 기적적인 세계로 나아가야 한다.

기억하라. 우리는 이미 우리 삶에서 부족하다고 생각되는 모든 것과 연결되어 있다. 물론 우리의 눈과 귀가 인식하는 범위 안에서는 창조의 모든 활동이 보이지도 않고 다가갈 수도 없을 것이다. 하지만 우리에게 익숙한 감각 기관으로 찾는 대신 우리가 그 존재를 신뢰한다면 영감을 얻기 위해 무언가를 좇는 것이 얼마나 어리석은 일인지 깨닫게 된다. 우리에게 필요한 것은 우리의 생각이 영과 진동하며 일치할 수 있도록 의식적으로 재정렬하는 것뿐이다. 우리는 영이 이미 우리의 일부라는 것을 알고 있다. 그리고 우리의 영감은 이러한 재정렬을 가능하게 한다.

눈에 보이는 것이 아니라 우리가 아는 것에 맞춰 조율할 때, 우리는 그 즉시 신에 대한 모든 생각이 우주 전체에서 반복된다는 것을 알게 된다. 우리는 영 안에 머물면서 어떤 것은 우리 삶에 들어오고, 또 어떤 것은 우리 곁을 떠나는 것을 지켜볼 수 있다. 그리고 그 모든 것이 우리의 영감 상태와 아무 상관도 없다는 것을 알게 된다. 우리는 이미 영과 연결되어 있기에 영감을 받기 위해 더 이상 무엇을 할 필요가 없다. 고대 페르시아 시인 오마르 카이얌(Omar Khayyam)은 그에 관해 우리에게 이런 말을 남겼다. 이는 우리가 영감을 받기 위해 필요한 것은 달리 없다는 원칙을 잘 요약하고 있다.

> 그대의 존재에서 이미 잘려 나간 날을 잊어라.
>
> 내일에 대해 걱정하지 마라,
>
> 내일은 아직 오지 않았다.
>
> 더 이상 존재하지 않은 것에 기대지 말고,
>
> 한순간을 행복하게 살아라.
>
> 그리고 그대의 삶을 바람에 내던지지 마라.

원칙 5: "궁금해하며 죽지 마라"

이 원칙은 영감 가득한 삶을 향해 나아가는 데 극히 중요하다. 왜냐하면 이것은 우리가 행동에 나서도록 동기를 주기 때문이다. 궁극적인 소명에 주의를 기울이지 않아 후회로 가득 찬 삶을 살기를 원하는 사람은 그 누구도 없다.

무언가를 시도하는 것은 비록 성공하지 못하더라도 영감을 불러일으킨다. 왜냐하면 우리는 이미 했던 일보다는 하지 않은 일에 대해 후회하기 때문이다. 즉, 아무리 쓸모없는 것이더라도 일단 시도한 뒤에는 영감을 받을 수 있다. 그래야 우리가 무언가를 깨달을 수 있기 때문이다. 우리가 스트레스를 받고 개운치 않은 느낌을 받는 것은 무언가를 시도해야 할지 말아야 할지 망설이기 때문이다.

예를 들어, 테니스 경기에서 점수를 잃을까 초조해할 때, 이런 상황이 닥치기 전에 미리 좀 더 노력하고 도전했다면 어떤 경기가 됐을까 하는 미련이 남을 수밖에 없다. 하지만 이런 순간에 나는 스스로에게 상기시킨다. "궁금해하며 죽지 마."

영감과 우리가 이기거나 지는 것은 아무런 관련이 없다. 사실, 우리가 삶의 게임을 그냥 즐긴다면, 재능의 수준과 관계없이 승패에 얼마든지 무심할 수 있다. 그러나 거절에 대한 두려움이나 자신의 재능에 대한 의심 때문에 시도조차 하지 않는다면, 우리는 평생 궁금해하며 살게 될 테고, 그것이 바로 우리가 영감을 찾지 못하고, 영감을 느끼지 못하게 하는 원인이 될 것이다.

나를 포함한 우리 대부분은 첫사랑의 강렬함을 기억하고 있다. 이처럼 영감을 따르지 않았을 때 무슨 일이 일어났는지 우리는 기억한다. 나는 고등학생 때 재니스 넬슨이라는 아름다운 소녀에게 엄청난 호감을 느꼈었다. 그리고 그때 그 강한 내면의 부름을 행동으로 옮길 수 있었다면 어땠을지 나는 언제나 궁금해했다. 하지만 나는 그녀에게 데이트를 신청하고 싶어도 거절당할지도 모른다는 두려움 때문에 내면의 욕구를 행동으로 옮기지 못했다. 몇 번이나 전화를 걸었다가 그녀가 받으면 바로 끊어버렸다. 결국 나는 두려운 마음을 극복하지 못했고, 결과적으로 궁금해하며 죽는 꼴이 되었다.

30년이나 지난 후에야 나는 고등학교 동창회에서 재니스와 춤을 추며 그때의 내 감정을 털어놨다. 너무 떨려서 전화를 끊었던 일까지 고백하면서 말이다. 그러자 재니스는 정말 기쁘게도, 그러면서도 안타깝게도 이렇게 말했다. "나도 항상 너를 좋아했어. 너와 데이트하고 싶었고. 사실 나한테 전화하라는 힌트를 보냈다고 생각했는데, 너는 한 번도 전화하지 않았지." 아! 내가 하지 않은 일을 후회하는 예로서 이보다 완벽한 것은 없을 것이다.

괴테는 『파우스트』에서 우리 안에 사는 두 개의 영혼을 시적으로 묘사한다. 하나는 결과와 상관없이 전화를 걸어 데이트를 요청하게 하는 영이고, 다른 하나는 두려움의 세계에 매달려 궁금해하며 죽는 영이다.

아아, 내 마음속에 두 영혼이 살고 있구나,
하나는 다른 하나와 떨어져 있고 싶어 한다.
그것은 세속적인 열정으로 세상에 집착하고
꼬인 덩굴처럼 매달린다.

다른 하나는 강렬한 갈망으로 스스로를 들어 올려

하늘의 지붕까지 닿으려 한다.

'하늘의 지붕까지 강렬한 갈망으로' 우리 자신을 들어 올린다면, 우리는 결코 궁금해하며 죽지 않을 것이다.

원칙 6: 우리의 욕망은 우리의 일정대로 오지 않는다는 것을 기억하라

"신을 웃기고 싶다면 신에게 당신의 계획을 말하라"라는 고대의 격언이 있다. 본질적으로 이것은 우리가 원하는 모든 것은 우리의 근원에너지와 진동적으로 일치될 때만 우리 삶에 도달한다는 의미이다. 그때 우리의 에고는 일정을 결정하는 데 끼어들지도 못할 것이다. 창조는 그것이 선하고 준비가 되었을 때 비밀을 드러낸다. 우리가 할 일은 언제라는 시간에 초점을 맞추는 것이 아니라, 우리의 근원적인 영과 연결되는 데 초점을 맞추는 것이다. 우리가 할 일은 신에게 도전하고 응답을 요구하는 것이 아니라, 대신 그와 더 닮아가는 것이다. 우리가 할 일은 우리 삶에서 종종 모순되거나 곤란하게 느껴지는 모든 것들이 사실은 우리가 그것들을 끌어당겼기 때문이며… 우리의 진정한 영적 목적이 드러나기 위해서는 이러한 장애물이 필요함을 이해하고 받아들이는 것이다. 이를 위해서는 사고 패턴의 변화가 필요할 수 있는데, 톰 바버(Tom Barber)는 이를 너무나 잘 알고 있다.

톰은 LA의 그리피스 공원 수석 프로 골퍼로 활동하며 남부 캘리포니아에서 톰 바버 골프 센터를 소유 및 운영하고 있다. 그의 아버지 제리는 1961년 PGA 챔피언이었다. 톰은 나와 거의 모든 주제에 대해 솔직하게 이야기를 터놓는 절친한 친구인데, 한번은 경기 침체로 골프 고객이 줄면서 수입이 줄어들까 걱정된다고 털어놓은 적이 있었다.

내가 이런 종류의 에너지를 받아들일 수 있을 만큼 한참 이야기가 진행되었을 때, 나는 그에게 이렇게 말했다. "톰, 당신은 재정적 골칫거리가 계속 커질 것이라는 관점에서 이 문제에 접근하고 있습니다. 하지만 생각을 긍정적으로 바꿔보세요. 내가 원하는 것이 나에게 다가오고 있다. 그것은 내 시간표가 아니라 신의 시간표에 따라 정확하게 도착할 것이다. 지금 내가 겪고 있는 모든 것이 문제로 위장되어 있지만, 나는 그것이 축복이라는 것을 안다. 내가 원하는 것이 나에게 다가오고 있고, 내가 상상할 수 있는 것보다 더 많이 다가오고 있다. 이것은 내 비전이고, 나는 무슨 일이 있어도 감사하는 마음으로 그 비전을 붙잡을 것이다. 이렇게 말이죠."

그 대화가 있고 약 두 달 뒤에 친구에게서 편지를 받았다. 그는 편지에 이렇게 썼다. "격려해주셔서 감사합니다. 제가 찾던 사업에 필요한 자금이 곧 마련될 것이라고 스스로에게 말하기 시작하자 모든 것이 바뀌기 시작했습니다." 그때 톰이 한 일은 영적인 에너지의 무한한 풍요에 자신을 정렬하기로 결정한 것뿐이었다.

톰의 예로 볼 수 있듯, 영감을 얻기 위해 신에게 우리의 일정을 따르라고 요구하기보다는 그냥 놓아버리고 항복하며 모든 것이 신성한 질서 안에 있다고 자신을 일깨워야 한다. 조바심을 내고 요구할 때보다 신의 뜻대로 영감이 흘러가도록 허용할 때 우리는 훨씬 더 성공할 수 있다. 언제나 그렇듯이, 신을 실현하는 일에서 우리가 해야 할 일은 신과 더 닮아가는 것이다. 이는 오류가 가득한 것처럼 보일지라도 항상 완벽한 시간표에 굴복하는 것을 의미한다.

이 여섯 가지 원칙을 가까이 두고 영감이 부족하다고 느낄 때마다 한 번씩 들여다보라.

또한 우리가 이 영감의 세계로 부름을 받고 있으며, 영감은 회복 운동에서 말하는 것처럼 우리에게 "놓아버리고 신에게 맡겨라"라고 손짓하고 있다는 것을 기억하라. 이와 관련돼 내가 가장 좋아하는 스승 중 한 명인 나폴레온 힐(Napoleon Hill)이 남긴 조언도 귀담아들을 필요가 있다. "위대한 일을 할 수 없다면, 작은 일을 위대하게 하라. 큰 기회를 기다리지 말고, 평범하고 일상적인 기회를 잡아 위대하게 만들어라."

- 당신의 삶을 어떤 방향으로 지시하려는 사람들의 압력으로부터 자유로워지겠다고 서면으로 약속하라. 예를 들면 다음과 같다. "나는 내 삶에 관한 내 자신의 생각에 귀를 기울이겠다. 나는 다른 이의 조언을 받아들이되, 설령 비난을 받더라도 내 양심이 시키는 대로 행동할 것이다." 자신의 의도를 글로 적어 언제든지 볼 수 있게 하는 것은 관심사를 실천할 수 있는 영감의 에너지를 키운다. 단어 뒤에 숨은 의도는 당신이 영감을 찾는 데 흔들림이 없도록 안내하고 상기시킨다. 물론 다른 사람의 의견에서 벗어나기 위한 방법으로 분노나 공격성을 사용하는 것은 안된다. 당신은 사랑의 장에서 온 영 에너지이며, 영 안에 있으려면 당신이 사랑 그 자체가 되어야 한다.

- 당신이 내딛는 작은 발걸음이 당신의 욕망과 일치하는 진동을 활성화할 것이다. 그러므로 당신의 본성에 따라 살고 싶다면, 꿈에 그리던 곳에 방문할 계획을 세우고 작은 발걸음을 내디뎌 그 느낌을 경험해보라. 직접 갈 수 없거나 아직 갈 준비가 되지 않았다면, 책을 읽거나 영화를 통해 간접적으로 경험할 수도 있다. 하지만 당신이 영에게 주는 생각과 행동의 진동 에너지에 주의를 기울여라.

내 딸 스카이(Skye)는 자신이 작곡한 곡으로 CD를 제작하고 싶어 했다. 그러나 작곡과 연주, 녹음, 편곡에 필요한 스튜디오 시간과 뮤지션 섭외까지 모든 일을 감당하기에는 벅차 보였다. 결국 딸은 계속 뒷걸음치면서 영감으로부터 멀어져만 갔다. 그래서 나는 딸에게 작은 발걸음의 의미로 우선 한 곡만이라도 써보라고 권유했다. 제목을 제안하고 마감 기한을 정해 주었다. 그런 뒤 나는 그녀가 피아노 앞에 앉아 영감에 몰두하며 창작하는 모습을 기쁨과 자부심으로 지켜보았다. 나폴레온 힐이 제안한 것처럼, 작은 한 걸음이 그녀를 영감의 길로 이끈 것이었다.

● 목표를 세우는 대신 지금 이 순간을 즐겁게 살겠다고 다짐하라. 멀리 있는 미래를 꿈꾸는 일을 멈추고, 우리 모두에게 주어진 유일한 순간인 지금으로 돌아오라. 과거와 미래에 대한 관심을 버리고 현재를 온전히 살아가기로 결심하라. 영감에 대한 열망은 당신의 근원인 영의 세계를 활성화한다. 상상 속의 미래, 즉 목표에 집착하는 것은 현재를 낭비하는 불필요한 방법이다. '지금 여기 있으라(Be Here Now)'는 람 다스의 훌륭한 책 제목이지만, 그것은 사실 그 이상의 뜻이며 영감의 본질이다. 지금 여기에 있는 것이 바로 우리의 불안, 스트레스를 없애는 방법이며, 심지어 질병까지도 낫게 하는 방법이다.

지금 여기 앉아 글을 쓰면서 나는 이 책을 완성하는 것에 대해 마음껏 공상할 수 있지만, 실제로 내가 할 수 있는 일은 (그것이 지금 내가 하고 있는 바로 그것이다) 내면의 목소리에 귀를 기울이고, 그 내면의 간청에 맞춰 진동하고, 그 생각이 나를 통해 종이 위로 옮겨지는 기쁨을 느끼는 것이 전부다. '목표'는 지금 여기에 있기 위해, 나의 'Senior partner(신)'가 지시하는 것을 실천하기 위해 잠시 유보된 상태다. 최종 결과는 알아서 저절로 나올 것이다. 특히 내가 내 마음의 최종 결과를 이미 보고 있고, 그 비전과 조화를 이루며 현재의 순간을 활용하고 있기에 더욱 그렇다.

- 당신 안의 조용히 불타오르는 욕망을 존중하라. 조롱하지 말며, 비판하거나 판단하지 마라. 집 안에 신성한 공간을 만들어라. 내면의 비전을 상징적으로 모시는 제단을 마련할 수 있는 사적인 공간을 만들어라. 이 제단 옆을 지날 때마다 조용히 축복을 빌고 당신의 삶에 영감이 있음에 감사하라. 제단에는 사진, 잡지 기사, 유물, 토템, 크리스털, 보석, 명판 등 열정을 불러일으킬 수 있는 것이라면 무엇이든 올려놓을 수 있다. 이것이 터무니없다거나 황당하다고 보일 수도 있을 것이다. 하지만 매일 영을 상기시키는 생활을 영위할 때, 당신은 궁극적인 소명과 진동적으로 일치하게 된다.

내가 아주 어렸을 때, 많은 사람들이 작가이자 연기자가 되겠다는 내 비전을 비웃고 무시했다. 하지만 나는 나의 비전을 존경했고 신성한 것으로 대했다. 십 대 시절에는 내면의 비전을 존중하면서 주변 사람들이 뭐라고 하든 말든 소설을 쓰기 시작했다. 내면의 비전을 신뢰한다는 것은 당신을 창조한 바로 그 지혜를 신뢰하는 것이다.

● 무엇이 되었든 열정과 열의, 그리고 영감을 불러일으키는 것이 당신에게 오고 있는 중이라고 단호하게 선언하라. 이렇게 수시로 말하라. "그것은 오고 있다, 때가 되면 도착할 것이며, 내가 상상한 것보다 더 많이 올 것이다." 그리고 당신의 확언과 일치되는 진동 상태가 되도록 해주는 것이라면 아무리 작은 단서라도 놓치지 마라. 원하든 원치 않든, 당신은 생각한 대로 얻게 될 것이다!

철학자이자 로마의 황제였던 마르쿠스 아우렐리우스(Marcus Aurelius)의 말로 이 장을 마무리한다.

마르쿠스 아우렐리우스는 폭력을 경멸하고 전쟁을 거부했다. 대신 그는 평화와 모든 동료 인간에 대한 존중의 철학으로 제국을 통치했다. 그는 영감을 받지 않거나 영에 초점을 맞추지 않을 때 우리가 잊어버리는 것들에 대해 다음과 같이 말한다.

그대가 어떤 일로 괴로울 때, 그대는 이것을 잊었다. 그대는 모든 일이 우주의 본성에 따라 일어난다는 것을 잊었고, 인간의 잘못된 행위가 그대에게는 무관하다는 것을 잊었고, 나아가 모든 일이 항상 그렇게 일어났고, 앞으로도 일어날 것이며, 지금도 어디에서나 그렇게 일어난다는 것을 잊었다. 한 개인과 온 인류 사이의 혈연이 얼마나 가까운지, 그것이 한 방울의 피나 씨앗의 공동체가 아니라 지성의 공동체임을 잊었다. 또한 모든 인간의 지성은 신성에서 흘러나왔다는 것도 잊었고, 아무것도 인간의 소유가 아니며, 그의 자식, 그의 몸, 심지어 그의 영혼조차 신성에서 왔다는 것도 잊었다. 모든 것이 의견이라는 것도 잊었고, 마지막으로 모든 인간은 현재만을 살며, 잃는 것도 현재뿐이라는 것도 잊었다.

영감으로 돌아가는 길을 찾을 때, 이 말을 떠올려라.

7장

영감과 당신의 위대함

"사람을 바꾸는 데 필요한 것은 그가 자신에 대해 가진 인식을 바꾸는 것이다."

– 에이브러햄 매슬로(Abraham Maslow)

"당신은 근원적 존재이다. 당신은 신의 본질의 독특한 한 부분이며,
당신 자신 안에 신의 일정 부분을 담고 있다.
그렇다면 왜 당신은 당신의 고귀한 탄생을 모르고 있는가?
불쌍한 자여, 당신은 신을 안에 지니고 다니면서도 그것을 전혀 모르고 있다."

– 에픽테토스(Epictetus)

이 장에서는 우리가 지닌 신성의 위대함을 살펴보고, 남은 삶 동안 이러한 관점에서 우리 자신을 바라볼 수 있는 방법을 알아볼 것이다.

우선 우리의 시야를 흐리게 하거나 우리의 위대한 신성에 의문을 품게 만드는 자기 인식을 제거하는 것이 절대적으로 필요하다. 이와 관련해 위의 에이브러햄 매슬로의 인용문은 우리가 할 수 있는 일에 대해 이렇게 이야기한다. 환멸에서 영감으로, 무관심과 냉담에서 열정과 열의로 나아가고 싶다면, 우리는 우리 자신에 대한 인식을 바꿔야 한다.

나는 사람을 관찰하는 사람이다. 나는 매일의 삶 속에서 다른 사람들이 몸을 어떻게 다루고, 무엇을 먹고, 어떻게 움직이는지 관찰한다. 또한 그들이 자신에 대해 무심코 내뱉는 말에도 주의 깊게 귀를 기울인다. 나는 사람들이 자신에 대해 어떻게 생각하는지에 관심이 깊다. 에픽테토스가 인용문 서두에서 묘사한 이미지를 자신에게 반영하는 사람은 안타깝지만 매우 드물다.

그렇다면 무엇이 우리 자신을 '신의 본질'을 담고 있는 존재로 여기지 못하게 하고, '고귀하게 탄생한' 존재라는 것을 알지 못하게 막는가? 오직 에고 때문이다. 그리고 그것은 우리 스스로 에고를 허용할 때만 벌어진다. 하지만 영감과 열정적인 삶을 향한 여정에는 에고가 아닌 본래의 자아에 관한 관점이 확고히 자리 잡아야 한다. 우리는 형태 없는 차원에서 물리적 존재로의 변화를 숙고했을 때, 우리가 진실로 알았던 것과 같은 방식으로 우리 자신을 보기로 이미 결심했었다.

"나는 누구인가?"는 '중요한 질문'이다. 하지만 우리는 우리가 소유한 것, 이룬 것, 벌어들인 것, 그리고 다른 사람들이 어떻게 생각하는가로 우리 자신을 정의하는 데 너무 익숙해져 본래의 자아와의 연결이 끊어져 버렸다. 이 질문에 대한 답은 이것이다. "나는 신의 본질의 독특한 한 부분이다. 나는 영 안에서 시작되었지만, 이 근본적인 진리를 잊어버렸다." 이러한 인식이 있다면, 우리 모두는 궁극적인 소명을 추구하고 영감 넘치는 삶을 살기로 결심할 수 있다. 우리 자신을 제한이 없으며 모든 순간에 신의 인도가 가능한 영적인 존재로 인식할 수 있기 때문이다. 만약 우리가 지금 이렇게 느끼고 있지 않다면, 매슬로 박사가 제안한 대로 자기 인식을 바꾸는 것이 매우 중요하다.

우리 자신에 대한 인식 바꾸기

만약 우리가 우리의 신성한 본질을 진정으로 인식한다면, 일상에서 어떻게 생각하고 행동하게 될까? 분명히 스스로를 책망하는 일은 없을 것이다. 왜냐하면 자신의 능력을 의심하지 않을 것이기 때문이다. 우리는 거울을 보며 사랑과 감사의 마음 외에는 다른 아무것도 느끼지 못할 것이다. 우리는 원하는 모든 것을 끌어당길 수 있는 완전한 능력을 가진 존재로 스스로를 여길 것이고, 신의 신성한 설계에 감사해하며 몸을 경건히 하고 소중하게 대하고, 모든 생각의 기원이 신성함을 알고 스스로를 축하할 것이고, 이런 엄청난 재능을 깨달음으로써 우리가 가진 모든 것에 경외감을 갖게 될 것이다.

우리는 모든 면에서 우리의 위대함을 자각해야 한다. 그 자각이 다시 깨어날 때, 영감의 씨앗이 꽃을 피우기 시작할 것이다. 바하이(Baha'i) 신앙의 창시자 바하울라(Bahaullah)의 글은 이러한 근본적인 진실을 잘 표현하고 있다. "이 가장 위대하고, 헤아릴 수 없이 넓고 격동하는 바다는 당신에게 놀랍도록 가까이 있다. 보라, 그것은 당신의 생명줄보다 더 가까이 있다! 원하기만 한다면 당신은 눈 깜짝할 사이에

이 불멸의 은총, 신이 준 은혜, 이 부패하지 않는 선물, 가장 강력하고 형언할 수 없는 영광스러운 풍요에 도달하고 누릴 수 있다.”

변화된 인식 없이 영 안에 있을 방법은 없다. 그러므로 우리가 이를 성취할 때, 우리는 결점이나 한계, 부족함, 또는 불완전함에서 벗어나 우리가 위대하다는 진실에 온전히 편안함을 느끼게 된다.

말로 표현할 수 없는 영광스러운 이 선물은 우리에게 너무도 가까이에 있다… 우리가 해야 할 일은 ‘눈 깜짝할 사이’에 몇 가지를 조정하는 것뿐이니, 지금 바로 시작하지 않겠는가?

다음은 우리가 할 수 있는 가장 분명하고 중요한 인식의 변화 세 가지다.

1. 우리의 위대한 재능과 능력에 대한 인식 바꾸기

여기서 강조하고 싶은 매우 중요한 점이 있다. 이것은 자존감에 대해 이야기하는 것도 아니며 자신감의 수준을 언급하는 것도 아니라는 점이다. 그보다는 우리가 “나는 누구인가?”라는 중요한 질문을 항상 마음속에 품고 있어야 한다는 것이다. 이 질문은 우리가 삶의 경험을 통해 얻는 것들에 관한 것이 아니며, 우리의 특별한 자질이나 독특한 능력에 대한 것과도 관련이 없으며, 우리가 우리 자신을 얼마나 가치 있거나 무가치하다고 느끼는지와도 관련이 없다. 그것은 단순한 진실과 관련이 있을 뿐이다.

기원후 1세기의 철학자 에픽테토스는 이렇게 말했다. “불쌍한 자여,

당신은 당신 안에 신을 지니고 있으면서도 그것을 전혀 모르고 있다.”
노예로 태어났지만 인류의 가장 심오한 스승 중 한 명이 된 에픽테토
스처럼, 우리는 무한한 재능을 가지고 이 세상에 왔다. 우리는 신의
본질의 독특한 일부이기 때문에 우리의 능력은 신의 능력만큼 무한하
다. 그리고 이런 능력을 활용하고 신처럼 창조할 수 있는 확실한 방법
이 있다.

방법은 우리를 흥분시키는 모든 것을 추구할 능력이 우리에게 이미
있음을 깨닫는 것이다. 우리를 진정으로 흥미롭게 하는 것이 있다면,
그게 무엇이든 신성한(비록 잠재되어 있지만) 재능이 우리에게 신호를 보내
고 있다는 증거이다. 우리가 무언가에 관심을 갖는다는 것은 우리의
소명과 연결된 생각의 단서이며, 그 생각은 이 광활한 우주에서 에너
지의 진동인 것이다. 만약 무언가에 대해 정말 매력적으로 느껴지고
흥분을 느끼지만, 필요한 재능이 없다고 생각된다면, 그것은 아마도
더 높은 진동이기 때문일 것이다.

우리 안에 흥분을 일으키는 모든 것은 “너는 할 수 있어 - 그래, 너는
할 수 있어!”라고 말하는 영혼이 발하는 메시지의 증거이다. 우리가
이 메시지에 대해 “맞아요 - 나는 할 수 있어요! 나에게 그 능력이 있
어요”가 아닌 다른 반응을 보인다면, 우리는 저항의 진동을 선택한 것
이고, 흥분과 관심의 진동을 무시한 것이다.

만약 우리에게 타고난 능력이 없었다면 우리는 애초부터 흥미로워
하지도 흥분되지도 않았을 것이다. 우리가 모든 것을 창조할 수 있

는 전지전능한 힘의 일부이기에 더욱 그렇다. 우리가 무언가에 관심을 갖고 흥미를 느낀다는 사실 자체가 그 증거인 것이다. 이것이 바로 우리에게 그 느낌에 주의를 기울이라고 간청하는 영감이다. 그러므로 다른 사람의 의견이 아니라 우리 자신을 자극하는 것에 주목하도록 인식을 바꿔야 한다. 우리는 표준화된 시험 점수나, 스스로 재능 없고 무능하다고 결론 내린 과거 경험의 목록을 무시해야 한다.

우리가 누구인지, 무엇이 우리를 흥분시키는지, 우리에게 어떤 사람이 되고, 무엇을 하라는 소명을 받았다고 느끼는지에 대한 우리의 생각은 모두 신의 영감을 받은 것이며, 우리에게는 이러한 목표를 실현하는 데 필요한 안내와 도움이 함께 제공된다. 이 시점에서 우리가 할 수 있는 결정은 다음과 같다. 우리의 관심을 끄는 이러한 신성한 생각에 귀를 기울일 것인가, 아니면 에픽테토스가 '불쌍한 자'라고 부른 거짓된 자아의 말에 계속 귀를 기울일 것인가?

간접적인 사례 대신, 나 자신의 삶을 직접 예로 들어 거짓 자아에 귀 기울인다는 것이 어떤 것인지 보자.

나의 배경을 보면 내가 위대함이라 부르는 것과는 전혀 어울리지 않는 것으로 보일 것이다. 서류상으로는 이렇게 보일 테니 말이다. 알코올 중독자인 아버지에게서 태어남, 아버지는 아내와 세 자녀를 버리고 떠남, 어린 시절을 위탁 가정에서 보냄, 공립학교에서 교육받은 전형적인 학습 부진아, 사회·경제적으로 하위 계층에서 자람, 재정적

혜택을 받지 못함, 고등교육을 받지도 못하고 야망도 없었음, 미 해군에서 4년간 사병으로 복무, 고등학교 성적이 평균 이하여서 22세에 대학에 조건부로 입학, 디트로이트의 식료품점에서 계산원과 재고 정리원으로 일하며 세 개의 고급 학위 과정을 밟음. 이것들은 25권의 베스트셀러 작가이자 성공적인 연설가가 되기에는 어려운 배경이다.

창조적 글쓰기와 스피치를 가르치는 교사들이 내 노력에 대해 낮은 점수를 준 적은 셀 수 없을 정도로 많다. 그러나 확실히 말할 수 있는 것은 나는 나 자신이 글쓰기에 대해 언제나 관심을 갖고 있다는 것을 알고 있었고, 어떤 청중이라도 즐겁게 만들고 정보를 전달할 수 있다는 기대감에 항상 흥분을 느꼈다는 것이다. 공인된 기준으로 보면 나는 글쓰기 능력이 전혀 없었다. 다만 글쓰기에 대한 관심과 열정만 있었을 뿐이다. 왜냐하면 글쓰기는 나에게 영감과 감동을 주었기 때문이다. 나는 단순히 글쓰기를 좋아했다. 영감의 관점에서 보면 나는 그럴 능력이 있었고, 그것이 내가 알아야 할 전부였다.

그때나 지금이나 나는 "내가 출판할 수 있을까? 비평가들이 인정해줄까? 내 책이 베스트셀러가 될 수 있을까? 어머니가 인정해줄까? 나를 무시한 옛 영어 선생님들에게서 사과를 받을 수 있을까? 하지만 솔직히 누가 이런 것에 신경을 쓰겠어?"와 같은 자잘한 걱정을 우주가 처리해줄 것이라고 믿는다. 글쓰기가 나를 흥분시킨다는 사실만이 내가 알아야 할 전부인 것이다. 이런 생각으로 계속 글을 쓰다 보면 나에게 능력과 재능이 있다는 결론에 다다른다… 당신도 똑같다.

나처럼 당신도 당신을 흥분시키는 것을 쉽게 찾을 수 있다. 무엇이 당신을 흥미롭게 하는가? 요가를 배우고 강사가 되는 데 관심이 있는가? 그렇다면 당신은 답을 얻은 것이다. 문제는 능력이 아니라 당신의 생각과 행동이 영 안에서 일치하는지에 달려 있다. 나는 박사 과정에 입학했을 때의 흥분을 아직도 기억한다. 가족 중 누구도 그런 가능성에 도전한 적이 없었다. 고급 학위 프로그램에 입학하거나 완수한 사람이 단 한 명도 없었다. 그럼에도 나는 표현할 수 없을 만큼 흥분했다. 나는 능력과 재능 면에서 필요한 것은 무엇이든 거기에 있다는 것을 알고 있었기 때문이다.

그렇다면 당신은 어떤가? 당신은 저항 속에서 사는가, 아니면 당신을 흥미롭게 하는 것에 진동하도록 스스로를 허용하고 있는가? 신의 영광스러운 생각 중 하나로서 당신은 가능성만이 존재하는 에너지장에서 기원했다는 사실을 명심하라. 이 아이디어와 진동적으로 조화를 이루고 유지하라. 당신의 관심과 흥분, 내면의 설렘과 빛나는 감각으로 나타나는 생각 자체가 바로 당신이 위대한 창의성과 합쳐질 수 있는 능력을 갖추고 있다는 신호임을 알아야 한다. 당신은 위대함에서 왔고, 여전히 위대하다.

2. 우리의 위대한 육체에 대한 인식 바꾸기

이 책을 쓰는 동안 나는 열정적으로 테니스 경기에 참가하고 있었는데, 한번은 근처에 있던 한 여성이 휴대폰으로 이렇게 말하는 소리를 들었다. "그 여자가 그런 말을 했다는 걸 정말 믿을 수가 없어. 매력이라고는 전혀 없는 여자야." 나는 상대방에게 공을 서브하려다 잠시 멈추고, 이 사건과 그것이 제기하는 질문을 머릿속에 메모했다. 어떻게 신의 창조물이 아무런 매력이 없을 수 있을까? 너무나 궁금했기 때문이다.

사과파이를 생각해보라. 파이 한 조각은 파이 전체와 본질이 같다―사과파이가 갑자기 파인애플이나 바나나가 될 수는 없다. 같은 논리가 우리 모두에게 적용된다. 만약 우리가 근원에서 왔다면, 어떻게 우리가 근원과 다를 수 있겠는가? 휴대전화로 말하던 그 여성 또한 신을 매력적이지 않다고 말하도록 설계되어 있지는 않을 것이다. 그러나 그녀는 무심코 그렇게 행동했다. 이렇게 우리가 차지하고 있는 위대한 성전인 우리의 몸에 부정적인 꼬리표를 붙일 때, 우리도 똑같은 짓을 한다.

이전 섹션에서는 "나는 누구인가?"라는 질문에 대해 육체적인 측면이 아닌 영적인 측면에서 알아보았다. 이제는 우리의 육체에 대해서도 비슷한 질문을 던져보자. "영에서 나온 이 몸은 무엇일까?" 우리는 배아로 시작한 이래 계속 이 몸으로 살아왔지만 이렇게 묻는 것은 여전히 타당하다.

우리의 몸은 화학 물질로 구성되어 있다. 너무 많아 여기서 자세히 다룰 수는 없지만, 철, 마그네슘, 칼슘, 질소, 수소 등을 비롯해 화학 물질의 목록만 해도 엄청나다. 이러한 화학 물질은 지구에서 공급되는 것이다. 즉, 우리 혈관을 통해 흐르는 것은 지구에서 공급되는 것의 일부이다. 이를테면, 우리 혈액 속의 철분은 한때는 다른 곳에 있었다. 공룡, 예수의 몸, 아프가니스탄의 산속에 있었다가 이제는 우리 몸에 있다. 그리고 우리가 우리 몸을 떠나면, 철분은 지구의 다른 곳 어딘가에서 유한한 공급원의 일부로 다시 존재하게 될 것이다.

다시 말해, 우리의 행성 전체는 우리 몸을 이루는 것과 정확히 같은 화학 물질로 이루어져 있다. 화학적으로 말하면, 인간과 바위, 나무, 오랑우탄, 또는 멀리 있는 별 사이에는 차이가 없다. 그것들을 모두 갈아서 가루로 만들면 서로 구분할 수 없게 된다. 따라서 우리의 몸은 영적으로 지시된 다양한 화학 물질의 집합체이며, 결과적으로 우리는 별을 이루는 것과 같은 물질이자, 별 먼지로 만들어진 존재이다. 그렇다, 우리는 마법처럼 반짝이며 아름다운, 빛으로 가득한 꿈의 재료인 별 먼지이다!

우리가 기원한 영은 세상을 포함한 모든 것을 창조할 수 있다는 것을 기억하라. 그러니 왜 영이 추하거나 매력 없는 창조물을 선택하겠는가? 즉, 우리는 완벽한 몸을 가지고 여기에 왔으며, 모든 면에서 살아 숨 쉬는 기적인 것이다. 우리의 몸은 우주의 모든 것과 모든 사람을 이끄는 보이지 않는 힘으로부터 인도와 지시를 받고 있다. 그 힘은 우리의 심장을 뛰게 하고, 음식을 소화시키고, 혈액을 순환시키고, 머리카락을 자라게 하고, 상처와 멍을 치료한다. 우리의 생각과는 무관하게 말이다.

나는 앞서 다른 사람의 생각으로부터 독립적이어야 한다고 말했다. 무대 위의 모델과 비교해 우리가 아름답거나 매력적이다는 것이 아니다. 우리는 아름다움에서 왔기 때문에 아름다운 것이다. 그러므로 우리는 우리가 온 것과 같아야 한다. 매력 없음, 추함, 촌스러움, 어울리지 않음(반대로 예쁨, 매력, 잘생김, 아름다움) 같은 모든 꼬리표는 에고가 지배하는 사람들과 조직이 한 사람을 다른 사람과 비교하기 위해 인위적으로 고안된 판단 기준일 뿐이다.

영 안에서 산다는 것은 우리 몸의 모든 고유한 특징을 인식하고, 우리의 진정한 '근원적 존재'를 일시적으로 품고 있는 몸이라는 완벽한 성전에 감사하는 것을 의미한다. 그러니 키가 작거나 크거나, 대머리이거나 머리숱이 많거나, 땅딸막하거나 날씬하거나 상관없이 매일 그것에 사랑의 감사를 전하라. 앞을 보지 못하거나 들을 수 없거나, 휠체어에 의지하거나 병상에 누워 있거나, 치아가 비뚤어졌거나 발가락이 세 개뿐이거나, 무엇이든 이 별의 먼지가 모인 것임을 알고 사랑하라! 기도하는 마음으로 이렇게 생각하라. "나는 내 몸을 영원의 한 조각으로, 신의 개별적 표현으로 생각한다. 나는 나를 창조한 사랑의 에너지와 완벽하게 동일하기 때문에 영감을 받아 영 안에서 살고 있다."

우리가 어디를 가든 함께하는 우리의 몸을 신의 완벽한 창조물이 아닌 다른 것으로 인식한다면 영감받은 삶을 살 수 없다는 것은 분명하다. 우리의 몸을 대하는 태도부터 우리가 몸을 위해 먹고 운동하는 방식 모두 영과 일치해야 한다. 우리는 사랑에서 왔기 때문에 진정한 영

감을 얻으려면 항상 우리 몸을 사랑하고 감사하는 마음을 표현해야
한다.

3. 우리의 위대한 개인사에 대한 인식 바꾸기

영감을 주는 위대함의 세 번째이자 마지막 요소는 아마도 우리의 가
장 큰 도전이지 않을까 싶다. 우리가 한 모든 것(또는 하지 않은 모든 것)을
우리는 어떻게 위대함의 렌즈를 통해 바라볼 수 있을까? 특히 우리가
실패를 하거나 결점을 가지고 있을 때 수치심과 자책을 느끼도록 훈
련받아 왔다면 말이다. 우리는 어릴 때부터 얼마나 잘 적응하는지, 어
떤 성적을 받고 어떤 상장을 받았는지에 따라 인간으로서의 가치를
평가하도록 배웠다. 그리고 성인이 되어서는 얼마나 돈을 버는지, 승
진을 했는지, 누구를 기쁘게 하거나 실망시켰는지, 어떤 죄를 지었는
지에 따라 자신의 가치를 측정한다. 이렇게 우리에게 부과된, 그리고
스스로에게 부과한 에고가 지배하는 판단 목록은 계속 늘어나고 있다.

이 단계에서, 우리는 이미 했던 것이든 하지 못한 것이든 완전히 끝
났다는 관점에서 과거를 바라볼 필요가 있다. 우리는 그것을 번복하
거나 다시 할 수 없기 때문이다. 우리에게는 두 가지 선택권이 있다.
에고의 판단으로 흐려진 눈을 통해 과거를 돌아보거나, 영감을 받은
관점에서 바라보는 것이다. 우리는 자신을 용서할 수도 있고 부끄러
워할 수도 있다. 하지만 우리의 목표는 사랑하고 나누는 창조적 근원
과 닮아가는 것이다. 따라서 우리는 용서를 받아들여야 한다. 물론 이

것은 에고의 각본에는 없는 것이다.

과거 우리 모두는 지금이라면 반복하고 싶지 않은 방식으로 상황에 반응해 왔다. 나 역시 개인적으로 반복하고 싶지 않은 일들을 많이 해왔다. 그러나 회복 중이거나 회복된 모든 중독자들은 자신을 더 높고 사랑스럽고 맑은 곳으로 이끌었던 경험을 감사하는 마음으로 되돌아보아야 한다. 다른 곳에서도 말했듯이 진정한 고귀함은 다른 사람보다 더 나아지는 것이 아니라, 과거의 자신보다 더 나아지는 것이다. 오늘 이 글을 쓰기까지 내 인생의 모든 경험은 내가 지금 이 자리에 있기 위해 거쳐야 했던 과정이었다. 이 주장에 대한 증거가 무엇인가? 답은 그런 일이 실제로 일어났다는 것이다. 그것이 필요한 모든 증거이다.

우리의 삶을 되돌아볼 때, 우리는 아무것도 실패하지 않았다. 우리는 단지 몇 가지 결과를 만들어 냈을 뿐이다. 내면의 고통을 치유하기 위해서는 우리에게 상처받은 사람들에게는 사랑을, 우리 자신에게는 용서를 보내는 것이 필수적이다. 그러면 우리는 이 모든 것이 더 높은 곳으로 가기 위한 필요한 경험이었다는 것을 알게 된다. 지난 65년 동안 내가 배운 한 가지는 신의 에너지와 더 가까워지는 데 필요한 모든 영적 진보를 이룰 때마다 늘 그 이전에 어떤 추락이 있었다는 것이다. 이러한 '실수'는 내가 좀 더 연민 어린 입장에서 글을 쓰고 말할 수 있게 해준다. 즉, 그것들은 항상 나를 보다 높은 곳으로 밀어 올리는 에너지를 제공한다. 그렇기에 진정으로 나는 이 모든 '실패'를 축복한다.

왜냐하면 그것은 내가 여기 오기 위해 반드시 거쳐야 했던 과정이었기 때문이다.

자신을 너그럽게 대하고 용서하라. 모든 수치심을 버리고, 어떤 자기 비난에도 절대 관여하지 마라. 대신 톨스토이의 말을 경청하라. "가장 어려운 일이지만 필수적인 일은 삶을 사랑하는 것이다. 고통받을 때조차도 삶을 사랑하는 것이다. 왜냐하면 삶이 모든 것이기 때문이다. 삶은 신이며, 삶을 사랑하는 것은 신을 사랑하는 것이다."

삶을 사랑하라. 그 모든 순간을 사랑하라. 특히 실수로 가득한 과거를 사랑하라.

이 장의 아이디어를 당신에게 적용하기 위한 몇 가지 제안

- 당신이 평소 완벽하지 않다고 여겼던 사람들을 볼 때, 생각을 잠시 멈추고 그들이 당신과 같은 신의 힘을 공유하고 있음을 기억하라. 뚱뚱하다느니, 더럽다느니, 단정치 못하다느니, 못생겼다느니 당신이 평소에 사용하던 용어 대신 순수한 사랑으로 상대를 대하라. 신에게 매력적이지 않은 사람은 아무도 없다는 것을 기억하라. 경멸적인 생각을 사랑으로 대체할 기회를 찾아라. 평소 아무것도 받지 못했던 사람들에게 사랑을 베풀 때마다 그것이 영감의 씨앗이 될 것이다.

● 수치심을 느꼈던 모든 일에 대해 자신을 용서하는 것은 매우 중요하다. 무슨 일이든 필요해서 일어난 일일 뿐이다. 그러므로 후회하는 대신 차라리 부정적인 감정을 배운 것에 감사하라. 당신의 목표가 영감을 받는 것이라면, 그 위대한 상태에 대한 저항을 없애야 한다.

당신 자신을 용서한 후에는 당신을 나쁘게 대했던 모든 사람에게도 같은 예의를 갖춰라. 한때 내 삶에도 떠올릴 때마다 속이 울렁거릴 정도로 분노와 증오를 느꼈던 세 사람이 있었다. 그러나 내가 그들에게 사랑을 베푼 이후로 영의 세계로부터 온갖 좋은 일들이 나에게 흘러 들어왔다.

매일 용서를 실천하라. 가장 힘들었던, 있을 수도 없는 일이라고 생각했던 상황들이 가장 중요한 의미를 담고 있다!

● 흥미롭고 흥분되는 모든 것의 목록을 만들어라. 아무리 사소한 것이어도 괜찮다. 당신에게 실현시킬 재능이 있든 없든 이것들이 영의 도움에 대한 단서나 지표라는 것을 상기하라.

● 잠시 시간을 내어 당신이 머물고 있는 성전(몸)에 최고의 사랑과 존경을 표현해보는 것은 어떨까? 당신의 몸은 신성하고 아름답고 완벽한 공간이다. 그럼에도 여전히 더 나아지길 원한다면 당신에게는 여전히 다양한 선택지가 있다. 몸을 튼튼하게 하고, 독

소를 제거하고, 때로는 새롭게 꾸며라. 하지만 오직 영 안에서만 당신이 원하는 것을 이루어낼 수 있음을 잊지 마라.

● 여기에 당신의 마음속에 새겨 놓으면 좋을 영감을 주는 생각이 있다. 어둠을 분석한다고 빛을 찾을 수 없듯이, 자신에 대해 특별나지 않다고 믿고 있는 것을 분석해서는 당신의 위대함을 찾을 수 없다. 당신의 위대함을 확인할 수 있는 기회를 찾고, 자신을 훌륭한 창조물로 보는 시각을 넓혀라. 평범하다는 생각이 떠오를 때마다 즉시 제동을 걸고 이렇게 확언하라. "나는 신성한 존재이며, 신의 본질을 이루는 독특한 부분이다." 이렇게 조용히 되새기는 것만으로도 천 권의 책이나 백 번의 세미나에서 얻는 것보다 더 큰 영감을 얻게 될 것이다.

내 인생에 큰 영향력을 끼친 이들 중의 한 명인 에이브러햄 매슬로 박사의 말을 이 장의 첫머리에서 인용한 바 있다. "사람을 바꾸는 데 필요한 것은 그가 자신에 대해 가진 인식을 바꾸는 것이다." 그의 조언을 어떻게 따를지 고민하라. 당신은 결코 평범해질 수 없다. 왜냐하면 당신은 모든 면에서 위대하기 때문이다. 그러니 자신에 대한 인식을 바꾸는 방법을 모색하여 자신의 위대함을 충분히 인식하고 영감을 받아들일 수 있도록 하라. 그것이 당신의 궁극적인 소명이다.

8장

영감은 단순하다

"나는 삶을 사는 동안 내가 갖고 있지 않아도
정말로 할 수 있는 일이 얼마나 많은지 깨닫게 되었다⋯
가장 적은 것을 필요로 하는 자가 신과 가장 가까이 있다."

- 소크라테스(Socrates)

잠시 상상해보자. 만약 우리가 지구에서 생명을 유지하는 데 필요한 물질이나 육체적 외피 없이도 온전히 살아갈 수 있다면, 과연 그 모습은 어떨까? 우리는 우리가 원하는 것을 즉시 창조할 수 있는, 앞뒤로 위아래로 자유롭게 움직일 수 있는 정신적 에너지를 갖게 될 것이다. 그리고 시간이나 공간의 제약 없이 자유롭게 존재할 수 있고, 모든 것을 사랑하고 모든 이들을 사랑하는 순수한 지복의 상태에 있을 것이다. 또한 돌봐야 할 의무나 지불해야 할 청구서도 없고, 무언가를 잃을 두려움도 없으며, 우리를 비난하는 사람도 없고, 보험에 들 소유물도 없고, 시간에 쫓기지도 않으며, 달성해야 할 목표도 없을 것이다.

우리가 상상할 수 있는 영의 세계가 바로 그렇다. 그곳이 우리가 이곳에 오기 전에 경험했고, 몸(또는 윌리엄 버틀러 예이츠가 시적으로 '막대기에 걸친 누더기'라 불렀던 것)을 벗을 때, 비로소 돌아갈 곳이다.

이 책의 핵심이 되는 전제는 영감이 지금 이 물질세계에 존재하고 있으며, 동시에 우리의 영적 기원과 다시 연결된다는 뜻임을 기억하라. 영감을 받아들이기 위해서는 우리가 너무도 쉽게 쌓은 에고의 잡동사니를 제거해야 한다. 만약 우리가 영감과 아무 관계도 없는 일이나 활동에 몰두한다면, 우리는 영감의 부름을 알아차리지 못할 가능성이 크다. 그러니 우리의 궁극적인 소명과 재회하려면, 명확하고 복잡하지 않은 영의 세계를 모방해야 한다.

삶을 단순하게 유지하는 세 가지 열쇠

이 장의 주제는 영감은 단순하다는 것이다. 그렇다고 아무것도 하지 않고 앉아서 영이 오는 것을 기다리라는 뜻은 아니다. 대신, 우리의 영적 연결이 기쁨과 사랑과 평화에 헌신하는 삶 속에서 번성한다는 믿음을 가지라는 뜻이다. 만약 일상이 너무 바빠 다음의 세 가지를 우선순위로 두지 않는다면, 이는 단순한 삶의 가치를 무시하는 것이다.

이제 각각의 '단순한 열쇠'를 자세히 살펴보자.

기쁨

　목적 없는 활동으로 가득 찬 바쁜 나날을 살아간다면 영감을 경험할 기회를 얻기 힘들 수밖에 없다. 예를 들어, 의무적으로 위원회나 이사회 임무를 맡거나, 영감이 떠오르지 않는 주제에 대해 글을 써 달라는 요청을 받거나, 참석하고 싶지 않은 모임에 참석할 때, 우리는 기쁨이 우리의 몸과 정신에서 빠져나가는 느낌을 받게 된다.

　영감을 받으려면 우리의 삶이 영의 인도에 열려 있어야 한다. 삶을 단순화하지 못한 채 온갖 불필요한 일이 달력을 가득 채울 때, 우리는 멀리서 근원이 부르는 소리를 들을 수 없게 되고, 스트레스와 고뇌, 심지어 우울증에 빠질 수밖에 없다. 그러므로 기쁨을 느끼기는 데 필요한 것이 무엇이든, 우리는 그것을 행동으로 옮겨야 한다.

　삶에서 현재 위치가 어떻든, 우리는 기쁨과 늘 함께하기로 영적 계약을 맺었다. 따라서 영감을 주는 삶에서 우리를 멀어지게 하는 모든 것에 대해 의식적으로 '아니오'라고 거절하는 법을 배워야 한다. 다른 사람들에게 우리가 선택한 삶의 방식을 분명하게 보여주어야 한다. 우리가 여기 있는 이유에 대한 내면의 깨달음과 일치하지 않는 행동을 수반하는 다른 이들의 요청을 거절해야 한다.

　심지어 직장에서도 충분히 영감을 유지할 방법이 있다. 예를 들어, 대학교수로 재직하던 시절, 나는 내 영감과 맞지 않는 활동에 참여해 달라는 요청을 학교 당국으로부터 계속해서 받아야 했다. 그래서 나는 간단한 해결책을 만들었다. 나는 더 많은 강의를 맡았다. 그 대신 동료들이 커리큘럼 회의에 참석하고 연구 위원회에서 활동하고 건물 개선 보고서를 작성하게 했다. 나는 항상 기쁨을 요구하는 내 가슴의 소리에 귀를 기울였다.

저항의 진동을 일으키는 생각을 할 때는 기쁨을 성취하기가 어렵거나 불가능하다는 것을 명심하라. 우리가 기쁨이 없는 활동으로 가득 찬 삶을 굳이 살아갈 필요가 없다는 것을 안다면, 우리는 영감의 길을 선택할 수 있다. 기쁨을 선택한다는 것은 일 중독이라는 악몽을 예약하는 대신 자신에게 즐거운 놀이를 위한 시간을 준다는 뜻이다. 우리는 기쁨을 느낄 자격이 있으며, 그것은 우리의 영적 소명이다. 독서나 명상, 운동, 또는 자연 속에서 산책할 수 있는 자유 시간을 스스로에게 줄 때, 우리는 우리를 기다리는 영의 부름에 초대받을 수 있다.

또한 가족들의 끊임없는 요구에 항상 응해야 한다는 법도 없다. 우리가 부름받은 일을 선택하는 것이 옳다는 것을 안다면, 그것이 다른 가족 구성원의 요구에 방해가 되더라도, 나는 기쁨 외에는 아무것도 느낄 이유가 없다고 본다. 사실, 부모의 진정한 역할은 자녀가 부모에게 의존하지 않는 법을 가르치는 것이다. 독립적인 아이로 키워 그들 스스로 영감을 찾고 기쁨을 찾도록 하는 것은 중요하다. 부모라면 자녀가 궁극적으로 부모가 아닌 자신을 위해 부름받은 일을 하길 바라야 한다. 대다수의 부모가 아이들의 축구 경기와 발표회에 참석하고, 아이들이 친구들과 잘 지내는 것에서 큰 기쁨을 얻는다. 그리고 이러한 일에서 영감을 받는다면, 실제로 아이들의 활동을 즐길 수도 있다.

하지만 부모가 응원하러 가든 말든 아이들이 기쁨을 느끼며 살도록 도와주는 것이 중요하다.

결론적으로 목적에서 벗어나게 하는 바쁜 일들을 줄임으로써 우리는 우리의 삶을 단순화할 수 있다. 이런 활동을 줄이고 영의 음성에 귀를 기울이며, 기쁨이 얼마나 단순한지, 그리고 그것이 얼마나 쉽게 접근할 수 있는지를 인식해야 한다.

사랑

사랑으로 조율되지 않은 생각이나 행동은 영감이 우리에게 오는 것을 방해한다. 우리는 순수한 사랑의 근원에서 왔음을 기억해야 한다. 따라서 단순한 삶이란 사랑을 물질적 존재의 세 가지 주요 요소 중 하나로 통합하는 것을 의미한다.

약 1,000년 전에 쓰인 오마르 하이얌의 『루바이야트』(*Rubaiyat of Omar Khayyam*)에 나오는 이 짧은 시는 사랑에 집중하는 것에 대해 많은 것을 말해 준다.

아, 사랑이여! 너와 내가 운명과 공모하여

이 비참한 세상의 모든 계획을 이해할 수 있다면,

우리는 그것을 산산조각 내고

가슴이 바라는 데 더 가깝게 다시 빚지 않겠는가!

2001년 9월 11일, 운명의 그날을 떠올릴 때면 언제나 내 머릿속에서는 불운한 비행기에 탑승했던 사람들이 걸었던 휴대폰 통화가 맴돈다. 모든 통화는 사랑하는 사람에게 전화를 걸어 마지막 사랑의 말을 전하는 것이었다. 그 누구도 사무실에 전화하거나 증권 브로커에게 재정 상태를 최종적으로 평가해 달라고 요청하지 않았다. 사랑을 기반으로 하지 않는 관계는 이 세상을 떠나는 사람들의 생각에 들어오지 않기 때문이다. 그들의 최우선 순위는 사랑으로 삶을 마무리하는 것이었다. "아이들에게 사랑한다고 전해줘.", "사랑해!", "엄마 아빠에게 내 사랑을 전해줘."

삶의 마지막 순간에서 사랑이 최우선이듯, 지금 우리가 삶을 단순화할 때도 그래야 한다. 사랑하는 사람, 우리 자신, 그리고 신과의 관계를 살피고 깨끗하게 정리함으로써 우리는 더 맑은 삶을 향해 나아갈 수 있다. 우리가 찾고 있는 것은 우주에서 가장 높고 빠른 에너지인 사랑의 에너지로 우리를 유지하게 해주는 연결이다.

사랑은 또한 믿을 수 없을 정도로 치유력이 있다. 최근에 읽은 신문 기사가 생각난다. '구조의 포옹'이라는 제목의 이 기사는 조산한 쌍둥이의 생애 첫 주를 자세히 다루고 있다. 쌍둥이는 두 개의 인큐베이터에 따로 격리되어 있었는데, 건강이 안 좋은 한 아기는 살아날 수 없을 것으로 예상되었다. 하지만 간호사 게일 카스파리안은 병원 규칙을 어기고 두 아기를 한 인큐베이터에 함께 두었다. 그러자 쌍둥이 중 더 건강한 아기가 약한 아기를 사랑스럽게 안았고, 그 순간 약한 아기의 심박수가 안정되고 체온이 정상으로 올라갔다.

신생아일지라도 우리의 영적 본능은 서로를 사랑하라고 말한다. 이 것은 아주 단순한 메시지이지만, 너무도 강력하다. 신, 우리 자신, 가족과 친구, 모든 인류, 환경에 대한 사랑을 중심으로 우리의 삶을 정리한다면, 우리는 많은 혼란과 무질서를 제거할 수 있다. 이것은 삶을 단순화하는 방법이면서, 그 이상으로 영감을 끌어들이는 방법이다.

평화

평화롭게 사는 것, 그것이 우리의 최우선 목표가 아닐까? 우리는 평화로운 곳에서 왔지만, 어찌 된 일인지 그 기원에서 점점 더 멀어지고 있다. 그 이유는 우리가 에고와 연결돼 평화가 바로 우리 앞에 있음에도 불구하고 혼란을 선택하기 때문이다. 그러나 영감은 항상 평화로움과 함께한다.

나는 내면과 외면의 평화가 나에게 얼마나 중요한지 잘 알고 있다. 그래서 혼란과 갈등과 동요를 피하려 노력하고, 기회가 있을 때마다 영감을 주지 않는 이러한 요소를 제거한다. 어떤 형태로든 혼란이 개입될 때, 나는 내가 원하는 영적 존재가 될 수 없으며, 신을 실현할 수 없다는 것을 알기 때문이다.

나는 책 앞부분에서 파탄잘리가 말한 '잠자는 힘'이 나의 경력 내내 나를 위해 작동하도록 행동한다. 그럼으로써 내가 갈망하는 평온함을 유지한다. 나처럼 어느 정도 알려진 위치에 있는 많은 이들은 삶의 거의 모든 장면에서 자신을 조종하려는 수많은 사람에게 둘러싸여 있다. 그러나 나는 더 단순한 길을 선택했고, 우주는 평화에 대한 나의 열망을 지지하는 극소수의 사람들을 보내줌으로써 응답했다. 이 섹션에서는 이 멋진 사람들이 어떻게 나를 영 안에 머물게 도와줬는지 명확한 예를 들어 이야기하려고 한다.

• 과거 나는 성장하고 있는 나의 기업을 관리하는 데 도움이 필요하다는 것을 깨달았다. 그러나 에이전트, 비즈니스 매니저, 고문, 변호사, 회계사, 중재인, 경호원, 개인 트레이너 등 자신이 나를 대리해야 한다고 생각하는 이들이 내 주위에는 너무 많았고, 내가 감당할 수 있는 수준을 넘어설 정도였다. 나처럼 작은 규모의 사업을 하는데도 다양한 업무와 활동을 위해 많은 개인 수행원을 두고 있는 경우가 많다. 문제는 그들이 많은 수행원들 때문에 부담을 느끼고, 심지어 이들이 제공하는 서비스를 지탱하기 위해 정작 자신이 벌어들이는 것보다 더 많은 돈을 쓰고 있다는 것이다.

이것은 내 방식이 아니었다. 그리고 다행스럽게도 이제 내게는 내 모든 요구 사항을 거의 다 처리해주는 한 사람이 있다. 어느 날 마라톤 훈련을 하던 중, 신은 다가올 수많은 예상치 못한 압박과 요구 사항을 처리할 수 있는 완벽한 사람을 내게 보내주었다. 그녀는 외국에서 고등학교를 중퇴한 게 학력의 전부였으며 두 딸과 함께 미국으로 이주한 상태였다. 그녀는 화려한 학위나 전문 기술이 없었다. 그러나 하늘만큼 커다란 마음과 불타는 충성심, 현장 훈련을 통해 무엇이든 배우려는 의지를 지니고 있었다.

핀란드 출신(지금은 미국 시민)인 마야 라보스는 여러 작업을 동시에 수행하는 최고의 멀티태스커라고 할 수 있다. 지난 30년 동안 그녀는 내게 단 한 번도 "저는 그것을 할 수 없어요. 그것은 제 일이 아니에요"라고 말한 적이 없다. 그녀는 나와 관련된 외부의 모든 요청을 관리하고, 메일에 답장하고, 강연과 미디어 출연 일정을 예약하고, 공항을 오가며 나를 픽업하고, 외부의 여러 사적인 요청을 거절하며 내 개인적 프라이버시를 유지하고, 내가 받는 수백 건의 추천 및 집필 요청을 처리한다. 뿐만 아니라 식료품 쇼핑, 비타민 구매, 사무실 정리, 세탁소에 옷 맡기기 등 내가 필요로 하는 모든 일을 믿고 맡길 수 있는 사람이다.

마야를 처음 만났을 때 그녀는 완전히 빈털터리였다. 하지만 지금은 바닷가에 자신의 집을 소유하고 있으며, 가장 친한 친구이자 동료로 내 옆에 있다. 신은 우리가 평화와 단순함에 대한 욕구를 우리가 기원한 평화와 단순함과 일치시키는 데 열려 있을 때, 우리에게 필요한 것을 보내준다. 내 경우 수많은 '전문가'가 해줄 수 없는 일을 처리해주는 '한 사람의 수행원' 마야처럼 말이다.

• 모든 작가에게는 편집자가 필요하다. 30여 년 전, 신은 나에게 엄청난 독서량과 유능함을 갖춘 조안나 파일을 보내주었다. 그녀는 내

가 쓴 책 25권 모두를 편집한 유일한 편집자다. 나는 출판사의 편집국에 직접 책을 보내지 않는다. 조안나는 많은 작가가 편집팀의 편집 보조, 라인 편집자, 교정자, 주석자 등에게 요구하는 일을 나를 위해 해준다. 나는 단순함을 유지하고 싶고, 조안나는 내가 글을 쓰는 방식을 안다. 그녀는 또한 내가 손글씨로 쓴 낙서를 읽을 수 있는 유일한 사람이다.

출판계에도 컴퓨터 시대가 열리자 조안나는 새로 등장한 기술적 요구를 충족하기 위해 스스로를 훈련시켰다. 하지만 내게 컴퓨터로 글을 쓰라거나 무엇을 바꾸라고 요구하지 않았다. 그녀는 단순함과 평화를 원하는 내 마음을 알고 있었기 때문에 내 요구를 완벽하게 수용해주었다. 나는 한 챕터가 완성되면 그녀가 원래 의도와 일치하는 방식으로 편집할 것이라는 전적인 신뢰를 갖고 원고를 보낸다. 그녀는 그것을 복사하고, 타이핑하고, 재구성하고, 컴퓨터로 입력한다. 자신의 목적을 달성할 수 있다는 것에 진정으로 감사하는 마음으로 미소를 지으며 말이다. 조안나는 나다. 그리고 나는 조안나. 내가 그녀를 승무원이라는 충족되지 않는 직업에서 벗어나 편집자로서의 행복을 추구하도록 설득했을 때, 그녀는 마침내 자신의 에너지를 욕망과 일치시킴으로써 오는 기쁨과 평화를 느낄 수 있었다. 지금 그녀는 영감 속에서 살고 있으며, 나 역시 그렇게 할 수 있게 돕고 있다.

• 나는 복잡한 세금, 특히 해외 로열티와 관련된 모든 문제를 처리

하는 일에 단 한 사람만 고용하고 있다. 시간당 수임료를 청구하는 법률 전문가팀을 고용하거나 내가 정부에 납부하는 만큼의 금액을 받는 세금 컨설턴트도 고용하지 않고 있다. 밥 아델슨 단 한 사람이 내가 단순함을 추구하며 평화를 원한다는 것을 알고 모든 것을 대신 정리해주고 있기 때문이다. 그는 성실하고 철저하게 자신이 좋아하는 일을 하고 있으며, 나는 내 인생에서 그의 존재를 소중히 여긴다.

• 1976년 『행복한 이기주의자』가 출간된 뒤 나는 뉴욕에서 아는 사람이 한 명도 없는 플로리다로 이사를 결정했다. 당시 나는 첫 책의 성공으로 받은 보너스로 나를 도와줄 신뢰할 수 있는 투자 전문가가 필요했다. 그전까지 교사와 대학교수로 일하며 투자 경험도 없고 돈도 없었기 때문에, 나는 관련된 일에 거의 무지했다. 투자 포트폴리오를 어떻게 시작해야 할지 고민하던 어느 날 나는 주유소에 차를 세우고 기름을 채운 뒤, 지갑을 주유기 옆에 흘린 채 차를 몰고 출발했다. 지갑에는 현금 800달러가 들어 있었다.

몇 시간 후, 존 달링이라는 사람으로부터 내 지갑을 갖고 있다는 전화를 받았다. 나는 그를 만나러 갔고, 그가 신이 보내준 천사라는 것을 알게 됐다. 그는 그 후로 29년간 내 투자를 관리하고 있다(지금도 내 가장 친한 친구이자 신뢰할 수 있는 동료 중 한 명이다). 내가 신뢰할 수 있는 사람이 필요했을 때, 우주는 나에게 800달러를 돌려주는 이를 보내주었다. 그리고 지난 30년 동안 나는 투자에 관해 한순간도 평화롭지 않았던 적이 없다. 존은 내가 복잡하고 위험한 것을 좋아하지 않는다는 것을 항상 염두에 두고 나의 궁극적인 투자 목표와 내 가족을 위해 모든 것을 관리하고 있다.

• 나는 그동안 내 책을 출간하던 뉴욕의 유명한 대형 출판사를 떠나 헤이 하우스(Hay House)와 일하기로 했다. 이유는 뉴욕의 모든 것이 너무 복잡해지고 있었기 때문이다. 뉴욕의 출판사는 훌륭한 사람들을 고용하고 있었지만, 회사가 너무 커져서 간섭이 너무 많았고, 약속을 지키지 않거나, 서로(또는 나와) 조화를 이루지 못하는 일이 너무 많았다. 나는 자주 "우리 잘못이 아니에요. 저쪽 재무팀, 저쪽 마케팅팀, 저쪽 유통팀에 잘못이 있어요"라는 말을 들어야 했다. 마치 스무 개의 머리를 가진 괴물을 보는 것 같았다.

나는 다시 한번 평온함과 단순함을 선택할 순간임을 깨달았고, 신은 이번에는 헤이 하우스의 사장 겸 CEO 루이스 헤이를 내게 보내주었다. 임원임에도 불구하고 소매를 걷어붙이고 트럭에 짐을 싣는 것을 주저하지 않는 이 사람은 내게 꾸준한 관심을 약속했고, 그 약속을 지켰다. 우리는 작가들을 돌보는 것을 잊을 정도로 규모를 키우지 않는 출판사에 대해 매일 이야기했다.

그는 나에게 큰 기업이 되지 않을 것을 약속하며 말했다. "당신이 원하는 것이 있으면 저에게 말하세요. 제가 행동으로 옮기겠습니다." 나는 더 이상 복잡한 대기업의 미로에 갇혀 있고 싶지 않았다. 단순화,

단순화, 단순화!

그것은 지금 가장 친한 친구 중 한 명으로 여기는 그와 나 모두에게 멋진 경험이었다. 나는 작가로서 평화를 원했고, 훌륭한 사장 루이스 헤이 덕분에 평화롭게 창작할 수 있었다.

영의 세계는 나를 방해하는 대신 도움을 주는 개인들을 보내주었다. 이 훌륭한 사람들과의 소중한 우정 없이 없었다면, 나는 지금 마우이에서 테니스를 치고 해변을 산책하고 있지 못할 것이다. 무엇보다도 나는 우주가 신성한 방식으로 모든 세부 사항을 처리해준다는 것을 알기에 마음에서 우러나오는 글을 쓰고 평화로운 마음으로 글을 쓸 수 있다. 당신이 평화와 단순함, 그리고 정직함을 원하고 그 욕망에 맞는 진동을 보낼 때, 내가 할 수 있는 말은 "지켜보세요. 지금 진행되고 있는 중입니다!"라는 말뿐이다.

단순함을 위한 12단계 프로그램

이 장은 조금 다르게 마무리될 것이다. 여기에서는 아이디어를 구현하기 위한 몇 가지 일반적인 제안 대신, 삶을 단순화하기 위한 열두 가지 구체적인 도구를 소개하려고 한다.

궁극적인 영감의 부름을 진지하게 듣고 싶다면, 지금 바로 이 도구를 사용해보라.

1. 삶을 정리하라

당신의 삶에서 더 이상 쓸모없는 물건을 정리하면 영감이 솟구치는 것을 느낄 것이다.

- 최근 1~2년 동안 입지 않은 옷은 다른 사람들이 사용할 수 있도록 재활용하라.
- 공간만 차지할 뿐 필요하지 않은 오래된 파일을 삭제하라.
- 사용하지 않는 장난감이나 도구, 책, 자전거, 접시 등을 자선 단체에 기부하라.

우리의 삶을 어수선하게 만들고 소유에 얽매이게 하는 물건은 모두 버려라. 소크라테스의 말을 빌리자면 "가장 적은 것을 필요로 하는 자가 신과 가장 가까이 있다." 그러니 보험을 들어야 하거나, 먼지를 털고, 다시 정리를 하고, 옮길 필요가 적을수록 영감의 부름에 더 가까이 갈 수 있다.

2. 원치 않는 불필요한 활동과 의무를 달력에서 삭제하라

만약 당신이 영에 응답할 준비가 되어 있지 않다면, 당신은 영감의 빛을 알아채기 어려울 것이다. 1970년대에 만약 내가 매일 달리기를 할 여유가 없었다면, 나는 마야를 만나지 못했을 것이다. 만약 내가 뉴욕의 정신없이 바쁜 일상에서 벗어나 내가 갈망하던 플로리다로 이사하지 않았다면, 존을 만나지 못했을 것이다. 까탈스러운 이사회에 나의 모든 시간을 쏟았다면, 조안나를 만나지 못했을 것이다. 이처럼 신은 당신과 함께 일하며 당신을 도울 사람들을 보내준다. 그러나 만약 당신의 일정이 지나치게 과도하다면, 당신은 삶을 변화시키는 선물을 놓칠 것이다. 그러니 과도한 요구에 "아니오"라고 말하는 연습을 하고, 일상에 여유 시간을 마련하는 것에 대해 죄책감을 느끼지 마라.

3. 자유 시간에 확실하게 자유를 만끽하라

사회의 피라미드 꼭대기에 머물게 할 수는 있어도 기쁨을 주는 영감을 얻는 데 방해가 되는 행사라면 초대에 신중하라. 칵테일 파티, 사교 모임, 기금 모금 행사, 심지어 친구들과 술 마시고 수다 떠는 모임이 당신이 자유 시간을 보내고 싶은 방식이 아니라면, 참석하지 마라. 영감을 불러일으키지 않는 초대는 모두 거절하라.

나는 책을 읽거나 편지를 쓰고, 사랑하는 사람과 영화를 보고, 아이들과 저녁을 먹거나 혼자 운동하는 저녁 시간이 잡담으로 가득한 행사에 참석하기 위해 옷을 차려입는 것보다 훨씬 더 영감을 불러일으킨다는 것을 알게 되었다. 나는 이런 행사에 따로 사과하지 않고도 참석하지 않는 법을 배웠고, 그 결과 영감을 받는 순간을 더 많이 확보할 수 있었다.

4. 명상과 요가를 위한 시간을 가져라

하루에 최소 20분 동안 조용히 앉아 신과 의식적으로 접촉하는 시간을 가져라. 이미 『틈 속으로』(*Getting in the Gap*)라는 책에서 이 주제를 다룬 바 있기에 여기서는 길게 다루지 않겠다. 다만 시간을 내어 명상함으로써 삶을 단순화하는 방법을 알게 되어 감사하다는 메시지를 전 세계 사람들로부터 수천 통(5장에서 공유한 게일 빌의 메시지 포함)을 받았다는 점을 말하고 싶다.

또한 가까운 요가 센터를 찾아 정기적으로 수련을 시작해보라. 그 보상은 매우 강력하다. 짧은 시간 안에 더 건강해지고, 스트레스가 줄어들며, 몸을 위해 할 수 있는 일에서 영감을 받을 것이다.

5. 자연의 단순함으로 돌아가라

자연 그 자체보다 경외심을 불러일으키는 것은 없다. 덜 혼란스러운 삶으로 돌아가고 싶어 하는 욕구는 대부분 산이나 숲, 툰드라의 웅장한 자연, 섬, 바다, 호수 옆에서 사는 삶으로 충족된다. 이는 보편적인 충동이다. 자연은 우리와 같은 근원에서 창조되었고, 우리도 자연의 모든 것과 같은 화학물질로 이루어져 있기 때문이다(우리는 별 먼지라는 것을 기억하는가?).

단순화하고 영감을 얻고자 하는 충동은 본연의 자아가 되고자 하는 욕망에서 비롯된다. 그러니 숲속 트레킹이나 캠핑, 강이나 호수, 바다에서 수영하기, 모닥불 옆에 앉아 있기, 말 타고 오솔길 달리기, 스키로 산비탈 내려오기 같은 일상을 벗어나는 행동을 스스로에게 허용하라. 굳이 몇 달 동안 계획된 긴 휴가가 필요한 것도 아니다. 어디에 살든 몇 시간 또는 몇 분만 걸어가면 온 우주와 연결된 느낌을 받을 수 있는 공원이나 캠핑장 또는 산책로가 있지 않은가?

6. 비판하는 사람들과 거리를 두어라

단순한 영감을 찾을 때는 당신과 같은 생각을 지닌 사람들과 함께하라. 장점보다 결점을 찾고 대립적인 태도를 보이는 사람들에게는 조용히 축복을 보내고, 가능한 한 빨리 그들의 에너지에서 벗어나라. 비판 대신 지지를 받을 때 당신의 삶은 엄청나게 단순해진다. 다른 이의 비판을 참을 필요 없다. 그저 정중히 감사를 건네고 고려해 보겠다는 말만 하면 그만이다. 이외의 모든 갈등 상태는 영감을 얻을 수 있는 가능성을 없애 버릴 뿐이다. 당신 자신의 욕망을 누구에게 변호할 필요도 없다. 내면의 느낌은 영이 당신에게 말하는 것이기 때문이다. 그 생각은 신성한 것이므로 누구도 그것을 짓밟게 하지 마라.

7. 건강을 위한 시간을 가져라

미국의 가장 큰 건강 문제 중 하나가 비만인 점을 생각해보라. 과도한 양의 음식을 섭취하고 몸이 원하는 운동을 하지 않는다면 어떻게 영감을 얻고 단순하게 살 수 있겠는가? 몸은 이번 생애 동안 당신이 거주하는 신성한 성전임을 기억하고 매일 시간을 내어 운동하라. 동네를 한 바퀴 걷기만 해도 된다. 마찬가지로 '음식량 조절'을 가장 먼저 고려하라 – 당신의 배는 주먹만 한 크기다. 수레가 아니다! 신성한 성전을 존중하고 운동하고 합리적인 식습관으로 삶을 단순화하라. 오늘 이 조언을 실천한다면 분명히 영감이 떠오를 것이라고 약속한다!

8. 놀고, 놀고, 또 놀아라!

삶을 오로지 일만으로 헤쳐나가는 대신 노는 법을 배우면 삶이 단순해지고 영감을 느끼게 될 것이다. 나는 아이들과 함께 있는 것을 좋아하는데, 이유는 그들의 웃음과 유쾌함이 나에게 영감을 주기 때문이다.

사실, 나는 이런 말을 천 번은 들은 것 같다. "웨인, 당신은 결코 어른이 되지 않았어요–항상 놀고 있잖아요." 나는 이것을 매우 자랑스럽게 여긴다! 나는 강연할 때 무대에서 놀고, 지금 글을 쓰면서도 놀고 있다.

과거 나는 조니 카슨의 '투나잇 쇼'에 출연할 엄청난 기회를 얻을 수 있었는데, 당시 무명이었던 내게 기회를 준 사람이 바로 탤런트 코디네이터 하워드 파푸시였다. 그 일이 내 삶의 첫 번째 큰 돌파구였고, 이후 나는 '투나잇 쇼'에 무려 36번을 출연하게 되었다. 이제 내가 하워드에게 감사의 인사를 전할 차례다. 그는 『쉬는 시간이 언제야? 놀이로 풀어내는 삶의 스트레스』(*When's Recess? Playing Your Way Through the Stresses of Life*)라는 멋진 책을 썼는데, 여러분도 꼭 읽어보기를 추천한다(하워드는 사람들에게 삶을 즐기는 법을 알려주는 워크숍도 진행하고 있다). 이 책에서 하워드는 리처드 바크의 "당신은 평생을 통해 내면의 학습 생물, 즉 당신의 진정한 자아인 유쾌한 영적 존재에 의해 이끌린다"라는 명언을 인용한다. 나는 이 말에 전적으로 동의한다. 당신의 진짜 장난기 가득한 자아와 다시 만나고, 함께 놀 수 있는 모든 기회를 잡아라! 그것이 모든 것을 얼마나 달콤하고 단순하게 만드는지 주목하라.

9. 속도를 늦춰라

간디의 가장 빛나는 통찰 중 하나는 "삶에는 속도를 높이는 것보다 더 중요한 것이 있다"라는 것이다. 이는 삶을 단순화하는 훌륭한 조언이다. 지금 당장 잠시 모든 것을 아주 천천히 해보라. 이 글을 천천히 읽어보라. 숨을 천천히 쉬어 각각의 들숨과 날숨을 알아차려라….

차를 운전할 때는 속도를 늦추고 긴장을 풀어라. 내면의 생각을 풀어내는 속도부터 모든 일의 속도를 늦춰라. 다른 사람의 말을 듣는 데 더 많은 시간을 할애하라. 대화에 끼어들어 내 이야기를 떠들기보다는 경청하는 것을 선택하라. 맑은 밤에는 별을, 청명한 날에는 구름의 형상을 감상하는 시간을 가져라. 쇼핑몰의 소파에 앉아 모두가 딱히 갈 곳도 없으면서 얼마나 서두르는지 잘 관찰하라.

속도를 늦추면 당신은 단순해질 수 있고, 창조가 작동하는 완벽한 속도에 다시 합류할 수 있을 것이다. 토마토 새싹을 잡아당기며 빨리 익으라고 재촉하는 어리석은 모습을 상상해보라. 당신도 식물처럼 자연스러운 존재이니, 자연의 완벽한 계획에 평온해지도록 하라.

10. 가능한 빚을 지지 않도록 하라

여기서 당신은 삶을 단순화하려는 것임을 기억해야 한다. 그러니 당신의 삶을 복잡하고 어지럽게 만드는 것들을 애써 살 필요가 없다. 돈이 없으면, 돈이 생길 때까지 기다려라. 돈이 없는데도 무언가를 사고 싶어 빚을 지게 되면 삶에 불안감이 겹겹이 쌓일 뿐이다. 그 불안은 당신을 영의 평화로부터 멀어지게 한다. 빚을 갚기 위해 더 열심히 일하면, 삶의 현재 순간은 덜 즐거워질 수밖에 없고, 결과적으로 영감의 상징인 기쁨과 평화로부터 멀어지게 된다. 빚을 지고 스트레스와 불안에 사는 것보다는 적은 돈이라도 평화와 평온이 지배하는 일상을 즐기는 것이 훨씬 낫다. 당신이 소유하고 있는 돈은 에너지에 불과하다는 사실을 기억하라. 그러니 존재하지 않는 에너지 시스템에 플러그를 꽂는 일은 하지 마라.

11. 현금 가치를 잊어버려라

나는 돈에 대해 너무 자주 생각하지 않으려고 노력한다. 왜냐하면 돈에 집착하는 사람들은 다른 생각을 거의 하지 않기 때문이다. 그러니 비용 대비 효과를 따지는 대신 당신의 가슴이 기뻐하는 바를 행하라. 예를 들어, 고래 투어를 하고 싶다면, 돈 때문에 삶의 즐거움을 포기하지 말고, 그렇게 하라. 물건을 구매할 때 할인율을 기준으로 삼지 마라. 할인을 받지 못한다는 이유로 소박한 기쁨을 누리는 일을 포기하는 것은 어리석은 짓이다. 당신은 지금 이 순간 충분히 행복하고 만족스러운 삶을 누릴 수 있다. 암울한 재정 상황을 떠올리며 내 말이 터무니없다고 생각한다면, 당신은 스스로 저항의 장벽에 갇힌 것이다.

모든 소유와 행동에 가격표를 붙이지 마라―결국 영의 세계에 가격표는 없다. 돈을 소유나 행동의 기준으로 삼지 말고, 삶을 단순화해 모든 것에서 내재된 가치를 찾아 영으로 돌아가라. 1달러가 가치를 결정하지는 않는다.

12. 자신의 영을 기억하라

지금 당신의 삶이 지나치게 복잡하고, 너무 빠르고, 너무 어수선하다면, 그리고 당신의 성격이 너무 마감 지향적이거나 A형 혈액형의 경향이 강하다면, 모든 것을 잠시 멈추고 자신의 영을 기억하라. 당신은 영감을 향해 가고 있다. 그곳은 창조의 완벽한 타이밍과 조화를 이루는 단순하고 평화로운 곳이다. 마음속으로 그곳에 가라. 그리고 자주 멈춰 서서 당신이 진정으로 원하는 것이 무엇인지 기억하라.

지적이면서도 사회적으로 성공한 사람은 삶을 단순화시키는 말을 하지 않을 것 같지만, 아인슈타인은 이 주제에 대해 다음과 같이 말한 바 있다. "소유, 외적인 성공, 명성, 사치―이런 것들은 나에게 항상 경멸의 대상이었다. 나는 단순하고 소박한 삶의 방식이 모든 사람에게 가장 좋으며, 몸과 마음 모두에 가장 좋다고 믿는다."

와! 꽤 좋은 조언이라 생각하지 않는가?

9장

때가 된 아이디어보다 강한 것은 없다

"…아무리 많은 상처를 입었더라도,
정해진 삶의 기간을 다 채우지 않으면 누구도 죽지 않는다.
또한 아무리 조용히 자기 집 벽난로 옆에 앉아 있더라도,
정해진 운명을 피할 수 있는 사람은 없다."

- 아이스킬로스(Aeschylos)

영감은 믿음을 요구한다. 영으로 돌아가는 것이 가능하다고 믿지 않는다면 영감을 얻는 게 불가능하다. 그러니 영감에 접근하기 전에 믿음부터 새롭게 다져야 한다. 믿음은 우주의 모든 물리적 객체를 창조하는 막대한 힘을 신뢰하고 활용할 수 있게 해준다.

믿음은 모든 것을 창조하는 영이 우리에게 필요한 것을 정확한 일정에 따라 제공한다는 것을 아는 것이다. 그렇다고 우리에게 일어나는 일에 대해 우리가 목소리를 낼 필요가 없다는 뜻은 아니다. 우리가 에고를 떨치고 영과 재정렬할 때만 영은 활성화되기 때문이다. 우리가

신성한 영과 함께 작동할 때, 우리는 창조에 참여할 수 있고, 이 장의 제목인 '때가 된 아이디어보다 강한 것은 없다'의 참된 의미를 진정으로 알 수 있다.

우주에는 완벽한 타이밍이 있으며, 우리가 지구에 온 것도 그 동시성의 일부였다. 다시 말해, 우리는 때가 된 신의 아이디어였던 것이다. 이 장에서는 완벽한 타이밍의 개념을 소개하고, 그것을 믿고, 알아차리고, 조율하고, 적용하는 방법을 소개한다.

믿음은 모든 의심을 몰아낸다

에고는 우리에게 일어나는 일을 사실상 거의 통제할 수 없다. 우리의 몸은 에고의 욕망이나 의견과는 무관하게 성장하고, 발달하고, 변화하고, 쇠퇴한다. 결국 우리는 에고가 결정하는 때가 아니라 영이 말하는 때가 되면 평생 입었던 몸이란 옷을 벗게 된다. 이 장의 서두에서 '우리에게 정해진 삶의 기간'에 대해 언급한 아이스킬로스(Aeschylus)의 인용문처럼 말이다.

아이스킬로스는 당대에 가장 유명한 극작가이자 학자였으며, 실제로 신의 부름을 받았다고 자신의 글에서 주장했다(그는 기원전 5세기에 살았던 소크라테스, 노자, 조로아스터, 부처, 공자와 동시대의 인물이기도 하다. 얼마나 많은 선각자들이 동시에 존재했는지 주목할 만하다!). 기본적으로 그는 삶의 형태는 정해진 과정을 따라야 하며, 우리는 영이 의도한 것을 행하기 위해 지금 여기에 있다고 말한다. 아이스킬로스에 따르면, 우리를 위한 영의 계획에 따라 우리는 지구를 떠나 육신을 벗을 것이다. 그게 17세에 준비되든, 25세에 준비되든, 아니면 105세에 준비되든, 그는 우리의 근원을 신뢰하라고 조언한다(나는 이 메시지에 덧붙여, 이 글을 읽는 당신의 나이와 상관없이, 바로 지금이 당신에게 할당된 남은 기간을 영에게 넘기는 과정이라는 것을 깨닫기에 적절한 때라고 말하고 싶다).

이제 질문은 다음과 같다. 과연 우리는 영과 하나가 되어 어떤 생각, 사건, 또는 사람들이 우리에게 나타나는 데 결정적인 역할을 할 수 있을까? 답은 단호하게 "그렇다"이다! 첫 장에서 공유했던 파탄잘리의 말을 다시 한번 떠올려보라. "영감을 받을 때… 잠자고 있던 힘과 능력과 재능이 살아난다." 바로 이 지점에서 믿음이 매우 중요해진다.

우리는 우리의 에고보다 더 큰 지능으로 창조하고 인도하는 우주를 믿어야 한다. 거기에 우연은 있을 수 없다. 아이디어의 때가 오면 그것을 멈추게 할 수는 없다. 그러나 우리의 진동을 우주의 존재 근원과 일치하도록 높임으로써 우리는 그 아이디어의 때를 앞당길 수 있다. 또한 우리의 의식 수준을 에고와 집단의 지배에서 '선각자적 의식'이라 부르는 의식으로 높일 수 있다. 이는 신의 마음과 다시 연결되는 것이다. 우리는 앎으로 모든 의심을 몰아낼 수 있으며, 이는 믿음보다 더 높은 의식 수준이다. 우리의 비전은 말하자면 신의 비전이다. 이 선각자적 의식이 어떻게 작동하는지에 대한 예를 들어보겠다.

나의 가장 위대한 스승 중 한 명이자 지금은 친구라고 부르는 람 다스는 내가 말하는 영적 믿음 속에서 의심이나 두려움 없이 살아가고 있다. 나는 30년 동안 그의 추종자이자 신봉자였고, 우리가 직접 연결될 것임을 알고 있었다. 굳이 서두르거나 강제할 필요 없이 나와 그의 미래가 연결될 것이라고 말이다. 그리고 실제로 때가 되자 람 다스는 마우이로 이사했다. 지금 내가 여러분에게 글을 쓰고 있는 바로 그곳이다.

지금 나는 노년기에 접어든 스승을 돕게 되어 큰 기쁨을 누리고 있다. 최근 내가 쓴 자필 편지는 내 웹사이트 www.drwaynedyer.com에 게시되어 있다. 이 장에서 내가 이야기하고자 하는 내용이 어떻게 펼쳐질 수 있는지 정확히 보여주기 위해 여기에 글을 올린다.

우리 시대의 진정 위대한 사람 중 한 명이 지금 우리의 도움을 필요로 하고 있기에 당신의 관대함과 지원을 독려하기 위해 이 글을 쓴다. 1960년대에 리처드 알퍼트라는 이름의 하버드대 교수가 분주한 학계를 뒤로하고 인도로 여행을 떠났다. 그리고 그곳에서 그는 람 다스라는 새로운 이름과 함께 새로운 삶의 목적을 부여해준 영적 스승을 만났다.

그의 스승은 그에게 모든 사람을 사랑하고 베풀고, 어디에서나 신을 보라고 말했다. 람 다스는 이 가르침을 실천했고, 우리 중 많은 사람들이 꿈만 꾸던 일을 해냈다. 그는 자신의 영과 연결되어 평생을 다른 사람들에게 봉사하는 데 헌신했다.

1969년 그는 영성과 높은 의식에 관한 책 『지금 여기 있으라』(*Be Here Now*)를 출판했다. 그리고 모두를 사랑하고 사람들에게 베풀겠다는 약속을 지키며, 인세와 수익금 전액을 자선 재단에 기부했다. 수백만 달러가 넘는 돈이었으나, 람 다스는 그저 신을 섬기는 사람으로 살기로 했다.

자신과 문제 많은 세상을 위해 더 높은 의식의 깨달음을 추구하며 인도에서 수년을 보낸 후, 그는 귀국해 미국 전역을 돌며 강연했다. 가는 곳마다 만원 청중 앞에서 강연했고, 언제나처럼 수익금을 자신의 봉사 의무와 조화를 이룰 수 있는 곳에 기부했다. 그는 세바 재단(www.seva.org)을 공동 설립했으며, 그의 집필료와 강연료는 이 자비롭고 영감을 주는 활동의 주요 재원이었다.

나에게 람 다스는 최고의 연설가였고, 지금도 그렇다! 그는 무대 위에서 나의 롤모델이었다. 그는 항상 온화하고 친절했으며, 메모나 준비 없이도 즉석에서 마음에서 우러나오는 말을 하고, 항상 유머를 곁들여 영감을 주는 이야기를 나누었다. 나는 진심으로 말한다. 나는 그의 강연을 몇 시간이고 들었지만, 강연이 끝날 때마다 매번 더 듣지 못해 아쉬워했다. 그는 영성의 목소리였고, 그의 삶이 곧 나의 모델이었다. 자신의 사적인 성적 취향이 노출되어 신변의 위협을 받았을 때, 람 다스는 기자회견을 열고 자신의 취향을 당당하게 세상에 알렸다. 아무도 감히 하지 못할 때 그는 관용과 사랑의 길을 열었다.

우리 대부분은 관습적인 삶을 거부하고, 보다 『큰 대의를 촉진하기 위한 내면의 부름을 실천하며 살아가는 것을 꿈으로만 꾼다. 직업과 안락함이 보장된 나라를 떠나, 편의 시설이 거의 없는 이국땅에서 평화로운 세상을 위해 여행하고 명상하는 삶을 꿈꾸기만 한다. 그러나 13세기에 성 프란치스코가 그 관습을 깼고, 우리 시대에는 람 다스가 그랬다.

아들의 파격적인 생활 방식을 크게 비판했던 아버지가 임종을 앞두고 있을 때, 그는 아버지의 마지막 몇 년 동안 100퍼센트 봉사에 전념했다. 그는 아버지를 부양하고, 목욕시키고, 아버지가 돌아가시는 날까지 변기에 앉히고 내렸다. 왜 그랬을까? 그는 이것이 자신의 사명이라고 느꼈기 때문이다. 그는 하루 24시간, 주 7일 내내 진정으로 봉사하기를 원했고, 다른 사람을 위해 자신의 삶을 내어놓는 기쁨을 직접 알고 싶었다. 그리고 30년 넘게 람 다스는 항상 다른 사람을 위해 봉사했다.

1997년 람 다스는 뇌졸중으로 반신마비가 되어 휠체어에 의지하게 되었다. 그럼에도 불구하고 그는 자신의 모험을 『여전히 여기』라는 제목의 책으로 기록했다. 더 이상 걸을 수 없었지만, 여행을 계속했고, 몸은 느려졌지만 청중을 위해 강연을 멈추지 않았다. 그는 여전히 다른 사람들에게 봉사하기 위해 그렇게 하고 있다.

이제 우리 차례다. 람 다스의 몸은 더 이상 여행의 혹독함을 견딜 수 없게 되었다. 그는 내가 살고 있는 마우이로 왔다. 나는 그와 자주 이야기를 나눈다. 73세의 아름다운 노인은 눈물을 흘리며 노년을 위해 건강 관리를 준비하지 못해 다른 사람들에게 부담을 주는 것에 사과하는데, 그의 모습에 겸허해지곤 한다. 하지만 그는 여행을 하지 못해도 여전히 글을 쓰고 가르치고 싶어 한다. 이제 우리가 그에게 갈 수 있다. 마우이는 치유의 땅이며, 람 다스가 당분간 머물고 싶어 하는 곳이다. 그는 현재 마우이에 있는 자신의 소유가 아닌 집에서 살고 있는데, 이 집에서 내쫓길 위험에 처해 있다. 나는 여러분 모두에게 이 집을 구입하는 데 필요한 도움을 요청한다. 수많은 이들의 미래를 위해 자신이 번 대부분의 돈을 기부했던 이 사람을 돌볼 수 있도록 재정적 기반을 마련하기를 바란다. 람 다스가 계속 영의 삶을 실천할 수 있도록 말이다. 우리의 사랑과 재정적 지원을 받을 자격을 이보다 더 많이 가진 사람이 누가 있겠는가. 이러한 기부는 람 다스의 업적을 다음 세대에 전하는 데 도움이 될 것이다. 그리고 현세대의 우리에게는 베푸는 것이 곧 받는 것임을 깨닫는 데 도움을 줄 것이다.

우리 시대에 말 그대로 영의 최고 원칙을 위해 일생을 바친 위대한 영혼이 있다면, 그것은 바로 람 다스일 것이다. 나는 이 사람을 사랑한다. 그는 나의 영감이었고, 수백만 명의 영감이었다. 이제 그가 우리에게 가르친 대로, 그를 위해 지금 이 자리에 함께함으로써 우리가 어떻게 느끼는지 그에게 보여줄 차례다.

기부금은 다음 주소로 보내주세요. Ram Dass, c/o Hay House, P. O. Box 5100, Carlsbad, CA 92018.

사랑과 빛 속에서,
웨인 W. 다이어

진정으로 주는 것이 받는 것이며, 그 반대의 경우도 마찬가지다. 람 다스는 베푸는 삶을 살았고, 그로 인해 나는 영 안에 머물며 나에게 큰 의미가 있는 이 사람에게로 보내질 수 있었다. 나는 항상 내가 그의 사명과 삶에 관여하게 될 것임을 알고 있었다. 이는 몇십 년 동안 영 안에서 품고 있던 생각이었고, 이제 그때가 왔고 나는 멈출 수 없다(도움을 주어야겠다는 소명을 느낀다면, 위의 주소로 기부금을 보내면 람 다스에게 직접 전달하도록 하겠다).

이 모든 일이 가능했던 것은 그의 영적 스승이 삶에서 하라고 한 것을 그가 전적으로 믿었기 때문이다. 믿음을 위해 모든 의심을 버릴 때, 이 지구상에서 그보다 더 강력한 것은 없다. 믿어야 한다. 그래야 눈앞에서 펼쳐지는 것을 보게 될 것이다.

영의 타이밍이 작동할 때

때가 되었을 때, 의도된 아이디어의 힘은 실제로 영의 힘으로 작동한다. 예를 들어, 모든 사람이 평등한 것이 신의 방식이며, 우리는 신처럼 되기를 바란다. 따라서 한두 명의 선각자적 의식을 가진 사람과 함께 우리 중 상당수가 영의 아이디어를 숙고하기 시작할 때, 그 아이디어는 아무도 막을 수 없다. 여기서 잠시 시간을 내어 미국 역사에서 몇 가지 예를 살펴보자.

• 말할 수 없이 끔찍했던 노예제도가 폐지될 때가 되었을 때, 그것은 이미 때가 된 아이디어였다. 인류를 위한 새로운 비전을 가진 몇몇 중요한 사람들이 이미 몇 세대 전에 주장되었던 평등을 다시 숙고하기 시작했기 때문이다. "우리는 모든 인간이 평등하게 창조되었다는 이 진리를 자명한 것으로 여긴다." 토머스 제퍼슨이 이렇게 말한 지 85년 이상이 지났고, 노예는 전체 인구의 극히 일부에 불과하고, 노예들에게 그들의 힘을 투사시킬 투표권이 없었음에도 불구하고, 그 아이디어는 멈출 수 없었다. 선각자적 의식을 가진 에이브러햄 링컨과 함께 많은 이들이 이 아이디어를 영적 관점에서 접근했을 때, 노예제도를 종식시킬 때가 왔다는 것이 분명해졌기 때문이다. 모두의 평등이라는 이 새로운 아이디어가 바로 영의 방식인 것이다.

• 1920년 여성에게 투표권을 부여한 것에서도 때가 된 아이디어를 볼 수 있다. 선각자 의식이 없던 대통령 우드로 윌슨의 반대와 투표권을 가진 대다수 남성의 반대에도 불구하고, 그 아이디어는 막을 수 없었다. 몇몇 선각자적 비전을 가진 여성들이 어느 정도의 남성, 그리고 대다수의 여성과 함께 오늘날 우리가 당연하게 여기는 권리를 믿고 실현시켰기 때문이다.

• 미국의 인종 통합은 때가 된 또 다른 아이디어의 예이다. 존 F. 케네디, 마틴 루터 킹 주니어, 린든 존슨, 로자 파크스 같은 몇몇 사람들

의 선각자적 의식에 이 개념이 떠오르기 시작한 것이다. 하지만 수백만 시민의 반대와 정치적 권력을 가진 이들의 저항이 강하게 발생했다. 하지만 그럼에도 이 개념은 멈출 수 없었다. 한때 인종 차별을 실천하던 학교에는 오늘날 다인종 학생들이 공부하고 있다. 물론 여전히 우리 사회 곳곳에서 인종 차별이 나타나고 있고 아직 해야 할 일이 많지만, 분명히 이 아이디어는 멈출 수 없다.

• 동성애자 권리도 때가 된 또 다른 아이디어이다. 내가 람 다스를 매우 존경하는 많은 이유 중 하나는 그가 오래전부터 다양한 성적 지향의 사람들에게도 동등한 권리를 보장해야 한다는 입장을 취했기 때문이다. 우리는 모두 하나의 근원에서 왔기에 어떤 개인이나 집단도 법적 또는 사회적 특권을 거부당할 수 없으며, 이는 누구도 배제하지 않는다. 때가 된 아이디어는 항상 우리의 근원이 되는 영과 완벽하게 일치한다.

• 마지막으로, 공공장소에서의 흡연이 허용된다는 집단적 믿음에서 그것이 용납되지 않는다는 믿음으로 의식이 전환된 것도 때가 된 아이디어였다. 이 아이디어는 한 선구적인 항공사가 상업용 항공편에서 흡연을 금지하면서 거스를 수 없는 흐름이 되었고, 나머지 항공사들도 이에 동참하게 되었다. 우리는 독성이 없는 웰빙의 근원에서 왔기 때문에, 그것과 조화를 이루는 것은 우리의 운명이며 아무도 이를 막

을 수 없다.

　사회에서 나타나는 이런 아이디어의 사례는 무수히 많다. 하지만 그
보다 나는 우리 주변에서 때가 된 아이디어의 증거를 찾아볼 것을 제
안한다. 우리가 준비되어 있고, 기꺼이 마음을 연다면, 우리가 찾는
신성한 안내가 우리를 대신하여 행동에 나설 것이다. 우리의 삶은 항
상 그래왔다. 예를 들어, 우리가 사랑하는 사람들은 그 관계가 얼마나
오래 지속되었든 상관없이 모두 '삶'이라는 우리의 꿈속 등장인물이
다. 그들은 우리가 자녀를 낳도록 도와주거나, 용서를 가르쳐주거나,
다른 운명을 이루는 데 도움을 주기 위해 우리에게 다가온 것이기 때
문이다.

　우리의 에고는 이해하기 어렵지만, 우리가 관계를 맺은 모든 사람은
신이 선택한 덕에 겪는 삶이란 경험의 일부다. 즉, 그들은 때가 된 아
이디어인 것이다. 따라서 영감의 삶으로 나아갈 때, 우리는 너무도 쉽
고도 당연하게 이들에게 감사해할 수밖에 없다. 그러니 다가오고 떠
나는 이들이 우리에게 가져다준 것을 진지하게 주목해야 한다.

　마찬가지로, 우리가 어떤 특정한 직업을 경험할 필요가 있을 때 그
런 경험이 우리에게 주어진다. 우리는 우리 앞에 나타난 그것과 진동
이 일치했기 때문에 그것을 받아들였고 정확히 필요한 것을 얻었던
것이다. 그리고 더 이상 그 직업, 그 사람, 그 도시, 그 집 등과 진동이
맞지 않을 때 그곳을 떠나는 것뿐이다.

우리는 최고의 지성이 지휘하는 시스템 안에 있으며, 그 시스템의 일부다. 모든 것은 의도된 것이라는 뜻이다. 우리가 어떤 것에 진동적으로 일치하는가에 따라 삶에서 무엇을 끌어들이고 무엇을 밀어낼지가 결정된다. 그러니 이미 일어난 일과 이미 겪은 일에 애써 초점을 맞출 필요가 없다. 오히려 우리의 진동을 높여 영과 조화를 이루도록 해야 한다. 그래야만 비로소 영에 기반한 아이디어가 우리의 문을 두드리기 때문이다. 이 아이디어들은 포기하지도 사라지지도 않는다. 왜냐하면 우리가 알고 있듯이 우주에서 때가 된 아이디어보다 더 강력한 것은 없기 때문이다. 우리의 책임은 단순히 영감을 주는 아이디어를 기대하고 기다리는 존재가 되는 것뿐이다. 그것은 멈출 수도 없고 멈추지도 않을 것이다.

영의 아이디어 실현하기

우리의 기대는 우리의 삶에서 지금 바로 실현되고 있는 가상의 아이디어다. 우리는 에너지적으로 진동이 일치하는 것을 받아들인다는 것을 기억하라. 만약 아이디어가 작동할 것이라는 기대를 고수한다면, 우리는 때가 된 아이디어를 창조할 것이다. 따라서 우리가 할 일은 우리가 진정으로 끌어당기고자 하는 것과 조화를 이루도록 생각의 에너지를 바꾸는 것이다.

예를 들어, 한때 나는 '작가의 블록(창작의 벽)'이라는 것을 믿었다. 아이디어가 흘러나오지 않는 시간들 말이다. 그러나 오늘날 나는 전혀 다른 관점을 가지고 있다. 나는 이제 신이 어떤 방식으로든 모든 책을 쓰고 모든 다리를 놓는다는 것을 알고 있다. 글을 쓰기 위해 책상 앞에 앉을 때, 나는 아이디어가 나를 통해 종이 위에 흐르기를 기대한다. 나는 내가 선택한 단어가 표현하고 싶어 하는 아이디어와 진동적으로 일치한다고 느낀다. 결과적으로, 나는 이 아이디어가 때가 된 아이디어이며, 지금 여기에서 나와 일치하고 있고 그것은 멈출 수 없다는 것을 알고 있다.

"이 종이에 나타난 것은 진실로 어디서 오는가?"라고 스스로에게 묻는다면, 나는 그것들이 내 것이 아니라는 것을 알고 있다. 단어들은 영에서 흘러나와 물리적으로 현현한 것이다. 나는 그저 대리인처럼 나 자신을 받아들이는 것이며, 장차 한 권의 책이 되도록 종이에 단어를 옮겨 쓰도록 허용한 것이다. 나는 이 아이디어가 여기 있을 것이라고 기대하며, 그것이 멈출 수 없다는 것을 안다. 나는 지금 여기에 앉아 영감에 대해 글을 쓰면서 내가 이렇게 영감을 주는 방식으로 사용될 수 있다는 사실에 놀라움과 감사를 느낀다.

여기서 중요한 메시지는 우리의 욕망을 우리의 기대와 일치시켜야 한다는 것이다. 우리는 그 모든 것이 오는 것을 볼 수도, 막을 수도 없다는 것을 알아야 한다. 우리의 낙관주의를 비웃는 이들에게 마음속으로 미소 짓는 법을 배워야 한다. 그리고 영감의 아이디어가 오는 증거를 찾아 실현되기를 기대하는 일을 계속해야 한다. 아무리 작은 것이라도 징조가 보이면, 우리는 감사의 마음으로 그것에 에너지를 불어넣을 수 있다.

떨어진 동전 하나를 발견하는 것도 우리의 기대가 실현되고 있음을 보여주는 단서가 될 수 있다. 그 동전은 원래부터 자리해야 할 곳에 있었던 것이다. 따라서 우리는 그것을 보물찾기의 단서처럼 다루어야 한다. 즉, 동전이 거기에 놓여 있는 것은 우리의 기대를 바꾸어 우리가 원하는 무한한 풍요와 조화롭게 일치하도록 하기 위한 것이라고 감사하게 생각해야 한다. 그리고 우리에게 매우 강력하고도 새로운 아이디어가 찾아왔다는 것을 알고, "신이여, 이 풍요의 상징을 주셔서 감사합니다"라고 말하면 되는 것이다.

우리는 "때가 된 아이디어보다 강력한 것은 없다"라는 이 장의 중심 전제와 일치하도록 우리의 기대치를 바꾸어 영과 함께해야 한다. 이 새로운 기대에 부응하기 위한 개인적인 확언으로서 다음과 같은 말을 사용해보라. "나는 그것을 원한다. 그것은 오고 있다. 그러니 걱정할 것이 없다." 직업, 승진, 재정, 내게 맞는 사람, 웰빙, 건강 회복, 필요한 정보 등 '그것'이 무엇이든 스스로에게 말해보라. "그것은 멈출 수 없는 생각이다. 왜냐하면 나는 존재의 근원과 완벽하게 균형을 이루고 있기 때문이다. 나는 신을 실현하고 있고, 신과 함께라면 모든 것이 가능하므로 아무것도 빠뜨리지 않는다."

우리는 우리의 기분이 좋아지기 위해 우주가 달라지길 바라지 않는다. 그러나 우리의 기대를 바꾸어 우주와 진동적으로 일치함으로써 기분이 나아질 수는 있다. 이 진동적 조화를 이루기 위해서는 다른 사람과 같을 필요 없다. 왜냐하면 우리가 가진 것과 원하는 것은 독특한 신의 개별적 표현이기 때문이다. 뷔페식으로 길게 차려진 음식상 앞에서 우리는 원하지 않는 음식을 제외하는 데 초점을 맞추지 않는다. 그러니 원하는 것에 맞추어 생각의 진동을 시작하고, 원하지 않는 것은 무시하면 된다.

우리의 기대는 우리만의 독특한 것임을 명심하라. 그것은 때가 된 아이디어다. 그리고 그것은 항상 우리에게 오고 있다.

하나됨과 동일함

여기서 잠시 시간을 내어 하나됨과 동일성 사이에는 큰 차이가 있다는 점을 설명하고자 한다. 우리는 모두 하나지만, 같지는 않다. 모순처럼 들릴 수도 있다. 그러나 빛은 하나지만 파장에 따라 다양한 색을 띠고, 불은 하나지만 온도에 따라 다르며, 물은 하나지만 어디냐에 따라 호수나 강이나 바다처럼 다양하다는 사실을 생각해보라. 마찬가지로 우리 모두는 하나의 근원에서 왔지만, 우리는 그 근원의 개별화된 표현이며, 따라서 우리 하나하나는 독특하다.

우리는 다른 사람들과 어울리고 순응하기를 원하는 사회에서 살고 있다. 그러나 영은 우리 각자를 모든 피조물 중에서 고유한 별개의 개체로 만들었다. 따라서 영감을 받으려면 우리는 우리의 근원, 그리고 우주의 모든 것과 연결되면서, 우리의 독특한 개성을 유지해야 한다. 우리 각자는 때가 된 비할 데 없는 아이디어다. 우리는 서로 똑같아지기 위해 나타난 것이 아니라, 신처럼 되기 위해 태어난 것이다. 그리고 우리가 물리적 형태로 이곳에 태어날 때 동의한 대로 고유한 우리 자신을 표현하기 위해 나타난 것이다.

나는 작가 레오 부스칼리아(Leo Buscaglia)를 좋아하는데, 그가 들려주는 이야기는 내가 말하고자 하는 바를 완벽하게 보여준다.

어느 날 동물들이 숲에 모여 학교를 만들기로 결정했다. 모임에 참석한 토끼, 새, 다람쥐, 물고기, 뱀은 교육위원회를 구성했다. 토끼는 달리기를 교과 과정에 포함시켜야 한다고 주장했다. 새는 날기를 포함시켜야 한다고 했고, 물고기는 수영을, 다람쥐는 나무 오르기를 주장했다. 그들은 이 모든 것을 모아 교과 과정을 만들었다. 그러고는 모든 동물에게 과목들을 수강하도록 했다. 토끼는 달리기에서는 A를 받았지만, 나무 오르기에서는 낙제점을 받았다. 토끼는 계속 나무에서 떨어지다가 뇌 손상을 입었고, A를 받던 달리기에서조차 C를 받게 되었다. 당연히 나무 오르기에서는 여전히 F를 받았다. 새는 날기에서는 최고점이었지만, 땅을 파는 것은 낙제였다. 땅을 팔 때마다 부리와 날개가 부러졌다. 그 결과 얼마 지나지 않아 새는 날기마저 C를 받았다.

이 이야기의 교훈은 모든 것을 어중되게 중간 정도만 하는 정신 지체 장애를 가진 장어가 그 반의 최우수 졸업생이 됐다는 것이다. 하지만 교육자들은 모두 행복했다. 왜냐하면 모두가 모든 과목을 수강했기 때문이다. 그리고 그들은 그것을 폭넓은 교육이라고 불렀다.

당신의 하나됨을 존중하라. 그리고 순응주의자가 되라는 압력을 피하라. 당신이 이곳에 올 때 되기로 한 존재가 되어라. 결국, 당신은 때가 된 강력한 아이디어다.

이 장의 아이디어를 당신에게 적용하기 위한 몇 가지 제안

- 당신의 현실에 영향을 미치는 모든 것, 특히 '무의미하다'거나 '우연'이라 부르는 것들을 가능한 한 많이 다시 확인하라. 이 우주에서 무의미한 것은 없다. 그러니 당신의 삶에 나타나는 것은 무엇이든 당신을 위해 끌어당겨진 것임을 기억하라. 예를 들어, 사고(事故)는 인과응보나 죄책감을 느낄 만한 일이 아니라, 단순히 당신이 그 사고와 맞아떨어졌다는 의미일 뿐이다. 발가락을 접질리거나 팔꿈치를 부딪치거나 손을 베이거나, 욱신거림을 느끼거나, 두통 또는 이와 유사한 증상이 나타날 때, 그것은 바로 그 시점에 에너지가 그 모습으로 나타난 것임을 상기하라. 바로 그 순간

에 당신이 무슨 생각을 하고 있었는지 되돌아보라. 그리고 그것이 당신에게 무언가를 가르치기 위해 물리적으로 나타났다고 마음을 열어보라.

- 원하든 원치 않든 당신은 당신이 생각하는 것을 얻게 된다! 그러니 생각에 주의하라. 이 작고 아름다운 교훈을 되새기기 위해 집이나 직장에서 눈에 띄는 곳에 붙여 두어라. 우리가 우주로부터 무엇을 기대하는지를 항상 염두에 두어라.

- 당신의 삶에서 만난 적이 있거나 지금도 만나고 있는 모든 사람에게 조용히 축복을 보내라. 퉁명스러운 웨이터는 당신이 사랑받고 싶다면 먼저 사랑을 주어야 함을 상기시키는 계기가 될 수 있다. 전 배우자는 그가 당신에게 준 것에 대해, 심지어는 이제 지나간 사람이 된 것에 대해 축복받을 수 있다. 앞에서 느리게 가는 차의 운전자는 제때 나타난 신의 아이디어다. 당신에게 속도를 늦출 기회를 주었으니 그를 축복하라. 당신이 속도 위반 딱지를 받을 상황을 피할 수 있게 해준 것일 수 있기 때문이다.

- 자신과 다른 것에 스스로를 끼워 맞추려는 것에 저항하라. 저항하되 부드럽게 하라. 누군가가 당신을 순응하게 만들려고 할 때마다 이렇게 확언하라. "나는 신의 개별적인 표현이다." 그것만

기억하면 된다. 그런 다음 신과 하나 되는 내면의 장소에 머물며, 당신을 획일적이고 관습적인 방향으로 밀어붙이는 사람들에게 사랑을 보내라. '모든 것을 어중되게 중간 정도만 하는 정신 지체 장애를 가진 장어'가 되거나, 더 나쁘게는 다른 사람들이 원하는 방식으로 행동하는 것을 거부하라.

● 무엇보다 믿음을 가져라. 끝없이 창조하고 있는 무한한 우주를 신뢰하라. 모든 것을 창조하는 근원은 당신 자신이 무엇을 하는 지 정확히 알고 있다는 것을 신뢰하라. 이토록 지능적인 시스템 에서 우연은 있을 수 없다는 것을 신뢰하라. 광활한 우주를 바라 보며 그 근원의 힘을 묵상하라. 그렇게 하면 당신의 에너지를 전 환할 수 있다. 매일 이것을 실천하라.

진정으로, 우리 자신을 포함하여 이 우주에 타이밍이 완벽하게 맞 지 않는 것은 아무것도 없다. 억울한 죽음이나 실수는 없다. 나타나는 모든 것은 우리의 것이며, 그것은 예정대로 정확하게 나타난 것이다. 3부로 넘어가기에 앞서 2,000여 년 전 노예 출신 철학자 에픽테토스 가 우리에게 전한 단순한 지혜를 생각해보기 바란다. "무슨 일이 일어 나든 모든 것을 신중하고 능숙하게 관리하는 것이 나의 일이다." 이제 때가 된 강력한 아이디어가 여기 있다!

3부
영감 주고받기

"우리는 우리의 힘이 닿는 한 불멸을 열망하고,
우리 안에 있는 가장 높은 것에 부합하여 살아가기 위해
할 수 있는 모든 것을 해야 한다.
왜냐하면 비록 그것이 양적으로 적고, 힘과 귀중함에서 미약하더라도
다른 모든 것을 훨씬 능가하기 때문이다."

- 아리스토텔레스(Aristoteles)

10장

다른 사람의 영감을 흡수하기

"어떤 사람이 교회나 모스크에 들어가 본 적이 없고,
어떤 의식을 행한 적도 없을지라도 자신 안에서 신을 깨닫고,
그로 인해 세상의 허영을 넘어서게 된다면,
그 사람은 거룩한 사람이며, 성인이다.
그를 뭐라 부르든 상관없이 말이다…"

- 비베카난다(Vivekananda)

우리의 궁극적인 소명에 귀 기울이는 가장 좋은 방법 중 하나는 100년 전 인도의 수행자 비베카난다가 언급했던 것처럼 성인들과 연결되는 것이다. 비베카난다의 인용문에 나오는 거룩한 사람들은 반드시 종교적 수행과 관련된 인물만 말하는 것이 아니다. 사실, 그들이 경건한 옷을 입고 있거나 신학 연구에 몰두하고 있을 가능성은 높지 않다. 오히려 영적 에너지를 발산하며 우리에게 영감을 주는 사람이 비베카난다의 탁월한 관찰에 부합하는 사람들일 것이다. 그들은 누구보다 높은 수준에서 신을 실현하고, 에고를 내려놓고, 높은 에너지의 관점에서 살아간다. 그들은 인간을 경험하는 영적 존재이지, 그 반대가 아니다.

에너지에 대해 우리가 절대적으로 알고 있는 것 중의 하나는 더 높고 더 빠른 에너지가 낮은 진동과 접촉하면 낮은 진동이 높은 에너지로 변환된다는 것이다. 어두운 방에 빛이 들어오면 어둠이 사라질 뿐만 아니라 그 어둠이 빛으로 변환되는 것처럼 말이다.

(이 개념이 흥미롭다면, 나의 책 『모든 문제에 영적 해결책이 있다』(*There's a Spiritual Solution to Every Problem*)와 『의도의 힘』을 읽어보기를 권한다.)

여기서 내가 말하고자 하는 것은 우리가 영과 연결된 누군가의 에너지장에 들어갈 때, 우리는 영감을 받지 못하는 기존의 방식을 버릴 뿐만 아니라 그들이 지닌 더 높은 에너지로 변환된다는 것이다. 즉, 우리는 그들과 함께하는 것만으로도 영감을 받게 된다는 것이다. 그러나 실제로 영적인 삶을 사는 사람들을 식별하는 것은 말처럼 간단하지 않을 때가 많다.

영감적이지 않은 사람들의 모습

높은 수준의 성취를 이루고, 많은 찬사를 받고, 널리 존경받고 존중받는다고 해도 그가 영 안에서 사는 것은 아닐 수도 있다. 진실로 영감을 주는 사람들은 사회적인 의미에서 반드시 높은 동기를 가진 사람들이라고 할 수는 없다. 결국 그런 사람들은 더 많은 성공의 상징을 좇고, 가능한 한 많은 권력을 획득하여 다른 사람을 지배하고 통제하려는 욕망을 충족시키는 사람일 가능성이 높기 때문이다. 또한 우리에게 동기를 부여한 사람들이라고 하더라도 반드시 영감을 주는 사람들은 아니다. 우리를 위협하거나 때리고, 원하는 대로 하지 않는다고 우리를 바보나 겁쟁이라고 욕하고 저주하는 사람들로부터도 우리는 동기를 부여받을 수 있기 때문이다. 분명히 그들이 가진 동기의 일부가 영감은 아니었을 것이다!

또한 모든 교사가 궁극적인 소명을 가지고 살고 있다고 가정할 수도 없다. 훌륭한 교사는 특정 주제에 대해 매우 풍부한 지식을 갖고 있고 학생들에게 그 지식을 효과적으로 전달할 수 있지만, 신을 실현하는 것과는 크게 단절되어 있을 수도 있다. 교사들은 종종 자존감이 매우 낮아 자신의 진정한 소명과는 거리가 먼 일에 몰두하며 자신을 완전히 잃어버리기도 한다. 특히 학생을 가르치는 뛰어난 기술이 그 소명의 공백을 채우고 대신하는 것처럼 보일 때 더욱 그렇다. 물론 모든 교사가 신을 실현하는 데 부족하다는 말은 아니다. 하지만 재능 있는 교사가 자동으로 영 안에 살고 있다고 가정하는 것은 경계해야 한다.

어떤 사람은 최고의 지적 자격을 갖추고 있으면서도 여전히 영과 단절되어 있을 수도 있다. 역사적 자료를 인용하고, 뛰어난 말솜씨를 구사하고, 고급 학위를 취득하는 능력이 있다고 해서 반드시 다른 사람에게 영감을 줄 만한 능력이 있다는 것은 아니다(다시 한번 말하지만, 그렇다고 해서 그 사람이 전혀 자격이 없다는 것도 아니다). 아무리 똑똑한 사람이라도 거만함과 잘난 척으로 우리를 실망시킬 수도 있고, 너무 머리로만 접근하는 바람에 무슨 말을 하는지 우리가 알기 어려울 수도 있다. 즉, 지적인 것을 영감으로 착각하지 않도록 주의해야 한다. 우리의 궁극적인 소명을 향한 여정은 학문적인 노력과는 다르다. 거기엔 필기시험도 없고, 학점도 없으며, 성적표도 없고, 고급 학위도 없다.

중요한 것은 승진이나 부귀, 대중의 찬사, 세련되고 비싼 옷, 위엄 있는 존재감, 능숙한 말솜씨, 풍부한 어휘력, 카리스마 넘치는 외모, 또는 명성 등과 같은 전통적인 성공의 척도가 반드시 영감을 주는 사람으로서 높은 점수를 받는 것은 아니라는 점을 이해하는 것이다. 사실, 에고 기반의 성공 지표에서 매우 높은 점수를 받는 일부 사람들은 함께 있기에 가장 어렵고 전혀 영감을 주지 않는 사람들인 경우가 많다.

어떤 형태의 것이든 무조건 바람직하게 여겨지는 명성을 얻거나, 뉴스(특히 쇼비즈니스)나 개인적인 삶을 다루는 수많은 TV 쇼에서 집중적으로 조명된다고 하더라도, 이것이 영감을 주는 능력을 측정하지는 않는다. 진짜 조금도 아니다. 한번은 딸아이가 자신의 목표는 유명해지는 것이라고 말한 적이 있다. 그때 나는 그녀에게 자신의 열정과 교감하는 삶과 행동으로 시선을 돌리고, 명성은 알아서 따라오게 내버려두라고 했다.

실제로 여러 분야의 많은 유명인을 만나보며 내가 확신할 수 있었던 것은 대중적인 명성이 그들이 영과 연결되었음을 나타내는 지표가 될 수 없다는 것이다. 마찬가지로 내가 개인적으로 유명해졌다고 해도 그것은 내가 선택하거나 얻은 것이 아니다. 명성은 나의 밖에 있으며, 다른 사람들이 나에 대해 갖는 의견 속에 있다. 영감을 받는 것은 나의 선택이며, 이를 위해서는 항상 다른 사람의 의견에 독립적이어야 한다.

영감을 주는 사람들은 인기 경쟁이나 이기는 데 관심이 없다. 그러나 칭찬과 인정을 추구하는 사람들은 불안감을 달래기 위해 경쟁에 몰두하는 경우가 많다. 일반적으로 자신의 신성을 의심하는 사람들은 자신을 거짓된 존재로 여기기 때문에 비판받는 것을 두려워한다. 결과적으로 그들은 만나는 모든 사람에게 호감을 얻으려고 온 힘을 쏟는다. 이런 경우는 분명히 많은 인기를 얻을 수는 있겠지만, 영감의 측면에서는 형편없는 사람이 될 것이다.

여기서 면책 조항을 추가할 필요가 있을 것 같다. 나는 대중적 인기와 명성을 얻은 사람이 영감의 원천이 될 자격이 없다는 것을 암시하려는 게 결코 아니다. 오히려 그 반대다. 내게 가장 큰 영감을 준 사람들 중 많은 사람들이 전 세계적인 찬사를 받고 있기 때문이다. 나는 단지 영감을 인정과 동일시하지 말 것을 당부하고자 하는 것이다.

영감이 풍부한 사람들의 모습

이제 영감이 풍부한 사람들, 즉 자신의 에고와 세상의 허영심을 뛰어넘은 특별한 사람들에게서 발견되는 특유의 자질과 그들에 대한 인식, 그리고 그들과의 교제가 우리의 진동을 영의 수준으로 끌어올리는 데 어떻게 도움이 되는지 살펴보자.

나는 수년간 주요 대학에서 학생들을 가르치고 전문가들을 대상으로 강연하면서 지식이 풍부한 사람들과 함께하는 큰 즐거움을 누렸다. 또한 자신의 삶과 영적 교사로서 깨달음을 얻은 매우 현명한 분들과 함께하는 축복을 받았다. 내가 관찰한 바에 따르면 소위 전문가라고 불리는 사람들은 전문 지식이 쌓여갈수록 기쁨을 덜 경험한다. 반면 진정으로 지혜로운 사람들은 일관되게 그들의 존재를 관통하고 주변에 영향을 미치는 기쁨의 오라(aura)를 가진다는 것이다.

과학적인 것은 아니지만, 우리는 이 '기쁨 지수'를 영감의 척도로 사용할 수 있다. 영 안에 살고 있는 것처럼 보이는 사람을 만나게 된다면, 우리는 다음과 같은 질문을 던져야 한다. "그들의 가슴이 환희에 찬 것처럼 보이는가? 그들은 세상과 그 안에 있는 모든 사람을 사랑한다는 신호를 보내는가? 그들은 자신이 하는 일에 기뻐하는가? 그들은 세상을 친근한 곳으로 보는가? 평화로운가? 비판적이기보다는 친절해 보이는가? 거만하지 않으면서도 자신감이 있어 보이는가? 쾌활한 편인가? 노는 것을 좋아하는가? 어린아이뿐만 아니라 노인들과 함께 있는 것에 기뻐하는가? 강의하기보다 경청하는 편인가? 가르치는 교사일 뿐만 아니라 배우는 학생이 되려고 하는가? 자연을 사랑하는가? 세상에 경외감을 느끼는가? 이성적인 겸손함을 표현하는가? 접근하기 쉬운가? 다른 사람에게 봉사하는 것을 즐거워하는가? 그들의 에고가 길들여진 것 같은가? 모든 사람을 평등하게 받아들이는가? 새로운 아이디어에 열려 있는가?" 이러한 질문에 대한 답은 우리에게 잠재적으로 영감을 줄 수 있는 사람인지 아닌지 확인하는 데 도움이 될 것이다.

영감의 선물을 가진 사람들은 딱 꼬집어 말할 수는 없지만, 우리가 분명히 알아챌 수 있는 무언가를 그들의 존재 속에서 발산한다. 그때 우리는 그들이 우리 모두의 기원이 되는 근원 에너지와 정렬되어 있다는 것을 감지할 수 있다. 우리는 그들 안에서 우리 내면 깊숙이 울려 퍼지는 영감의 진동을 감지할 수 있다. 그들은 우리에게 줄 많은 것을 가지고 있다. 우리 삶에서 활동하기를 갈망하는 그들의 높은 영적 에너지를 알아차리며 공명할 때, 마치 따뜻한 물이 온몸을 적시고 씻어내듯이 우리는 내면 깊숙이 위안을 받게 된다.

영감이 풍부한 사람과 함께 있을 때, 내가 가장 먼저 알아차리는 것은 따뜻한 위로가 나를 덮치는 느낌이다. 마치 에너지의 물결이 어깨와 척추를 타고 천천히 내려가는 것 같다. 그리고 무언가가 에너지적으로 일어나고 있다는 것을 알 수 있다. 볼 수도 없고, 만질 수도 없으며, 냄새 맡거나 들을 수도 없지만 믿을 수 없을 정도로 기분이 좋아지는 변화를 경험하고 있음은 분명히 알 수 있다(또는 믿을 수 없을 정도로 신이 느껴지기도 한다).

영감이 풍부한 사람들과 함께했던 순간들

이제 보다 높은 에너지로 내 삶에 영향을 준 몇 명의 사람들을 언급하면서 영감을 주는 사람들이 어떤 사람들인지 더 자세히 설명하려고 한다.

• 40여 년 전 쿠바와의 미사일 위기 시절이 생생히 기억난다. 당시 나는 4년간의 해군 복무를 마치고 디트로이트의 웨인 주립대학교에 재학 중이었다. 만약 미국이 소련과의 전쟁에 휘말렸다면, 나는 1급 비밀을 분류하는 직책을 맡았었기 때문에 재소집될 명단의 맨 위에 있었을 것이다. 하지만 나는 내 문제에 대한 초초함보다 미국과 소련이 서로 핵무기를 사용할 때 벌어질 일에 대한 걱정이 더 컸다. 이는 모든 문명을 위험에 빠뜨릴 것이 분명했기 때문이다.

영화 〈13일〉(Thirteen Days)은 당시의 상황을 잘 재현하고 있다. 쿠바 섬 전체를 핵무기로 공격하라는 군사 참모들의 충고를 비롯해 전쟁으로 이어질 수 있는 여러 결정적인 조치를 취하라는 주변의 권유를 받았지만, 케네디 대통령은 홀로 백악관 집무실에 앉아 전쟁으로부터 국가를 지키는 것이 대통령의 가장 큰 의무라고 믿었던 자신의 신념을 되새긴다. 이미 형 조셉의 목숨을 앗아간 전쟁 경험이 있던 케네디 대통령은 소련과의 전쟁이 얼마나 큰 피해를 가져올지 알고 있었다. 그는 고독 속에서 영의 평화가 자신을 인도하기를 기다렸다. 그러자 봉쇄라는 아이디어와 평화적 해결을 위한 기도가 그를 사로잡았다. 위기의 순간, 그는 영으로 나아갔고, 에고가 아닌 영 안에 있음으로써 역사의 흐름을 바꿨다.

케네디 대통령은 나에게 영감의 원천이었다. 나는 그의 정치적 견해나 대통령으로서의 행보 때문이 아니라, 사랑과 평화와 기쁨을 전하고 미국 내 인종 차별을 종식시키겠다고 다짐한 태도에서 그를 모든 사람을 존중하는 모습을 보여준 사람으로 받아들였다. 케네디 정부의 국방부 장관이었던 로버트 맥나마라는 만약 케네디가 살아 있었다면 베트남 전쟁은 없었을 것이라고 말한 적이 있다. 왜냐하면 그는 전쟁은 절대적으로 최후의 수단이어야 하며, 대통령으로서 자신의 주된 임무는 평화를 유지하는 것이라 믿었기 때문이다.

1960년대 초 나는 케네디 대통령에게서 영감을 받았고, 평생 그의 정신에 깊은 감동을 받아왔다. 그는 확실히 나에게 영감을 주었다!

• 1978년 나는 비엔나에서 열린 젊은 기업 사장단을 대상으로 한 프레젠테이션에 초대를 받았다. 그리고 그곳에서 나에게 큰 영감을 주었던 한 사람을 만나게 되었다. 바로 빅터 프랭클(Viktor Frankl)이었

다. 프랭클은 제2차 세계대전 중 나치 수용소로 끌려가 죽을 뻔했던 의사였다. 그는 수감 중의 일들을 기록해 훗날 『죽음의 수용소』(Man's Search for Meaning)라는 책으로 출간했다. 나에게 깊은 감동을 준 이 책은 프랭클 박사가 아우슈비츠의 공포에서 어떻게 살아남을 수 있었는지와 다른 수용소 동료들을 어떻게 도왔는지를 잘 보여준다. 예를 들어, 그는 수프를 가장한 오물에 떠 있는 생선 대가리에서 의미를 찾고 기쁨을 찾는 방법을 동료들에게 가르쳤다. 그는 영과 함께하면서 삶을 포기하려는 사람들에게 자신의 영을 불어넣었다. 그는 심지어 자신을 가둔 사람들에게 사랑과 평화를 보냈고, 증오와 복수를 느끼지 않으려 했다. 왜냐하면 그것은 자신의 영에 어울리지 않는다는 것을 알았기 때문이다.

그가 자유를 얻은 지 33년 후, 나는 50세 미만의 기업 사장 수백 명을 상대로(당시 나도 그 나이였다) 연설을 할 예정이었다. 나는 박사 과정 시절에 『죽음의 수용소』를 읽고 프랭클이 창시한 로고테라피를 경험한 적이 있었다. 로고테라피는 내담자가 처한 환경과 관계 없이 자신의 존재에서 의미를 찾을 수 있도록 도와주는 치료법이다. 빅터 프랭클은 내 삶에서 진정으로 영감을 주는 인물 중 한 명이었기에 스승이자 동료로서 같은 패널에 서게 된 것은 나로서는 엄청난 일이었다. 그날 오후는 순수한 환희와 영감으로 가득 찬 잊을 수 없는 시간이었다.

빅터 프랭클은 수많은 사람을 파괴한 공포 속에서도 자신의 영적 기원에 충실했다. 내가 그를 만났을 때, 그는 기쁨과 평화, 그리고 친절과 사랑을 뿜어내고 있었다. 그는 결코 비통해하지 않았다. 오히려 그는 그때의 경험이 자신에게 다른 방식으로는 알지 못했을 교훈을 가르쳐주었다고 말했다. 1978년 비엔나에서의 그 시간 동안 나는 그의 말을 들으며 경외감 속에서 보냈고, 몇 년이 지난 지금도 그의 존재는 내 삶에서 여전히 큰 영향을 미치고 있다. 그렇다, 그는 확실히 나에게 영감을 주었다!

• 1994년, 24세의 대학생 임마퀼레 일리바기자는 부활절 연휴를 맞아 르완다 키부예에 살고 있는 가족과 휴가를 보내기 위해 집으로 돌아왔다가, 우연히 역사상 최악의 대량 학살 사건의 한가운데에 서게 되었다. 투치족의 일원이었던 임마퀼레는 눈에 잘 띄지 않는 집의 작은 욕실에서 일곱 명의 다른 여성과 함께 석 달 동안 공포에 떨며 숨어 지내야만 했다. 그녀는 나에게 이렇게 말했다. "신의 은총으로 우리는 발견되지 않았습니다. 어떻게 그런 일이 일어났는지 모르겠어요. 우리가 들을 수 있는 것은 문 바로 밖에서 남자들이 뿜어내는 증오의 기운뿐이었습니다."

발각되면 난도질 당해 죽을지도 모른다는 공포에 떨며 90일을 버텨낸 여성들은 마침내 프랑스 군인들의 보호 아래 해방되었다. 임마퀼레는 다음과 같이 말했다. "우리가 마침내 안전해졌을 때 저는 제 가족들이 어떻게 죽었는지 알게 되었습니다. 아버지는 군인의 총에 맞아 돌아가셨고, 어머니는 칼에 찔려 돌아가셨으며, 남동생은 먹을 것을 찾으러 간 운동장에서 살해 당했습니다. 큰오빠는 심문 후 처형되었는데, 그들은 석사 학위를 가진 사람의 뇌를 보고 싶다고 토막을 냈다고 하더군요."

나는 이 놀라운 여성을 뉴욕에서 만났다. 그녀는 폭력 집단에 의한 조직적인 인종 청소의 피해자로서 망명 비자를 받았다. 성인 남녀와 어린이를 포함해 약 백만 명이 마체테나 둔기로 학살당했지만, 미국은 이 사태를 외면했다. 이것은 클린턴 전 대통령이 공개적으로 클린턴 행정부의 가장 큰 실패로 인정한 일이다. 그러나 임마퀼레는 비통해하거나 분노에 가득 차 있지 않았다. 그녀는 단지 그런 비극이 다시는 일어나지 않기를 바랄 뿐이었다. 그녀는 가슴속에 사랑과 믿음을 품고 있었으며, 이러한 영적 선물을 자신의 이야기를 전하는 데 쏟고 있었다. 그녀의 이야기는 최근 헤이 하우스에서 『남겨진 이야기: 르완다 홀로코스트 속에서 신을 발견하다』(*Left to Tell: Discovering God Amidst the Rwandan Holocaust*)라는 책으로 출판되었다. 나는 이 놀라운 작품의 서문을 쓸 수 있어 영광이었다.

나는 영광스럽게도 이 신성한 영감을 주는 여성과 함께 르완다를 찾아 집단 학살에서 살아남은 수많은 고아들을 교육하고 지원하는 프로그램을 만들고 실행하는 데 동참할 수 있었다. 그렇다. 임마퀼레의 삶 속에서 작은 방식으로나마 함께한 것은 말로 전달할 수 없을 만큼 큰 영감을 내게 주었다!

• 1999년, 나는 남아프리카공화국의 초청으로 대중 강연을 하게 되었다. 수도 케이프타운에 있는 동안, 나는 페리를 타고 넬슨 만델라가 오랫동안 수감되었던 감옥이 있는 로벤섬을 가보았다.

27년 이상 감옥에 수감된 한 남자가 있었다. 그는 아파르트헤이트에 강력히 반대했다는 이유로 면회조차 허용되지 않았다. 아파르트헤이트는 법적으로 흑인 전체를 나머지 시민과 같은 특권을 누릴 자격이 없는 열등한 인종이라고 선언한 인종 차별 정책이다. 그는 석회석 채석장에서 하루 종일 노동에 시달렸다. 하얀 바위에 내리쬐는 뜨거운 햇빛에 언제나 눈을 가늘게 뜨고 일하던 그의 눈은 찢어진 구멍처럼 작아졌다. 그가 일한 채석장을 찾은 나는 30분만에 제대로 눈을 뜨지 못할 정도로 따가움을 느꼈다. 몇 년 동안 햇빛에 노출되면 어떤 일이 벌어질지 상상해보라.

하지만 만델라는 자신의 내면 깊숙이 들어갔고, 마침내 석방되었을 때 용서와 화해를 가슴에 품고 나왔다. 영 안에 머무른 것이 그에게는 아파르트헤이트 체제를 폐지하고 몇 년 후 남아프리카공화국의 대통령으로 당선되는 힘의 원천이 되었다. 나는 이 위대한 사람이 수감되었던 감옥 밖에서 명상을 하며 이 장의 앞부분에서 설명한 따뜻한 기운이 쏟아져 내리는 느낌을 받았다. 그리고 나는 그가 직접 서명한 『자유를 향한 긴 여정』(*Long Walk to Freedom*)을 선물받았다. 나는 지금도 이 책을 소중히 간직하고 있다.

넬슨 만델라는 끔찍한 고난 속에서도 사랑과 평화와 친절, 그리고 관용의 영적 에너지를 전했고, 이 영적 에너지는 아프리카를 넘어 세계를 바꿀 수 있는 청사진을 제공했다. 그렇다, 그는 나에게 영감을 주었다!

• 나와 가까운 이들에게서도 영감을 받을 수 있다. 내가 올리브 플레처 부인에게서 영감을 받은 것처럼 말이다. 1956년에 나는 디트로이트의 덴비 고등학교에서 생물학을 두 번째 수강하고 있었다. 전년도에는 내 고집 때문에 낙제를 했었다. 나는 나뭇잎 채집을 거부했는데, 당시 15세였던 내가 보기에 그것은 터무니없는 요구였다.

그 당시 어머니는 알코올 중독자인 계부와 이혼을 하느냐 마느냐 다툼 중이었고, 나는 주중에는 매일 저녁, 주말에는 하루 종일 동네 식료품점에서 일하고 있었다. 두 번째 생물학 수업의 강사가 바로 플레처 부인이었는데, 그녀는 나를 개인적으로 신경 써준 첫 번째 교사였다. 예를 들어, 그녀는 방과 후 나와 대화를 나누고, 집으로 전화해서 집에서 일어나는 소란(잦은 싸움 등 기타 불쾌한 일들) 속에서 내가 괜찮은지 확인했으며, 과제를 해왔으면 수업 시간에 조는 것을 허락해주었다. 그녀는 또한 내게 과외를 해보라고 권유했는데, 이유는 내게서 무언가를 발견했기 때문이라고 했다. 그녀는 내가 똑똑하며, 어디든 가고 싶은 곳으로 갈 수 있는 마음을 가지고 있다고 말해 주었다.

이 놀라운 분은 심지어 남편과 볼링을 치러 갈 때도 나에게 같이 가자고 했다. 플레처 부인을 만나기 전 나는 볼링을 접해 본 적도 없었고, 교사를 인간이라고 여기지도 않았다! 하지만 그녀는 내가 이런저런 질문을 해도 귀찮아하지 않았고, 때때로 쓸데없는 행동을 해도 용인한 첫 번째 '권위자'였다. 그녀는 영적인 삶을 통해 나도 권위 있는 누군가에게 사랑받을 가치가 있다는 것을 보여주었다.

플레처 부인의 영감 덕분에, 나는 전년도에 낙제했던 생물학에서 A학점을 받았다. 그리고 나는 나를 믿어준 그녀를 위해 더 잘하고 싶어졌다. 정확히 반세기가 지난 지금, 올리브 플레처 부인은 내 모든 학창 시절 중에서 삶의 방향을 제도에 대항하여 싸우는 것에서 포기하지 않고 적응하는 것으로 바꿔준 한 사람으로 여전히 기억에 남아 있다. 그렇다, 그녀는 확실히 나에게 영감을 주었다!

• 방향을 조금 바꿔, 1971년에 돈 맥클린(Don McLean)은 유명한 화가 빈센트 반 고흐의 생애에 관한 책을 읽었다. 그리고 그의 정신적 투쟁과 사랑받고 이해받고자 하는 열망에 깊이 감동받아 이에 관한 노래를 만들었다. '빈센트(별이 빛나는 밤)'라는 노래는 반 고흐의 명화 '별이 빛나는 밤'을 감상한 뒤 만든 것이다. 이 노래를 들을 때마다 나는 맥클린이 반 고흐의 삶에서 얼마나 영감을 받았는지 떠올릴 수 있고, 나 역시 눈물이 날 정도로 영감을 받고 반 고흐처럼 정신병과 싸우는 사람들에 더 많은 이해심과 연민을 가지겠다고 다짐한다(1970년대 암스테르담의 반 고흐 박물관에서는 매일 이 곡을 연주했는데, 곡의 악보와 반 고흐의 붓 세트가 박물관 아래 타임캡슐에 묻혀 있다는 사실이 흥미롭다).

영감의 순간을 행동으로 옮기고, 수많은 영혼들에게도 비슷한 기회를 제공하는 사람들에게 나는 큰 영감을 받는다. 돈 맥클린은 내가 반 고흐의 전기를 읽게 하고, 이 책에 예시를 포함하게 만들었다. 그가 나에게 영감을 준 것이다!

그밖에도 내 인생을 바꿀 수 있도록 영감을 준 이들에 대해 나는 더 많은 예를 들을 수 있다. 하지만 그 모든 사람들 중에서도 가장 큰 영감의 원천이 되었던 한 사람을 빼놓을 수는 없을 것 같다.

1942년, 어머니는 다섯 살, 세 살 사내아이 둘과 두 살인 나를 혼자 키워야 하는 책임을 떠안게 되었다. 아버지는 우리를 내팽개치고 떠났고, 우리가 어떻게 지내는지 단 한 번도 전화조차 하지 않았다. 그는 도둑질을 하다가 감옥에 갇히는 등 법적인 문제로 많은 시간을 보내야 했기 때문에 양육비도 전혀 지불하지 않았다. 그는 그냥 우리를 떠나버렸고 뒤돌아보지 않았다.

내가 태어난 후, 어머니는 나를 디트로이트 동쪽에 있는 작은 아파트로 데려갔다. 불과 네 살밖에 안 된 큰형 짐에게 16개월 된 둘째 형 데이브를 맡기고 말이다. 그때 아버지는 40마일 떨어진 앤아버에서 한 여자와 동거하고 있었다.

당시의 상황을 상상해보라. 1940년이었다. 대공황으로 거의 모든 사람이 경제적인 파산 상태에 있었다. 네 살 미만의 세 아이를 지원하는 정부 프로그램은 어디에도 없었다. 알코올 중독자인 아버지는 일을 거부하고, 사람들의 돈을 훔치며, 정기적으로 다른 여자들과 시간을 보내고, 어머니에게 세 아기를 돌보게 했다. 빈혈이 있는 아기는 의료 지원이 절실했지만, 빈곤층에게는 불가능한 일이었다. 그러나 이 절망적인 시나리오에서 자신의 삶이 더 나아질 수 있고, 나아질 것이라는 꿈을 가진 한 여성이 있었다.

마침내 아버지와 이혼을 마친 후, 어머니는 완전히 홀로서기를 했다. 어머니는 처음에는 작은 잡화점에서 사탕 판매원으로 일했고, 그 다음에는 크라이슬러 회사에서 비서로 일했다. 하지만 그렇게 해서 그녀가 번 돈은 주당 17달러에 불과했다. 그녀는 데이브 형과 나를 감리교회가 지원하는 여러 위탁 가정에 맡겨야 했고, 큰형인 짐은 외조부모와 함께 살게 되었다. 그녀의 현실은 악몽 그 자체였다. 가족은 뿔뿔이 흩어졌고, 이런 고통이 영원할 것이라는 생각은 그녀가 감당하기엔 너무 끔찍했다. 하지만 그녀는 결코 포기할 수 없는 비전을 품고 있었다. 그것은 언젠가는 어떻게든 아이들을 한 지붕 아래서 키우겠다는 것이었다.

안타깝게도 어머니의 꿈은 바로 이뤄지지 않았고, 세월이 흘렀다. 어머니는 가능한 한 데이브 형과 나를 자주 찾아오려 노력했다. 하지만 그녀에게는 자동차도 운전면허도 없었다. 형과 내가 사는 마운트 클레멘스까지는 불과 17마일 정도에 불과했다. 하지만 차도 없고, 돈도 부족한 어머니에게 그 거리는 7,000마일이나 다름없었다. 하지만 어머니는 단호했다. 그녀는 가족을 하나로 묶기 위해 심지어 사랑하지 않는 남자와 결혼까지 했다.

1949년, 우리 가족은 디트로이트 동쪽에 있는 조그마한 복층 구조의 작은 집으로 이사했다. 새 양아버지 역시 아버지처럼 알코올 중독자였고 무책임한 가장이었다. 술은 그의 도피처가 되었고, 적대적인 충돌이 빈번하게 일어났다. 하지만 다시는 아이들과 헤어지지 않으려는 어머니는 계속 일하고, 일하고, 또 일했다.

어머니는 매일 새벽 5시에 일어나 자라나는 세 아들을 위해 아침을 만들고 도시락을 쌌다. 그녀는 출퇴근을 위해 버스를 세 번씩 갈아타야 했으며, 추운 겨울에도 버스를 기다리며 밖에서 떨어야 했다. 그리고 오후 5시 45분이면 집에 돌아와 저녁을 준비했다. 우리 형제들은 신문을 배달하거나 창고에서 일을 했지만, 아무리 힘들어도 불평하는 대신 늘 명랑한 어머니의 어깨를 누르는 짐인 것은 마찬가지였다. 어머니의 주말은 항상 이랬다. 끝없이 빨래를 하고 건조대에 옷을 널어 말리고, 아침, 점심, 저녁을 만들고, 일요일에는 지하실에서 다림질을 했다. 일이 끝날 날이 없었다. 그러나 어머니는 주변에서 가장 즐겁고, 사랑스럽고, 아름다운 영혼이었다.

우리 삼형제의 친구들은 자주 우리 집에 놀러왔다. 어머니 때문이었다. 그들은 어머니를 사랑했다. 그보다 더 중요한 것은 어머니가 우리 집에 가져다주는 에너지 때문에 우리 집에 놀러오는 것을 더 좋아했다는 것이다. 어머니는 영적인 삶을 살았고 우리 모두에게 영감을 주었다. 우리 중 누구도 그녀에게 반항하거나 무례한 행동을 할 생각조차 하지 못했다. 어머니는 우리의 존경을 요구하지 않았지만, 당연히 존경받았다. 그리고 그 모든 책임감에도 불구하고, 어머니는 머리가 헝클어지거나 옷이 흐트러진 채로 집을 나서는 일이 없었다. 어머니는 자신에 대해 큰 자부심이 있었고, 언제나 모범을 보이며 형들과 나에게도 그렇게 하도록 가르쳤다.

통제 불능인 알코올 중독자와 두 번이나 이혼을 겪으면서도, 그녀는 어머니의 역할을 포기하지 않았다. 나중에 외할머니가 많이 편찮으셨을 때, 나는 네 명의 형제가 있음에도 불구하고 어머니가 홀로 외할머니를 돌보는 책임을 떠안는 모습을 놀랍도록 존경스럽게 지켜보았다. 그리고 이혼한 계부가 알코올과 흡연 중독으로 최후를 맞이할 때도, 결혼 생활 내내 자신을 학대한 이 남자를 돌보는 모습을 경이롭게 지켜봤다. 어머니는 그의 집에 가서 빨래를 해주고, 의료 지원을 요청하고, 병원에 면회도 가면서 학대와 부당한 대우만 하던 전 남편에게 사랑을 베풀었다.

90세에 가까워진 지금도 어머니는 여전히 일주일에 두 번씩 볼링을 치고, 혼자 살면서도 불평 한번 하지 않는다. 지금까지도 그녀는 자신의 높은 기준에 맞춰 옷을 입고 머리를 아름답게 단장하지 않으면 집을 나서지 않는다. 자신을 존중하는 이러한 태도는 나와 동생, 그리고 두 형에게도 고스란히 전해졌다. 이제 그녀는 세 아들의 돌봄과 사회 보장으로 의료 수급 자격이 있지만, 여전히 사랑의 정신으로 살아 숨 쉬고 있다.

　마이클 머피가 쓴『내가 하고 싶었던 말』(*What I Meant to Say*)이라는 멋진 책에 보면 추수감사절 저녁 식사를 마치고 어머니의 집을 나서면서 작별 인사를 건네는 장면이 나온다. 다시 어머니를 떠나야 하는 상황에 저자는 다음과 같이 말한다. 이 아름다운 말을 내 어머니께 전하고 싶다.

내가 말하고 싶었던 것은 이것이다… 저를 가장 먼저 안아주고, 가장 먼저 먹여주고, 가장 먼저 사랑받는다는 느낌을 준 사람에게 어떻게 작별을 고할 수 있겠습니까?

다른 사람들에겐 너무나 일상적으로 보이는 평범한 일을 하는 어머니의 모습을 저는 멀리서 지켜봅니다. 하지만 어머니가 해마다 사랑으로 해낸 그 평범한 일들이 저의 세상을 안전하고 편안하게 만들어주고 성장의 튼튼한 뼈대를 쌓게 해주었음을 저는 잘 알고 있습니다.

제가 해낸 모든 것과 제가 가진 모든 것은 모두 어머니 덕분입니다. 그 과정에서 제가 이룬 어떤 성취도 처음에 제 자신을 먼저 믿지 않았다면 일어나지 않았을 것입니다. 그리고 어머니는 항상 저를 믿어준 사람이었습니다.

가족이 생긴 지금, 저는 제 입에서 어머니의 말이 흘러나오는 것을 얼마나 많이 듣게 되는지 놀라움을 금치 못합니다. 이 복화술 같은 현상이 처음에는 짜증스러웠지만, 이제는 어머니의 일부가 제 안에서 영원히 살고 있다는 것을 이해하게 되면서 마음이 따뜻해집니다.

시간이 우리를 갈라놓을 때도, 어머니가 저편에서 손을 뻗어 다시 제 얼굴을 만지고 제 귀에 속삭여 주시길 기도합니다.

제 삶에 따뜻하고 온화한 존재로 함께해 주신 것에 대해 항상 감사할 것입니다.

네, 어머니, 당신은 저에게 영감을 주었습니다!

이 장의 아이디어를 당신에게 적용하기 위한 몇 가지 제안

● 당신의 영과 가장 잘 조화되는 사람과 더 많은 시간을 보내도록 계획을 세워라. 이는 '더 높은 진동을 가진 사람들'을 찾고, 에고 지향적인 행동 패턴을 보여주는 사람들은 피하라는 뜻이다. 높은 영적 에너지는 당신의 낮은 에너지를 무력화시키면서 동시에 당신을 더 영적인 주파수로 변환시킨다는 점을 명심하라. 내적 직감을 활용하여 당신이 올바른 장소에서 올바른 사람들과 함께 있는지 판단하라. 그들과 함께 있으면 기분이 좋아지고, 더 나은 사람이 되고 싶고, 더 즐거운 사람이 되고 싶다는 느낌이 든다면, 그들은 당신에게 맞는 사람이다. 반면에 함께 있으면 불안하고, 우울하고, 무기력을 느끼고 갈등 때문에 빨리 벗어나고 싶은 생각이 든다면, 그들은 당신에게 영감의 원천이 되지 않는다.

- 높은 영적 에너지를 지닌 사람들의 전기를 읽어라. 역사적 인물이든 동시대 인물이든 상관없다. 단순히 그들의 삶에 대해 읽는 것만으로도 큰 영감을 느낄 것이며, 그들의 예는 당신으로 하여금 그들의 삶과 위대함을 본받도록 영감을 줄 것이다.

- 영적 교감을 위해 힘쓰는 개인과 단체가 만든 영화, TV 쇼, 연극, 영상물 등에 빠져보라. 위대한 영적 교사들의 강의를 듣는 것만으로도 매일 영감 수준을 높일 수 있다.

  또한 폭력, 증오, 살상에 과도하게 노출될 수밖에 없는 영화 속에서 폭발이나 추격 장면을 볼 때 어떤 기분이 드는지 스스로를 살펴보라. 영에 더 가까워진 느낌인가, 아니면 점점 더 멀어지는 느낌인가? 그러면 언제 채널을 돌릴지, 언제 영화관을 나올지 직감으로 알아차릴 수 있을 것이다. 당신은 당신 자신뿐만 아니라 사랑하는 사람들, 특히 아이들의 마음에 무엇을 허용하고 누구를 용인할지 생각보다 더 많은 통제력을 가지고 있다. 그 통제력을 행사하여 영과의 연결을 유지하라. 영감의 궁극적인 소명에 순응하려는 열망과 공명하는 에너지만 당신의 가슴속에 받아들여라.

- 물질적인 성공으로 존경받는 사람들과 영감을 주는 사람들을 명확히 구분하라. 에고가 지배하는 에너지장에 몰입할수록 당신은 환멸을 느끼게 되고 기쁨이 부족함을 느끼게 될 것이다. 부나 성

공을 기준으로 삼기보다는 영의 원칙을 따라 본받고 싶은 것을 선택하라.

빌 게이츠 같이 성공한 사람은 큰 부의 모델이기도 하지만, 그와 그의 아내가 인류 역사상 그 누구보다 문맹 퇴치, 치유, 평화를 위해 많은 돈을 기부하고 노력했다는 사실을 깨닫는 것이 중요하다. 이는 자신의 돈과 지위를 이용해 에고를 더욱 강화하는 수많은 '슈퍼 리치'들과는 극명한 대조를 이룬다. 높은 영적 에너지를 대표하는 게이츠 부부는 나에게 영감적인 모델이 된다. 나의 경제적 상황은 비록 그들에 비할 바가 아니지만, 그들은 나에게 영감을 주는 모델이다. 나는 그들의 행동에서 많은 것을 배웠고, 그들의 영적 자선 활동에서 큰 영감을 얻었다.

● 당신의 삶에 가장 큰 영감을 주는 사람들을 골라 당신이 왜 그들을 이 범주에 놓았는지 그들에게 정확히 말하라. 당신이 느끼는 감정과 감사하는 마음을 직접 표현하면, 단순히 인정하는 행위만으로도 영감을 받을 수 있을 것이다. 실제로 나의 노력 덕분에 자신의 위대함을 추구하도록 영감받았다는 편지나 개인적 간증을 들을 때마다, 나 자신도 감동하고 영감을 받는다. 또한 나는 그 사람의 감정을 인정하고 표현하는 행위가 그들로 하여금 다른 사람들에게 비슷한 도움을 주게 한다는 것도 알고 있다. 이처럼 다른 사람을 위해 봉사하는 것은 진정으로 신과 더 닮아가는 것이다.

신을 실현한다는 관점에서 수백만 명에게 영감을 준 인도의 위대한 성자 라마크리슈나(Ramakrishna)는 이렇게 말했다. "(성인들은) 큰 증기선과 같다. 그들은 스스로 바다를 건널 뿐 아니라 많은 승객을 반대편 기슭으로 데려간다." 당신 또한 그런 큰 증기선과 같기를 바란다. 혹시 그렇지 않다면, 행운의 승객 중 한 명이 되기를 바란다.

11장

다른 사람에게 영감을 주는 사람 되기

"우리는 모두 교사이며, 우리가 가르치는 것은 우리가 배우는 것이다.
따라서 우리는 그것을 배울 때까지 반복해서 가르친다…."

- 『기적 수업』 중에서

"교사, 책, 가르침의 진정한 목적은
우리를 우리 안에 있는 신의 왕국으로 다시 인도하는 것이다."

- 조엘 골드스미스(Joel Goldsmith)

삶 전반에 걸쳐 우리 모두는 학생이며 동시에 교사이다. 실제로 가능한 한 많은 사람들에게 원하는 것을 제공할 때, 가능한 한 자주 제공할 때, 우리는 가장 잘 배울 수 있다. 내가 이 책을 쓴 이유 중 하나도 그것이다. 충분히 오랫동안 많은 사람들을 가르치면, 나 역시 내가 가장 배우고 싶은 영 안에서 사는 법을 끊임없이 배울 수 있는 것이다. 이러한 생각의 틀에 따라서, 우리는 의도적으로 영감을 주는 에너지를 높이려 노력해야 한다. 이는 우리가 영적인 학습자이자 동시에 교사가 되도록 이끌 것이기 때문이다.

영적 교사들은 자신의 존재만으로도 다른 사람에게 영감을 줄 수 있을 정도로 일상생활의 진동 주파수를 높일 수 있다. 이것이 바로 우리가 지향해야 할 기준이다. 이것이 반드시 학문적인 노력일 필요는 없다. 내가 이 글에서 말하는 가르침에는 교안(敎案)이나 성적표가 없다. 나는 나의 동료인 인간들에게 영감을 주기 위해 매일매일 할 수 있는 일들에 대해 말하고 있다. 이것이 바로 이 장의 주제이다.

친절이 다른 사람에게 영감을 준다

최근 마우이의 한 쇼핑몰에서 나는 딸들과 푸드코트에 앉아 이야기를 나누며 식사를 즐기고 있었다. 그러던 중 한 남자아이가 맥도날드에서 방금 구입한 햄버거와 감자튀김이 가득 담긴 쟁반을 들고 비틀거리며 걷다가 바닥에 떨어뜨렸다. 놀란 소년의 부모가 즉시 달려왔고, 식당 매니저는 친절하게도 모든 음식을 무료로 교체해줄 테니 걱정하지 말라고 했다. 소년은 당황했지만, 모든 것이 잘 해결되었다. 다른 손님들이 소년이 떨어뜨린 음식을 피해 멀찍이 줄을 섰다는 것만 빼고는 말이다.

소년의 가족이나 식당에서 일하는 사람들 모두 이 난장판을 치우려는 노력을 하지 않았다. 이는 푸드코트를 이용하는 사람들에게 위험한 일이었다. 나는 잠시 지켜보다가 빈 쟁반을 들고 가서 모든 음식을 주워 쓰레기통에 버렸다. 나는 그 일에 대해 아무 말도 하지 않고 자리로 돌아왔다.

약 10분 후, 이를 지켜보던 한 여성이 우리 테이블로 다가왔다. 그리고 내 딸들에게 이렇게 말했다. "너희들은 방금 너희 아버지로부터 교훈을 얻었어. 너희 아버지는 남을 배려하고 돕는 시민이 된다는 것이 무엇인지 행동으로 보여줬어. 여기 있는 그 누구도 바닥에 어질러진 것을 수습할 생각을 하지 않았지만, 너희 아버지는 그렇게 했어. 너희 아버지가 나에게 영감을 주었듯이 너희들도 그의 행동에서 영감을 받았기를 바래." 그녀는 자리를 떠났고, 내 딸들은 익숙한 듯 미소를 지었다. 이것이 그들에게는 흔한 광경이기 때문이다.

이 이야기의 요점은 우리의 근원과 일치되는 단순한 친절과 봉사의 행동이 사려 깊은 시민이 되는 미덕에 대한 강연보다 보다 큰 영감을 줄 수 있다는 것이다. 내가 원한 것은 바닥에 떨어진 기름진 햄버거와 감자튀김의 잠재적 위험을 없애는 것뿐이었다. 누군가에게 영감을 주려는 의도는 없었다. 그리고 이것이 이 장의 핵심이다. "내가 흘린 음식이 아니니 치우는 것은 내 일이 아니다!"라고 말하는 에고의 수준을 넘어 "어떻게 봉사할 수 있을까?"라는 수준으로 의식을 끌어올리면, 영적인 행동의 에너지장에 있는 모든 사람에게 우리는 우리 자신도 모르게 영감의 원천이 될 수 있다.

또한 우리는 영감의 원천이 될 수 있는 기회를 눈여겨 찾아볼 수도 있다. 예를 들어, 비행기에 탈 때면 나는 '낯선 사람'들에게 봉사할 기회를 찾는다('낯선 사람'이라는 단어에 따옴표를 붙인 이유는 우주 어디에도 진짜 낯선 것은 없다는 것을 강조하기 위함이다). 키가 작은 승객이 기내 수하물 선반에 짐을 올리는 것을 도와주는 것은 완벽한 예시다. 이 친절한 행동을 눈여겨본 사람들은 영감을 받을 수 있다. 영감을 받는 동시에 영감을 주는 존재가 되라는 내면의 부름에 귀 기울이는 게 중요한 것이다.

내 도움이 필요한 누군가가 있다면, 그가 바로 내 앞에 있는 신의 사자라는 것을 알아야 한다. 왜냐하면 그들은 내가 영 안에 있을 수 있게 기회를 제공하고 있기 때문이다. 예를 들어, 얼마 전 나는 마우이에서 로스앤젤레스를 경유해 뉴욕으로 가는 밤편 비행기를 탔다. L.A로 가는 비행기에서 나는 멋진 영화 〈시카고〉(Chicago)를 봤다. 그리고 뉴욕행 비행기에 탔을 때, 영화의 주인공 중 한 명인 르네 젤위거가 탑승하는 것을 봤다. 키가 작은 그녀는 무거운 짐을 들고 있었다. 그녀는 내가 영감을 주고받을 수 있는 모든 기준을 충족하는 완벽한 대상이었다. 나는 그녀가 짐을 선반에 올리는 것을 도와주고, 내가 쓴 책『성공과 내면의 평화를 위한 10가지 비밀』을 선물했다.

승무원을 포함해 기내의 많은 사람들이 그녀에게 몰려들었고, 나는 그녀가 모든 사람에게 보여준 친절과 인내심, 진심 어린 관심을 지켜보며 감동했다. 그리고 비행기에서 내리면서 그녀는 나에게 메모를 건넸다. 나는 여기서 일상의 작은 친절이 어떻게 기억에 남는 영감의 순간으로 작용하는지 보여주기 위해 그 내용을 그대로 옮긴다. 이 얼마나 멋진 일인가!

지금까지도 르네가 영화나 인터뷰에 나올 때마다, 나는 그녀가 모든 사람에게 보여준 특별하고 부드러운 친절을 떠올리며 감동하곤 한다. 그녀에게 봉사를 베푼 잠깐의 순간이 나에게는 선물이었다. 그녀가 유명인이라서가 아니라, 영 안에 있는 것이 주는 이중의 보상 때문이었다.

감사는 다른 사람에게 영감을 준다

나는 예외 없이 매일 아침 감사를 표현하면서 하루를 시작한다. 매일 면도라는 의식을 시작하기 위해 거울을 보면서 나는 이렇게 말한다. "신이시여, 생명과 내 몸, 가족과 사랑하는 사람들, 오늘 하루, 그리고 봉사할 수 있는 기회를 주셔서 감사합니다. 감사합니다, 감사합니다!"

당연히 받아야 한다는 태도 대신 감사하는 태도를 지닌다면, 어디를 가든 당신은 자연스럽게 영감을 전하게 될 것이다. 감사하는 태도는 우리가 다른 모든 사람보다 낫다고 확신하는 에고를 없애는 데 도움이 된다. 감사하는 태도는 '근본적 겸손'이라 부르는 특성으로 이어지며, 이는 다른 사람이 영감을 받도록 돕는 매우 강력한 힘을 가진다.

내가 만난 최고 수준의 사람들 대부분은 감사의 태도와 근본적인 겸손을 갖추고 있었다. 높은 성취를 이룬 사람들은 상이나 챔피언십 트로피를 받으면 "먼저 하나님께 감사드리고 싶습니다"라고 말한다. 그들은 자신의 성과에 자부심을 느끼면서도, 그보다 더 중요한 것은 자신보다 훨씬 더 큰 힘이 존재하여 자신들이 연기하고, 노래하고, 글을 쓰고, 경쟁하고, 디자인할 수 있게 해준다는 것을 알고 있기 때문이다. 만약 우리도 이런 태도를 취한다면 다른 사람들에게 영감을 줄 수 있다. 그렇게 간단한 것이다.

반면, 거만한 태도는 누구에게도 영감을 주지 못한다. 자랑하기 좋아하고 '나'라는 대명사를 과도하게 사용하는 사람을 만나면, 가능한 한 빨리 그 사람에게서 벗어나고 싶어지는 것도 이 때문이다. 허세나 자만심, 또는 자랑은 모두 그 사람이 신으로부터 멀어졌다는 신호인 것이다.

감사와 겸손은 우리 모두가 삶 자체보다 더 큰 무언가와 연결되어 있다는 신호를 보낸다. 이는 내가 오래전 '케나 우파니샤드(Kena Upanishad)'를 읽으며 발견한 지혜를 떠올리게 한다. "정신은 누구의 명령으로 생각하는가? 누가 몸에 생명을 부여하는가? 누가 혀를 움직여 말하게 하는가? 눈으로 형태와 색을 보게 하고, 귀로 소리를 듣게 하는 그 빛나는 존재는 누구인가?" 이 질문의 답을 알 때, 우리는 다른 사람들에게 영감을 주는 존재가 될 뿐만 아니라 불멸을 얻게 된다.

관대함이 다른 사람에게 영감을 준다

우리가 그것을 신이나 크리슈나, 아트만, 알라, 우주정신, 라, 야훼, 혹은 안나 또는 프레드 등 무엇이라 부르든 상관없다. 당신은 모든 것을 창조하는 근원이 가장 관대한 존재라는 데 동의할 것이다. 그것은 생명 그 자체와 함께 공기와 물, 폐, 심장, 신장, 간 등 우리가 생명을 유지하는 데 필요한 모든 것을 무한한 풍요의 형태로 제공한다. 우주를 질주하는 이 작은 행성에서, 우리가 어떤 이름으로 부르든 그것은 우리 모두를 먹이고 우리가 배출하는 모든 폐기물을 처리할 수 있는 능력을 제공하며, 그 폐기물은 새로운 생명을 비옥하게 하는 데 사용되고, 그 과정을 계속해서 반복한다… 그리고 지구는 우주에서 단 하나의 행성에 불과하다는 것을 기억하라. 이런 관대함에 대해 이야기하라!

관대함은 분명히 신을 더 닮아가는 방법이다. 나는 다른 사람들에게서 관대함을 목격할 때마다 깊이 영감을 받는다. 관대함은 종종 위기 속에서 빛을 발한다. 마치 신이 우리의 주의를 끌어 절망적인 상황에서도 그와 더 닮을 것을 상기시키는 것처럼 말이다. 쓰나미는 우리의 항공모함이 서로를 공격하는 대신 구호품과 피난처를 제공하는 지역으로 향하게 하고, 지진은 며칠 전까지만 해도 적이라 부르던 낯선 사람들을 구하기 위해 자신의 목숨을 걸게 하며, 허리케인은 우리 안의 가장 아름다운 모습을 끌어내기도 한다. 이런 이른바 '재앙'들은 우리 모두 안에 잠재된 신과 같은 관대함을 끌어낸다. 물론 이를 상기하기 위해 반드시 위기가 필요한 것은 아니다. 우리는 영 안에 있기만 하면 된다. 그러면 우리의 에너지, 시간, 소유물을 나누는 기쁨을 상기할 수 있다.

예를 들어, 내 둘째 형과 형수 마릴린은 우리 어머니를 위해 시간을 내는 것으로 나에게 영감을 준다. 함께 영화를 보러 가고 스크래블 게임을 하는 날은 단순한 오락 이상이다. 그들은 홀로 사는 어머니와 사랑으로 함께하며 시간을 기꺼이 냄으로써 영감을 행동으로 실천한다. 나는 어머니에게 재정적으로 도움을 줄 수 있는 축복을 받았지만, 그들은 시간을 베푸는 축복을 받았다.

관대한 행동은 우리가 단 몇 초만 시간을 들여 알아차리고 감사해한다면 언제나 영감을 불러일으킨다. 우리가 무엇을 가지고 있든 다른 사람을 이롭게 할 수 있는 것이라면 무엇이든 베풀어야 한다. 이것이 바로 우리를 만든 창조주의 방식이다. 항상 주고 베푸는 것이다. 우리가 창조주를 본받아 나눔을 실행할 때, 우리는 다른 사람들에게 영감의 원천이 된다.

오프라 윈프리가 아프리카를 방문해 아프리카 대륙의 빈곤과 질병을 없애기 위해 돈과 시간을 포함한 모든 것을 베풀겠다고 맹세했을 때, 그녀는 나를 비롯한 수백만 명의 사람들에게 영감을 주었다. 그녀가 "이제 내가 왜 이렇게 많은 것을 받았는지 알겠어요. 이제야 그 이유를 알겠어요"라고 말했을 때, 나도 이렇게 중얼거렸다. "이제야 내가 왜 이렇게 많은 재정적 축복을 받았는지 알겠다. 나는 내게 온 모든 것에 너무나 큰 감사를 느낀다. 이제 되돌려주는 것이 내가 할 수 있는 유일한 길인 것 같다."

지난 30년간 알고 지낸, 나처럼 가난한 집안 출신인 그녀가 모교인 웨인 주립대학교에 장학기금을 설립한 데서 나는 큰 영감을 받았다. 이처럼 오프라의 자선 활동이 나에게 영감을 주었듯이, 젊은이들도 자신들의 삶에서 똑같은 일을 할 수 있도록 영감을 받기를 바란다. 이 책을 읽는 사람들이 다른 사람들에게 베풀겠다는 영감을 받는다면 얼마나 좋은 일이 일어날지 상상해보라. 우리는 부유해야만 줄 수 있는 것이 아니다. 단지 이것을 기억할 필요가 있다. "어려울 때 관대하지 않으면, 쉬울 때도 관대하지 않을 것이다."

경청이 다른 사람에게 영감을 준다

아이러니하게 들릴지 모르지만, 우리는 다른 사람에게 조언할 때보다 기꺼이 경청할 때 훨씬 더 큰 영감을 받는다. 그 이유는 간단하다. '당신의 말은 소중하다'는 메시지를 전달하는 것 자체가 우리가 상대에게 관심을 갖고 있다는 것을 보여주는 방식이기 때문이다. 이는 영감을 주는 방식이자 신처럼 경청하는 방식이다. 대화를 자신 위주로 하기를 바라고, 다른 사람의 말을 경청하기 어려워하는 사람들은 에고가 부추기는 '내가 중요하다'는 생각에 사로잡혀 있는 것이다. 그러나 당신도 잘 알다시피, 에고는 우리가 거짓 자아에 주의를 기울이도록 만드는 환상일 뿐이다.

이야기를 잘 들어 준다는 말보다 더 큰 칭찬은 없다. 사람들은 자신들의 이야기를 잘 들어 주는 사람을 사랑한다. 이유는 자신이 사랑받고, 보살핌을 받고, 들을 가치가 있는 존재라는 느낌을 받기 때문이다. 상대가 내 말을 경청한다는 느낌을 받을 때, 비록 상대가 내 의견에 강하게 반대하는 입장이더라도 우리는 여전히 영감을 받을 수 있다. 왜 그럴까? 우리가 기도할 때 원하는 것을 상대방이 행하고 있기 때문이다. 진실로 깊은 기도를 할 때, 우리는 갈등이 저절로 해결되거나 하늘에서 응답이 떨어지는 것을 바라지 않는다. 단지 내 말을 끝까지 들어 줄 만큼 나를 위해 신경 쓰는 누군가와 접촉하는 느낌을 받고 싶을 뿐이다.

우리 시대의 진정한 영적 존재 중 한 명인 모한다스 간디가 한 말이 떠오른다. "입술을 꿰맨 침묵은 침묵이 아니다. 혀를 잘라내도 같은 결과를 얻을 수 있지만, 그것도 침묵이 아니다. 말할 수 있는 능력이 있으면서도 쓸데없는 말을 하지 않는 자가 진정으로 침묵하는 사람이다…."

또한 랄프 왈도 에머슨의 다음 말은 항상 나에게 경청하는 사람이 되라고 상기시킨다. "나는 설교보다 예배가 시작되기 전의 조용한 교회를 더 좋아한다." 이는 우리가 영감의 원천이 되고자 할 때 훌륭한 조언이다.

평화로움이 다른 사람에게 영감을 준다

다른 사람에게 평화롭게 살라고 설교하거나 요구하는 것은 사실 그들에게 영감을 주는 가장 비효율적인 방법 중 하나다. 반대로 우리가 단순히 평화롭게 살고 있음을 보여줄 때, 우리는 단지 우리의 존재만으로도 다른 사람들에게 큰 영감을 준다.

예를 들어, 내가 스와미 사치다난다(Swami Satchidananda)를 처음 만났을 때, 그는 너무나 평화로운 기운을 발산하고 있어, 나는 단지 그의 옆에 서 있는 것만으로도 영감을 받을 수 있었다. 그의 곁에서 평화 외에 다른 것을 느끼는 것은 불가능했다. 그날 나는 그의 훌륭한 책 『말을 넘어서』(Beyond Words)를 읽고 내가 왜 그의 곁에 있는 것만으로도 영감을 받았는지 이유를 알 수 있었다. "누군가 나에게 '신에 대한 당신의 철학은 무엇인가?'라고 물으면, 나는 '평화가 나의 신이다'라고 말한다. 그들이 '그는 어디에 있는가?'라고 물으면, 나는 '그는 내 안에 있고, 어디에나 있다. 그는 온전히 평화롭고 온전히 고요하다. 신은 당신 자신 안에서 느끼고 경험해야 한다'라고 대답한다."

우리가 평화롭게 지낸다는 것은 갈등과 대립을 피하며 삶을 살아가는 방식을 뜻한다. 평온한 상태에 있을 때, 우리는 실제로 식물, 동물, 그리고 모든 사람(심지어 아기까지)을 포함한 모든 생명체에 영향을 미치는 에너지를 발산한다. 물론 그 반대도 마찬가지다. 혼란 속에 살고 적대적 만남을 즐기는 호전적인 사람들은 주변 사람들에게 부정적인 영향을 미치는 비언어적 에너지를 발산한다. 이때 우리는 즉각적으로 이런 낮은 에너지를 가진 평화롭지 못한 사람들에게서 벗어나고 싶은 충동을 느끼게 된다. 왜냐하면 그들 곁에 머무르는 것은 긴장감을 높이고 에너지를 저하시키기 때문이다. 또한 그들에 대항하는 동안, 우리는 그들의 분노에 분노하고, 그들의 오만함에 오만해지기 때문이다.

지구에서의 삶에서 평화로운 접근 방식을 실천하는 것은 우리가 온 곳으로 돌아가는 방법이다. 동시에 그것은 모든 생명체에게 강력한 영감의 원천이기도 하다.

열정이 다른 사람에게 영감을 준다

'열정(enthusiasm)'이라는 단어가 '우리 안에 있는 신'을 의미하는 그리스어에서 유래했다는 사실을 알고 있는가? 정의에 따르면 우리가 열정 있게 사는 것 자체가 다른 사람들에게 어떻게 하면 영 안에 존재할 수 있는지를 가르쳐주는 방법이다. 삶에 대한 열정은 전염성이 있다. 이는 다른 사람들에게 영향을 미치고 놀라울 정도로 영감을 준다. 최근에 참여한 고래 투어에서, 나는 젊은 여성 가이드 베스가 혹등고래에 대해 사람들과 이야기하는 모습을 지켜볼 수 있었다. 배에 탄 모든 사람은 그녀의 열정을 느꼈고, 그녀가 더 많은 열정을 보일수록 더 많은 영감을 받는 것 같았다. 반면 다른 배를 탔을 때, 나는 단순히 형식적으로만 설명하는 가이드가 끼치는 영향을 보았다. 이런 낮은 에너지 환경에 있는 사람들은 체험을 마치고도 영감을 얻지 못할 수밖에 없다.

반면에 베스는 고래의 짝짓기 시즌 동안 사람들에게 열정을 전달했다. 매일 말이다! 대학에서 해양생물학을 공부한 그녀는 알래스카와 하와이를 오가며 6개월 동안 먹이를 먹지 않고 따뜻한 바다에서 출산한 후 다시 차가운 바다로 돌아가는 혹등고래의 놀라운 능력에 매료되어 있었다. 베스에게 이 고래들은 신이 창조한 기적의 일부였다. 그녀는 열정적인 태도로 다른 사람들에게 영감을 주고 있었다. 흥미롭게도, 투어 관계자들은 베스와 함께하면 틀림 없이 고래를 볼 수 있을 뿐만 아니라 고래가 춤을 추며 배 밑으로 헤엄쳐 올 거라고 확신하고 있었다. 마치 고래들도 베스의 흥분에서 영감을 받는 것 같았다!

우리가 영 안에서 열정을 가지고 살아갈 때, 그것이 무엇이든 주변 사람들에게 영감을 준다. 그러니 있는 그대로의 자신을 사랑하며, 우리가 이곳에 온 목적이 무엇인지 잊지 말아야 한다. 그리고 이러한 삶의 태도는 우리의 시야에 들어오는 사람은 그 누구든 사랑한다는 영적 신호를 전달한다.

진실이 다른 사람에게 영감을 준다

마지막으로 가장 시급한 것은 진리의 에너지 영역에 있는 것만큼 다른 사람들에게 영감을 주는 일은 없기 때문에, 진리와 함께 살아 숨 쉬어야 한다는 것이다. 몇 년 전 나는 "당신은 누구를 신뢰하는가?"라는 제목의 글을 쓴 적이 있다. 글에서 나는 신뢰의 문제는 우리가 진실을 원할 때 누구를 찾는지에 달려 있다고 설명했다. 당신은 듣고 싶은 말을 해주는 사람에게 끌리는가, 아니면 불쾌하거나 듣기 힘들더라도 솔직하게 말하는 것을 두려워하지 않는 사람에게 끌리는가? 답은 분명하다. 우리는 진실을 듣는 것을 선호한다.

우리가 영과 조화를 이루며 살아가고 다른 사람들에게도 영감의 원천이 되려면 정직은 필수다. 진실을 왜곡할 때, 우리 뇌의 일부는 이러한 불일치를 신과의 단절로 인식하고 균형을 잃는다. 우리의 몸은 에고라고 알려진 거짓 자아에 대한 집착을 포함하여 모든 거짓에 직면할 때, 약해지는 반응을 보인다. 그러나 우리가 어떤 식으로든 자신 혹은 다른 이에게 상처를 주지 않고, 오만하지 않으면서 진실을 말하며 살아가는 것을 실천할 때, 우리는 처음에 우리가 발산했던 에너지와 다시 연결된다.

운동역학(kinesiology)에는 근육 테스트라는 절차가 있다. 이는 몸 자체를 거짓말 탐지기로 사용하는 것이다. 즉, 사람이 진실을 말하지 않으면, 근육은 정직하게 대답할 때보다 약해진다. 거짓된 생각을 할 때는 힘껏 맞붙은 손가락도 쉽게 떼어낼 수 있지만, 진실한 생각으로 바꾸면 같은 압력을 가해도 근육은 버틸 수 있다. 직접 해보면 놀랄 것이다. 신의 창조물인 몸은 정직의 지시를 받을 때 더 강해진다는 것은 진실이다. 이처럼 영은 오직 진실에서만 창조하고, 진실한 생각은 신의 진실과 조화를 이룬다(신체를 거짓말 탐지기로 사용하는 방법에 대한 지침과 이 절차의 전체 청사진은 데이비드 호킨스의 『의식혁명』(*Power vs. Force*)에 자세히 설명되어 있다).

그러니 서로에게 영감을 주는 수단으로서 진실을 기억하자. 우리는 진실을 말하며 사는 것을 두려워하지 말아야 한다. 정직함이 상호 작용의 두드러진 특징이라면, 우리 모두가 서로에게 얼마나 큰 영감을 주고받을 수 있을지 상상해보라. 예외 없이 100퍼센트 진실하게 행동할 때, 우리는 우리의 근원과 일치하는 신호를 보낼 수 있고, 십계명이나 다른 문서를 천 번 읽는 것보다 진실에서 살아 숨 쉬는 영감을 주고받을 수 있을 것이다.

진실과 신은 하나다. 진실하라고 설교할 필요도 없다. 단지 진실하게 살아가기만 하면 된다. 그렇게 함으로써 우리 모두는 진실을 발산할 수 있다. 고대 힌두교 속담에 "신의 이름은 진실이다"라는 말이 있듯이 말이다.

- 평화로워지도록 노력하고, 다른 사람들이 당신을 어떻게 인식하는지 깨달아라. 더 평화로워지기 위해 매일 명상을 수행하면서, 이전에 당신과 대립했던 사람들이 그러한 경향을 덜 보이는 것을 지켜보라. 당신 자신이 평화의 사자이며, 어디를 가든 평화의 에너지를 발산할 것이라고 스스로 결심하라. 생각을 고양시켜 자신의 기원을 이루는 평화와 공명하도록 하면, 당신은 새로운 전략을 채택하지 않고도, '노력'이 없어도 자동으로 다른 사람들도 그렇게 하도록 영감을 주는 사람이 될 것이다.

- 대화에서 '나'를 언급하며 다른 사람의 말을 가로채지 않으려 적극적으로 노력하라. 아치 벙커(Archie Bunker)가 말했듯이 그저 '스스로를 억제하라'. 끼어들고 싶을 때 침묵을 지키려 노력하라. '너 자신을 억제하라'는 문장을 내면에 새기고, 당신 자신을 언급하거나 설교함으로써가 아니라 경청과 격려를 통해 영감을 준다는 사실을 언제나 상기하라.

- 말하기 전에 내면 속 '진실의 바로미터'를 살피고, 사람들이 듣고 싶어 하는 말이 이와 맞지 않는다면 입을 열기를 삼가라. 유혹을 뿌리쳐라. 사람들은 기꺼이 진실을 말하고, 나아가 자신이 느

끼는 진실대로 사는 사람들을 존경한다. 예를 들어, 나는 글을 쓸때 누구에게 보여주면 칭찬을 받을지 정확히 알고 있다. 하지만 나는 자신의 느낌을 진실되게 말하는 것을 두려워하지 않는 사람을 알고 있으며, 바로 그런 사람에게 피드백을 구한다. 그의 진실이 내 진실과 일치하지 않더라도, 적어도 나는 자신의 내면에 충실하게 살고 진실되게 말하는 사람의 의견을 경청한다. 이런 사람은 순수한 정직성이라는 우리의 근본과 일치한다는 점에서 나에게 영감을 준다. 당신도 인정받고자 하는 욕구를 버리고 진정성과 성실함으로 행동할 때 이런 영감을 주는 사람이 될 수 있을 것이다.

● 당신과 만나는 모든 사람에게 당신에 대해 타협의 여지가 없는 한 가지가 있다고 알려라. 당신은 열정을 가지고 살아갈 것이며, 이 점에서는 절대 타협의 여지가 없다는 것을. 자신을 자랑스럽게 여기고 깨어 있는 모든 시간에 당신의 열정을 보여라. 모든 활동에 열정을 갖고 결코 무관심이나 권태를 선택하지 않겠다는 다짐을 계속 되새겨라. 절대로! 이 점을 양보하지 않음으로써, 당신은 다른 사람들이 영 안에서 살 수 있도록 돕는 모범이 될 수 있을 것이다.

강연을 할 때면, 나는 지금 영 안에 있으며 이 진동을 전달함으로써 청중에게 스스로 그렇게 할 수 있는 기회를 제공하고 있다는 사실을 항상 인식한다. 초보 연사들이 나에게 인기 있는 강사가 되는 법에 대해 조언을 구할 때마다, 내 대답은 항상 같다. "진심을 다해 마음에서 우러나오는 말을 열정적으로 이야기하라." 열정적이고 진실한 소통은 언제나 영감을 불러일으킨다.

● 가능한 한 자주 관대함을 실천하라. 예를 들어, 2주 동안 매일 누군가에게, 가급적이면 낯선 사람에게 예상치 못한 관대함을 베풀겠다고 스스로에게 약속하라. 이렇게 하면 베푸는 습관을 기르는 데 도움이 될 뿐만 아니라 관대한 본성이 얼마나 놀라운 영감을 주는지 알게 될 것이다. 자선 활동을 더 많이 실천할수록 더 많은 사람에게 영감을 줄 수 있을 것이다. 당신의 소유물뿐만 아니라 시간도 기꺼이 나눌 준비가 되어 있음을 알림으로써, 당신은 영감을 주는 모델이 될 수 있다. 자신의 시간과 돈과 소유물을 기꺼이 나누려는 사람에게서 영감을 받지 않을 사람이 어디 있겠는가? 우리는 그런 사람들을 위해 도시(샌프란시스코)의 이름을 짓고, 성인(테레사 수녀)으로 추대한다… 당신도 관대한 영혼이 됨으로써 영감을 줄 수 있다.

또한 십일조(일정 기간 동안 번 돈의 10퍼센트를 영적 향상을 제공하는 가르침을 지원하기 위해 기부하는 것)를 실천하고, 그것이 열 배로 돌아오지 않는지 살펴보라. 이 방법은 평생 동안 나에게 효과가 있었고, 지금도 관대해지려는 나의 본능을 실천할 때 계속 효과를 보여준다.

풀리처상을 수상한 작가 제프리 마르크스(Jeffrey Marx)가 쓴 『시즌 오브 라이프』(Season of Life)는 볼티모어 콜츠(Baltimore Colts)의 선수였던 조 에르만(Joe Ehrmann)이 코칭 스태프로 있는 고등학교 미식축구팀의 이야기를 다룬다. 그의 코칭 철학은 '위협, 고함 또는 폭력 없이 소년들이 스포츠 안에서 남자가 될 수 있도록 돕는 것'이다.

이 팀의 감독은 선수들에게 "나는 여러분에게서 위대함을 기대한다"고 말하며, "위대함을 측정하는 방법은 여러분이 다른 사람들의 삶에 미치는 영향력"이라고 가르친다. 경기 당일 열 명의 코치와 보조 코치들이 팀원들과 함께 모인 자리에서 한 코치가 "우리의 임무가 무엇인가?"라고 물을 때, 팀원들은 일제히 "우리를 사랑하는 것입니다!"라고 외친다. "그럼 너희들의 임무는 무엇인가?" 코치가 묻는다. "서로를 사랑하는 것입니다." 팀원들이 대답한다. 이 철학은 소년들이 연습하는 동안 경기장에서, 그리고 경기 중과 경기 후에 매일 접했던 철학이며, 다른 사람들에게 영감을 주고자 하는 우리 모두에게 해당되는 철학이다. 우리는 모든 사람을 사랑하고, 그들이 서로를 사랑하도록 가르쳐야 한다. 탈무드에 "신이 말씀하셨다. 내가 가르친 것처럼 너희도 대가 없이 가르쳐야 한다…"라는 구절이 있듯이 말이다.

다른 사람들에게 영감을 주고 우리 자신이 영감을 받는 것은 우리의 창조주와 더 닮아가는 것이다. 왜냐하면 진정한 가르침은 사람들을 모든 사람 안에 있는 영으로 다시 인도하는 것에 관한 것이기 때문이다.

12장

평범하고 영감 없는 에너지 초월하기

"우리의 모든 통찰에도 불구하고,
완고한 습관은 다른 습관으로 대체되기 전까지는 사라지지 않는다…
아무리 고백하고 아무리 설명해도 굽은 식물을 곧게 자라게 할 수는 없다.
정원사의 기술로 격자 선반 위에서 훈련되어야 한다….'

- 칼 융(Carl Jung)

"습관은 반성하지 않는 무리를 지배한다."

- 윌리엄 워즈워스(William Wordsworth)

우리는 세상을 살아가는 동안 영 안에서보다는 거의 전적으로 '에고 안에서' 사는 것의 직접적인 결과로 많은 습관을 발전시켰다. 이 장에서는 이러한 에고 습관을 인식하는 법, 습관의 공격으로부터 자신을 즉시 보호하는 방법, 그리고 영감 넘치는 삶에서 우리를 멀어지게 설계된 맹공격에도 불구하고 영과의 연결을 유지하기 위해 대체 전략을 개발하는 방법을 중점적으로 다룰 것이다.

나는 우리를 영 안에서 살지 못하게 하는 어떤 음모가 있다고 주장하는 것이 아니다. 나의 주장은 단순히 사회 구성원 대다수가 에고라는 환상을 믿도록 양육되고 설득될 때, 그 사회는 거짓 자아에 확고히 헌신하는 방향으로 발전하고 진화한다는 것이다. 그런 사회가 에고의 중요성과 에고에 내재된 모든 관념들에 대한 생각을 촉진하도록 설계된 메시지를 내놓는 것은 당연한 일이다. 그리고 우리는 바로 그런 사회에 완전히 빠져 있다.

나는 언젠가 스와미 사치다난다가 집단적 에고와 그것이 우리 모두에게 미치는 끊임없는 영향에 대해 강의하는 것을 들은 적이 있다. 그는 영과 에고를 상징하는 두 단어인 heart(심장)와 head(머리)를 말하며 우리가 심장을 통해 행동할 때 영 안에 있을 수 있다고 강조했다. 스와미는 또한 heart라는 단어는 he와 art라는 두 단어로 이루어져 있는데, 이는 '그'와 그의 '예술'이 심장을 구성한다는 생각으로 이어진다고 말했다.

반면 head라는 단어에는 '그'와 '광고'라는 두 단어가 머리를 구성한다는 생각으로 이어진다는 것이다. 스와미는 머리가 광고라는 것, 즉 인정받기를 원하는 에고라는 점을 상기시켰다. 그리고 그는 내가 결코 잊을 수 없는 질문을 던졌다. "왜 연인들은 서로를 sweethead라고 부르지 않고 sweetheart라고 부르는가?" 그리고 그는 머리를 경멸하거나 상징적으로 잘라내지 말 것이며, 심장(즉, 우리의 감정)이 이끌게 하면 머리가 따라오는 것이지 그 반대가 아니라는 것을 상기시켰다. 이를 위해 이 장에서는 에고를 불러일으키지 않고 에너지를 초월하는 데 도움이 되는 세 가지 단계를 소개한다. 그것은 인식하기, 방어력 키우기, 그리고 우리 자신만의 대안 개발하기이다.

에고의 전사들

먼저 윌리엄 워즈워스의 말을 빌려 '무리를 지배하는 습관'을 몇 가지 살펴보자.

다음은 에고와 합세하여 매일 우리를 괴롭히는 몇몇 실체들이다. 우리는 이를 인식할 필요가 있다. 그것은 부족한 영감으로 어디에나 존재하고 있기 때문이다.

미디어

미디어가 우리 삶에서 지금처럼 활발하게 활동하기 훨씬 전인 100여 년 전만 해도 뉴스는 거의 전적으로 마을 공동체 내에서 소비됐다. 나쁜 소식은 드물었고, 사고나 화재, 홍수, 가뭄 같은 자연재해, 혹은 공동체 내의 누군가가 저지른 범죄와 관련된 소식이 종종 실렸다. 대부분의 경우 사람들의 일상은 일과 가족 간의 교류로 채워졌고, 모든 종류의 뉴스는 본질적으로 마을에 대한 정보였으며 주로 입소문을 통해 전달되었다.

그러나 오늘날은 매우 다른 모습을 보인다. 우리는 특별히 훈련된 사람들을 전 세계에 파견해 우울한 소식을 샅샅이 뒤져 전해주는 사회를 만들었고, 우리가 있는 곳이면 어디에서든 그 뉴스를 받아볼 수 있다. 이제 뉴스는 집에서, 직장에서, 차 안에서, 체육관에서, 비행기에서, 은행 대기줄에서, 병원에서, 우리가 어디를 가든 휴대용 기기를 통해 접할 수 있다. 이제 우리는 기분을 나쁘게(영에서 멀어지게) 만드는, 즉 기분 좋은 느낌(영)에서 벗어나도록 설계된 정보를 제공하는 조직들의 보도를 직접 접할 수 있게 되었다.

지구 반대편에서 폭발이 일어났다고? 우리는 계속해서 영상을 보게 된다. 중동에서 자살 폭탄 테러범이 75명을 죽였다고? 우리는 그 소름 끼치는 장면을 자세히 볼 수 있다. 미국 어디선가 한 남자가 아내와 아이들을 칼로 찔렀고, 우리는 카메라 앞에 선 이웃을 인터뷰하는 기자 덕분에 11시 지역 뉴스를 통해 그 소식을 듣게 된다.

우리는 끊임없이 낮은 진동의 에너지를 수집하고 유포하는 나쁜 뉴스 수집가들에 노출되어 있다. 그러나 영감을 받는다는 것은 기분이 좋아지는 것이고 사랑의 근원으로 돌아가는 것임을 명심하고, 우리가 우리의 의식에 무엇을 허용하고 있는지 정확히 인식해야 한다. 나쁜 소식을 짜맞추는 사람들은 세상에 내재된 악을 우리에게 설득하는 임무를 띠고 있다. 그들은 우리가 친절한 우주에 산다는 것을 믿지 못하며, 그들의 환상이 곧 진실이라고 우리를 설득하기로 결심한 것처럼 보인다.

정보를 제공한다는 명목으로 우리를 겨냥한 영감 없는 보도에 우리가 주의를 기울이고 있다는 사실을 정확히 인식하게 될 때, 우리는 영으로 돌아가기 위해 필요한 단계를 밟을 수 있다. 첫째, 우리는 이러한 '뉴스'가 중독성이 있는 낮은 에너지를 우리에게 꾸준히 투여하고 있다는 사실을 알아야 한다. 이런 메시지를 보거나 들을 때, 우리는 마음속으로 "이것이 내가 느끼고 싶은 방식과 일치하는가? 내가 이 에너지에 계속 연결되어 있으면 기분이 좋아질까, 나빠질까?"를 검토해야 한다.

하루 24시간을 방송으로 채워야 하는 케이블 뉴스 채널이 무려 수백 개나 있다는 점에 주목하라. 결과적으로 이런 프로그램의 제작자들은 그들이 찾을 수 있는 모든 범죄, 끔찍한 사고, 분쟁들을 분석하고, 그들이 대화하고 논쟁할 수 있는 상대와 일부러라도 대립적인 태도를 유지해야 한다. 이런 상황에서 웰빙과 평화의 근원적 영과 일치하는 것은 불가능에 가까울 수밖에 없다.

그렇다고 우리가 아무 정보도 없는 상태, 즉 행복한 무지의 상태에 머물러 있어야 한다는 것은 아니다. 에너지가 낮은 뉴스를 강압적으로 꾸준히 공급받을 때, 영 안에 머물 수 있는 열쇠가 바로 '자각'이라고 말하고 싶은 것이다. 컴퓨터에 접속하거나 TV를 보거나 신문을 읽을 때, 우리의 공간에 무엇을 허용하기로 결정했는지 인식할 필요가 있다는 뜻이다. 예를 들어 자극적인 뉴스에 흥분될 때, 흥분하고 있는 자신을 정확히 자각함으로써 우리는 영성에 대한 공격들에 맞서 방어를 시작할 수 있다. 그리고 스스로에게 다음과 같은 질문을 던지는 것이다. "나는 지금 좋은 기분을 느끼고 있는가?"

영감 없는 낮은 에너지를 제공하는 미디어 공세에 대한 방어책은 우리가 기분 좋기를 원한다는 것을 스스로 상기하는 것이다. 여기서 좋음(good)과 신(God)은 동의어이다. 우리는 우리가 접하는 나쁜 뉴스를 바꿀 수 있을 만큼 충분히 기분 나쁘게 느낄 수는 없으며, 증오심을 느낀다고 해서 세상의 증오를 없앨 수 있는 것도 아니다. 우리는 이런 낮은 에너지 속에서 살기로 선택한 사람들과 여전히 함께하고 있고, 심지어 그것을 우리에게 끊임없이 방송하는 사람들과 함께하고 있기 때문이다. 그러나 좋은 기분을 느낄 때, 우리는 낮은 에너지를 초월하고 영적인 에너지로 전환할 수 있는 작은 힘이 될 기회를 얻을 수 있다.

나쁜 소식을 전하는 미디어 공격에 노출될 때 기분이 가라앉는 것에 대한 대안은 영감 없는 어떤 것과도 진동적으로 일치하지 않겠다고 스스로 상기하는 것이다. 이런 방어 태세로 무장할 때, 우리는 나쁜 정보 속에서도 영감을 얻을 수 있으며, 궁극적으로는 영감을 주지 않는 에너지를 더 이상 받아들이지 않는다는 것을 기억하는 지점에 도달할 것이다. 보라, 우리는 에고가 아닌 신에 더 닮아감으로써 다양한 얼굴의 미디어가 전달하는 모든 부정적 요소에 실제로 흠집을 낼 수 있다. 그리고 나쁜 소식과 정치적 다툼에 대한 대안을 성공적으로 선택할 수 있다. 그럼으로써 다른 사람들이 갈등과 동요가 지배하는 치열한 전투 속에 사는 것을 원하든 말든 상관없이, 우리는 영 안에 머물며 기분 좋게 느끼는 것(신을 느끼는 것)을 선택할 수 있다.

광고의 세계

우리는 어디를 가든 무언가를 팔고자 하는 누군가의 표적이 된다. 버스, 택시 뒷좌석, 영화관, 전신주, 휴대폰 등 광고가 없는 곳이 없으며, 컴퓨터를 클릭할 때마다, 라디오와 TV 방송 시간의 3분의 1 이상, 잡지 페이지의 50퍼센트 이상, 통화 대기 중에, 심지어 화장실에도 광고를 만난다! 감각과 영에 대한 이러한 무차별적인 공격에서 벗어나기란 정말 어렵다. 우리가 깨어 있는 모든 순간을 겨냥한 이 거대한 공세 뒤에는 '고쳐지거나', '완전해지기' 위해서는 당장 무언가를 구매해야 한다는 유혹이 자리 잡고 있다. 매디슨 애비뉴(광고업계)는 그들이 파는 것을 사기만 하면 결핍을 극복하고 더 행복하고 충족될 것이라고 계속해서 말한다! 이 거대한 힘 뒤에 있는 본질적인 메시지는 행복해지기 위해서는 더 많은 게 필요하다는 것이다.

공교롭게도 에고의 만트라가 바로 그것이다. 더 많이, 더 많이, 더 많이.

에고는 우리가 충분히 가지고 있지 않으며, 다른 사람들이 더 많이 가지고 있고, 더 새롭고 더 좋은 물건이 있으며, 그것을 사지 않으면 다른 사람에게 호감을 얻지 못할 것이라고 말한다. 그리고 어떤 디자이너의 라벨이 붙은 물건을 사면, 낮은 지위인 당신의 삶이 더 나아질 거라고 고집한다. 이것은 영의 부드러운 속삭임과 정반대다. "당신은 이미 완전한 존재이며, 우주의 풍요로움의 산물이다. 그러니 긴장을 풀고 삶을 즐겨라.… 당신이 원하는 것은 더 적은 노력에도 불안 없이 나타날 것이다."

우리를 둘러싸고 있는 영감 없는 메시지들을 초월하는 첫 번째 단계는 지금 무슨 일이 일어나고 있는지 인식하고, 행복하기 위해서는 정말로 다른 어떤 것도 필요하지 않음을 깨닫는 것이다. 결국, 행복으로 가는 길은 따로 있는 것이 아니다. 행복이 곧 길이다. 우리는 이 말이 마음에 자리 잡을 때까지 우리 자신에게 반복해서 말해야 한다. "그 무엇도 나를 행복하게 할 수 없다. 행복과 영감은 내가 삶에 가져오는 것이지, 구매하는 것이 아니다." 이러한 인식은 모든 상업적 메시지의 불쾌함을 줄여준다. 그리고 동시에 광고 산업의 창의성을 즐길 수 있게 해준다. 왜냐하면 우리는 에고 메시지에서 벗어나 영과 연결되었기 때문이다. 더 완전한 삶을 위해 더 많은 물건이 필요하지 않음을 안다는 것은 우리가 그것을 구매하고 싶은 압박을 무시할 수도 있고, 즐길 수도 있다는 것을 의미한다. 자각하고 영으로 다시 연결이 될 때, 우리는 광고가 우리의 진정한 자아를 향한 것이 아니라는 사실을 깨달을 수 있다. 그리고 우리가 영 안에 머물기로 선택할 때 이러한 자각은 스스로를 방어하는 힘이 된다.

우리는 더 많은 것이 필요하다고 우리를 설득하는 압력으로부터 자유로울 수 있으며, 그러면서도 여전히 세상의 물질적인 측면을 즐길 수 있다. 이것이 내가 말하고자 하는 바다. 다시 말해, 우리는 더 많은 게 필요하지 않다는 것을 알면서도, 또한 현재의 세상을 있는 그대로 즐기면서 행복하게 살 자유가 있다. 나는 이 구분을 명확히 해야 한다고 생각한다. 왜냐하면 새 자동차, 잘 만들어진 옷, 멋진 레스토랑에서의 저녁 식사, 값비싼 보석, 또는 이 책을 포함하여 광고에 나오는 모든 것을 즐기는 것은 재미있기 때문이다. 즉, 우리가 경계해야 할 것은 구매를 권하는 물건을 얻지 않으면 우리의 진정한 본질이 부족해진다는 내면의 믿음이다. '물건'이 우리의 가치를 정의하도록 허용하는 것을 경계해야 한다는 뜻이다. 광고주들이 우리에게 전달하려고 시도하는 것이 바로 이것이기 때문이다.

깨어 있는 의식을 가지고 내가 원하는 것만 구매할 때, 그래서 진정한 영감의 감각을 유지할 때, 물건에 대한 집착이 점점 줄어드는 것을 발견할 수 있다. 알다시피 더 많이 가질수록, 그것을 보관하고, 보험에 들고, 먼지를 털고, 세금 공제 대상인지 확인하고, 궁극적으로는 다시 처분하는 모든 행동들이 부담스러워질 수밖에 없다. 요즘 나는 광고에 재미를 느끼고, 광고가 나오면 '영적 음소거 버튼'을 누르고, 광고주들이 내 삶에 그들의 지위를 추가하려는 초대에 면역이 되었다는 사실을 자각하며 훨씬 더 큰 행복감을 느낀다.

내가 영적인 삶을 사는 데 상당한 장애물로 알아차린 또 다른 것은 광고의 내용이다. 광고는 질병과 스트레스가 생길 때 우리 몸이 본질적으로 무력해진다는 것을 확신시키기 위해 고안되었다. 그러나 우리 몸은 지금까지 만들어진 것 중 가장 놀라운 약국이며, 우리에게 필요한 모든 치유 물질을 스스로 완벽하게 제조하고 유통할 수 있다. 우리 몸은 순수한 웰빙의 흐름에서 비롯되었기 때문에 우울감, 불안감, 두려움 등을 비롯해 무엇이든 느낄 때, 우리의 뇌는 필요한 모든 처방전을 만들어낼 수 있다.

현대 의학이 인류가 보다 건강하고 만족스러운 삶을 살 수 있도록 이룩한 눈부신 발전을 폄하하는 것이 아니다. 그러나 최근 대형 제약 회사들이 의료계와 결탁하여, 우리가 상상하거나 실제로 겪는 모든 질병에 대해 의사에게 약을 처방받도록 유도하는 메시지를 공중파를 통해 쏟아내는 현상에 대해 우려하지 않을 수 없다. 황금 시간대 TV 쇼의 거의 50퍼센트가 제약 회사들에 의해 후원되며, 면허 있는 의사만 처방 가능한 품목을 홍보하고 있다. 우리는 기분이 좋아지고, 더 잘 걷고, 더 잘 숨 쉬고, 더 잘 자고, 더 잘 놀고, 심지어 사랑을 더 잘하기 위해 다양한 약이 필요하다는 생각을 주입받고 있다! 실제로 전국적으로 유통되는 잡지들을 보면, 의료 광고들이 3~4페이지에 걸쳐 전면 게재된다. 이 광고들은 영감 넘치는 삶을 희생시키면서 우리의 건강과 행복을 제약 회사와 의사의 이윤 추구에 맡기도록 설계되어 있다. 이것은 우리의 영에 대한 명백한 침략이다.

우리의 몸은 건강을 향한 타고난 성향을 가지고 있으며, 스스로 마법을 발휘하도록 허용한다면 거의 모든 것을 극복할 수 있다. 그러므로 평생 편리하게 처방받을 수 있는 약에 우리가 중독되기를 원하는 기업의 동기를 경계해야 한다. 실험실에서 제조되고 광고를 통해 수익을 급증시키는 것이 주된 목표인 거대 제약 회사가 판매하는 약에 우리는 무조건적으로 의존할 필요가 없다. 오히려 자각을 실천함으로써 내 몸의 약국이자 의사인 기적의 영 안에 머물러야 한다.

엔터테인먼트

영감 넘치는 삶을 향해 나아갈수록 우리는 '엔터테인먼트(오락)'라고 부르는 활동들이 실제로는 우리를 영 안에서 사는 삶에서 멀어지게 하고 있다는 사실을 알아차릴 수 있다. 우리가 삶에 허용하는 모든 것은 육체적으로나 영적으로 우리에게 영향을 미치는 에너지를 발산한다. 따라서 우리의 인식 수준을 낮추고 영 안에 있는 것을 방해하는 습관으로부터 벗어나야 한다.

이 장 서두에 있는 워즈워스의 관찰을 다시 한번 상기해보라. "습관은 반성하지 않는 무리를 지배한다." 우리 중에 반성하지 않는 무리의 일부가 되고 싶은 이는 없을 것이다. 무리를 따르다 보면 무리의 똥을 밟게 된다는 것을 알기 때문이다! 우리는 우리가 개발한 영감 없는 활동들을 위장하는 습관들에 대해 날카롭게 인식할 필요가 있다. 우리 사회에서 영감 없는 에너지가 엔터테인먼트 패키지의 중요한 부분이라는 것은 너무나 흔한 일이다.

따라서 다음의 네 가지를 의식하는 것이 중요하다. 이는 엔터테인먼트를 가장한 낮은 수준의 에너지로 만드는 이유이며, 영감으로 가고자 하는 우리의 궁극적인 소명을 가로막는 장애물이기 때문이다.

1. 폭력

미국의 어린이들은 평균적으로 14세 생일 전에 공중파 및 케이블 TV를 통해 1만 2,000번의 모의 살인을 시청한다. 젊은 시청자를 끌어들이기 위해 제작된 거의 모든 영화에 암울한 살인, 폭발, 추격 장면이 포함되어 있는 것이다. 이는 "총, 총, 총, 그리고 죽여라, 죽여라, 죽여라―더 잔인할수록 좋다"로 구성된 것처럼 보인다.

이 뚜렷하게 영감 없는 메시지는 기분 좋게 엔터테인먼트를 즐기고 있어야 할 때 끊임없이 우리 모두를 폭격한다. 하지만 우리는 이에 대해 무언가를 할 수 있다. 우리 중 충분히 많은 사람들이 이런 종류의 오락물을 일상 메뉴에 포함하지 않기로 결정한다면, 오락물 제조업자들은 이를 중단할 수밖에 없기 때문이다. 예를 들어, 강간, 고문, 심지어 살인을 시뮬레이션하는 비디오 게임의 내용을 더 많은 사람들이 알게 된다면, 우리는 가정에서 이러한 게임을 허용하지 않을 것이다.

또한 관중들에게 즐거움을 주어야 할 스포츠 이벤트가 점점 더 폭력적인 수위로 오염되고 있다. 더 크고 사나운 몸을 만들기 위해 선수들이 스테로이드를 복용하는 것이 흔해졌고, 팬들은 성급한 반칙에 박수를 보내고, 난투극이 벌어지도록 부추기는 것을 재미있어 한다. 오늘날 작곡되고 연주되는 음악조차도 종종 폭력과 욕설의 메시지를 담고 있다. 이 외에도 엔터테인먼트 업계에 만연한 폭력과 피에 굶주린 모습에 대한 목록은 끝도 없이 늘어나고 있다(당신이 더 자각하는 연습을 하게 되면 이 목록에 더 많은 사례를 추가하게 될 것이라 확신한다).

그러나 우리에게는 선택할 수 있는 대안이 있다. 첫 번째는 엔터테 인먼트 옵션에서 폭력성을 선별하고, 영 안에 있으려는 열망과 일치하지 않는 어떤 에너지도 없는 오락만을 선택하기로 결심하는 것이다. 창조주는 사랑, 친절, 평화로부터 창조하시므로, 만약 우리가 우리 삶과 반대되는 에너지를 제거하면 거의 즉시 영감이 우리의 삶으로 돌아오는 것을 느낄 수 있을 것이다.

다음은 지금까지 내가 읽어 본 편지 중에서 가장 가슴 뭉클한 영감을 주는 글 중 하나로, 나의 소중한 친구 람 다스가 잔인하게 살해당한 어린 소녀의 부모에게 쓴 것이다. 이런 끔찍한 상황에서도 람 다스는 깊은 영감을 주는데, 영적 에너지로 폭력을 초월하는 것이 어떻게 가능한지 보여주기 위해 람 다스의 허락을 받아 이 감동적인 편지를 여기에 옮긴다.

친애하는 스티브와 아니타에게,
레이첼은 지상에서의 자신의 일을 마치고 무대를 떠났습니다. 그 모습은 뒤에 남겨진 사람들의 가슴에 고통의 울부짖음으로 남았고, 우리 신앙의 연약한 실타래는 그토록 잔혹하게 다루어졌습니다. 그러나 이런 가르침을 받으면서도 여러분처럼 의식을 유지할 수 있을 만큼 강한 사람이 또 있을까요? 아마 거의 없을 것입니다. 설령 있다고 해도, 그들조차도 분노와 슬픔, 공포와 황량함의 울부짖는 비명 속에서 겨우

평정심과 평화의 속삭임만 들었을 것입니다.

여러분의 고통은 어떤 말로도 달랠 수 없고, 또 그렇게 해서도 안됩니다. 여러분의 고통은 레이첼이 여러분에게 남긴 유산이기 때문입니다. 그녀가 원해서 이런 고통을 안겨준 것은 아니지만, 어쨌든 그런 고통이 있습니다. 그리고 그 고통은 반드시 정화의 길로 불태워져 완성에 이르러야 합니다. 견딜 수 없는 것을 견뎌낼 때 당신 안의 무언가가 힘을 잃고, 영혼의 어두운 밤 속에서만 당신은 신이 보는 대로 보고, 신이 사랑하는 대로 사랑할 준비가 되는 것이니까요.

지금은 여러분의 슬픔을 표현할 때입니다. 거짓된 강인함은 필요 없습니다. 이제 조용히 앉아 레이첼과 이야기를 나누며 지난 몇 년간 함께한 것에 감사해하고, 이 경험에서 연민과 지혜를 키울 수 있다는 것을 인식하고, 그녀가 어떤 일이든 자신의 일을 계속하도록 격려해 주어야 할 때입니다. 저는 여러분과 레이첼이 앞으로도 계속해서 다시 만날 것이며, 다양한 방식으로 서로를 인식하게 될 것임을 마음속으로 알고 있습니다. 그리고 서로 다시 만나게 될 때, 여러분은 왜 이렇게 되어야만 했는지, 지금은 알지 못하는 것을 순식간에 알게 될 것입니다.

우리의 이성적인 생각은 일어난 일을 결코 이해할 수 없지만, 만약 우리가 신에게 가슴을 연다면, 우리의 가슴은 직관적인 길을 찾을 것입니다. 레이첼은 자신의 일을 하기 위해 여러분을 통해 이 땅에 왔으며, 그 방식에는 그녀의 죽음도 포함됩니다. 이제 그녀의 영혼은 자유로우며, 당신들이 그녀와 나눌 수 있는 사랑은 변화하는 시간과 공간의 바람에도 흔들리지 않을 것입니다. 그 깊은 사랑에 저를 포함시켜 주세요.

사랑을 담아,
람 다스

2. 증오

우리가 소비하는 엔터테인먼트 비용 대부분은 어떤 형태로든 악의와 증오와 적대감을 보여주는 데 쓰인다. 내 생각에 이제는 적대감이 이미 너무 팽배해 한 집단이 다른 집단을 어떻게 증오하는지 반복적으로 묘사하는 영화를 보거나 노래를 듣는 게 싫증이 날 정도다. 그러나 나의 개인적 영웅 중 한 명인 마틴 루터 킹 목사는 적으로 인식된 사람을 친구로 바꿀 수 있는 유일한 방법은 사랑이라고 말했다. 증오는 더 많은 증오를 낳는다는 것을 알기에, 비록 엔터테인먼트로 포장되더라도 영화, TV 쇼, 스포츠 행사, 연극, 또는 책을 선택할 때 주의해야 한다. 증오적인 메시지는 그것이 어떤 것이든 비 영적인 에너지이며 이를 의식적으로 더 많이 허용할수록, 우리 삶에서 더 많은 것을 끌어당길 수밖에 없다.

이 모든 것의 교훈은 엔터테인먼트가 우리를 고양시키고 교화시킬 수도 있지만, 반대로 사기를 떨어뜨리고 타락시킬 수도 있다는 것이다. 그렇다면 우리는 우리의 에너지가 어디로 흐르기를 원하는가? 그리고 우리 아이들이 어떤 종류의 에너지를 경험하기를 원하는가? 우리는 과도한 욕설을 사용하고 증오와 무례함을 지지하는 것처럼 보이는 엔터테인먼트를 경계해야 한다.

나는 달라이 라마가 '티베트의 수행자들(The Yogis of Tibet)'이라는 다큐멘터리에서 들려준 이야기를 좋아한다. 1949년 마오쩌둥의 공산주의 혁명을 시작으로 중국인들이 티베트 문화 전체를 학살하고 파괴하는 것을 목격한 티베트 수행자 중 한 명은 "나는 큰 위험에 처해 있었다"라고 여러 번 이야기를 했다. 이는 놀라운 일이었다. 왜냐하면 티베트 수행자들은 자신의 안전을 거의 신경 쓰지 않기 때문이다. 그러나 깨달음을 얻은 수행자는 자신이 느낀 위험에 대해 질문을 받자 이렇게 대답했다. "예, 예, 나는 큰 위험에 처해 있었습니다. 중국인에 대한 연민을 잃을 위험에 처해 있었습니다."

이것은 아름다운 이야기일 뿐만 아니라, 엔터테인먼트가 보여주는 증오를 정상적인 것으로 받아들이는 게 왜 위험한지 제대로 알려준다. 바로 티베트의 깨달은 수행자가 인식했던 것과 같은 종류의 위험에 우리가 빠질 수 있기 때문이다. 그리고 개인적으로 더 중요한 것은 엔터테인먼트로 증오를 즐기는 것이 우리와 영감의 연결을 막을 수 있기 때문이다.

3. 두려움

오늘 아침 신문을 빠르게 훑어보니 살인범이 풀려났고, 미국에 새로운 테러 위협이 있으며, 스페인에서 테러 위협이 증가하고 있고, 지구온난화로 극지방의 빙하가 녹고 있고, 철도 건널목 사망자가 1년 새

11퍼센트 증가했으며, 휘발유 가격이 오르며 자동차 판매는 감소하고, OPEC이 석유 공급을 줄이고, 9조에 달하는 마일리지 때문에 결국 사용이 불가능할 수도 있으며, 대형 산불 시즌이 예상되고, 향후 10년간 허리케인 피해가 증가할 것이라는 기사가 나온다… 나는 신문을 3페이지밖에 보지 못했다!

매일 우리는 뉴스 매체와 영화, TV 프로그램, 심지어 정부로부터 두려움 속에 살라는 긴급한 메시지를 받고 그에 압도당하고 있다. 우리가 먹는 음식에는 보호용 포장재가 겹겹이 싸여 있지만, 한번쯤은 그런 포장재가 없는 것을 사보라. 어린 시절 나는 정원 호스로 물을 마셨던 기억이 있다. 그런데 이제 우리는 식수의 독소를 두려워한다. 나는 리바이스와 티셔츠 차림으로 하루 종일 자전거를 탄 기억이 있다. 오늘날 우리는 부상을 두려워하여 자전거를 타려면 헬멧과 보호 장비를 착용해야 한다. 기억하기로 나는 낯선 사람들과 이야기하며 그들의 좋은 의도를 믿고는 했다. 그러나 오늘날에는 모두가 잠재적인 약탈자이다. 나는 가로등이 켜지면 집에 돌아와 어머니에게 내가 안전하다고 안심시키는 전화를 할 필요가 없었다. 오늘날 모든 아이들은 휴대전화가 필요하고 유괴의 두려움 속에서 살아간다.

두려움에 기반한 사회가 되면서, 이 공포는 엔터테인먼트를 포함한 우리 삶의 모든 측면에 깊숙이 스며들었다. 우리는 영화관에 앉아 연쇄 살인범의 음모를 보거나 누군가가 전기톱에 의해 참수되는 장면을 보며 손톱을 물어뜯는다. 우리는 하루에도 수천 번씩 이런저런 재난에 대해 걱정하고 두려움 속에 살아가야 한다는 말을 듣는다. 누군가가 우리를 강탈하거나 집에 불을 지를지 모르고, 자연재해가 오고 있다고 상기시키며 TV는 우리에게 공포 프로그램을 보라고 권유한다. 그 밖에도 계속 나열할 수 있지만, 이미 요점을 이해했을 것이라고 확신한다. 우리가 두려움 속에 살 때, 영감을 받는 것은 사실상 불가능하다.

여기서 내가 이야기하고 있는 내용을 열린 마음으로 생각해보라. 사실 피해자 의식이나 자연재해, 질병 등 당신에게 닥쳤거나 닥칠 모든 나쁜 일은 당신의 잘못이 아니다. 비난받을 일이 아니다. 당신은 일종의 '업보'의 표적이 된 것이 아니다. 일어난 일은 이미 일어난 일이고, 사실 그것은 당신의 몫이다. 두려움은 진동이므로, 두려움이 당신의 삶에 들어온 순간 그 모든 것과 당신이 진동적으로 일치했다는 것이다. 당신은 끌어당김의 법칙으로 작동하는 우주에 살고 있다는 것을 기억하라. 그래서 당신이 두려움 속에서 살 때, 당신은 실제로 당신이 두려워하는 것을 끌어당긴다. 생각 자체가 에너지이기 때문이다. 따라서 당신을 약화시키는 생각을 붙잡지 않도록 노력해야 한다는 것을 깨닫는 것이 중요하다. 원하든 원치 않든 당신은 당신이 생각하는 바를 얻는다는 것을 명심하라.

우리의 영적 근원에는 두려움이 없다. 그럼에도 불구하고 우리 앞에 다가온 두려움에 기반한 메시지의 맹공격에 지속적으로 노출되는 바람에 우리는 두려워지도록 설득된다. 삶에서 경험했던 두려운 느낌이 우리의 생각과 진동이 일치하면서 또다시 두려움을 겪는 것이다.

그럼에도 불구하고 우리가 영 안에서 살기로 헌신한다면 두려움을 용납할 필요가 없다. "우리가 두려워해야 할 유일한 것은 두려움 자체다"라고 말한 프랭클린 델러노 루스벨트(Franklin Delano Roosevelt)의 말이 옳다.

우리 우주는 사랑과 친절, 평화와 웰빙에서 창조되었기 때문에 우리가 이러한 인식과 에너지적으로 일치하고, 두려움 속에 살기를 거부할 때, 우리는 우리가 원하는 보호와 인도를 끌어당길 수 있다. 우리는 우리 자신이나 사랑하는 사람들에게 해로운 어떤 것도 끌어당기지 않을 것이며, 우리가 결코 혼자가 아니라는 인식을 강화해야 한다. 우리가 경험해야 할 것은 무엇이든 다가오고 있으며, 신은 우리가 감당할 수 없는 것을 보내지 않을 것이라는 믿음을 가져야 한다는 뜻이다.

우리는 두려움(fear)이란 단어가 'false evidence appearing real(실제처럼 보이는 거짓된 증거)'의 머리글자에서 따온 것임을 알아야 한다! 이 구절은 에고가 거짓 자아이며, 에고와 동일시할 때 거짓 증거를 믿게 된다는 것을 상기하는 데 도움이 될 수 있다. 물론 지금도 일부 독자들은 '내가 겪은 일을 알면 이런 말을 할 수 없을 것이다'라는 생각으로 계속해서 두려움을 현실로 만들고 있을지도 모른다. 하지만 나는 마음속 깊이 이 우주가 선한 창조주에 의해 의도되고 지지되고 있다는 것을 알고 있다. 나는 결코 그것을 의심하지 않으며, 두려움 속에서 사는 것을 거부할 뿐만 아니라, 그러한 두려움에 기반한 생각에 상응하는 진동 에너지를 나 자신에게 끌어들이는 것도 거부한다. 오래된 독일 속담에 이런 말이 있다. "두려움은 늑대를 실제보다 더 크게 만든다."

4. 비아냥

TV에서 방영되는 거의 모든 시트콤은 익숙한 구성으로 이야기를 풀어나간다. 코믹한 캐릭터들 간의 비꼬고 비아냥거리는 대사가 주를 이루는 것이다. 오늘날 거의 모든 황금 시간대를 차지하고 있는 쇼의 핵심 역시 상대를 깎아내리는 말이다. 실제로 아이들은 부모에게 건방지게 굴고 형제자매들은 막말로 서로를 비방하며 웃음을 자아낸다. 아, 그리고 이러한 비꼬는 말 뒤에는 우리가 '즐거움'을 얻고 있다는 것을 강조하기 위해 웃음이 따라온다.

웃음을 유발하기 위해 고안된 풍자는 시청자들에게 영감을 주기는커녕 정반대의 메시지를 보낸다. 우리의 궁극적인 소명은 항상 존재의 근원과 조화를 이루는 것이다. 즉, 모든 창조물을 존중하는 창조주의 결과로서 여기에 있다는 것을 기억해야 한다. 창조주의 눈에는 그 누구도 열등하지 않다. 따라서 그 누구도 인위적인 웃음을 얻기 위한 목적으로 조롱받을 자격이 없다… 삶에서든 TV에서든 똑같다. 일종의 재치있는 농담이 오갈 때는 최고의 코미디이지만, 만약 말끝마다 적대감과 무례함을 드러내며 다른 사람을 비하하고 조롱하려는 명백한 목적이 있다면, 이는 시청자에게 확실히 영감을 주지 못하는 신호를 보내는 행위일 뿐이다. 인식과 선택은 우리의 몫이다. 따라서 만약 이러한 비꼬는 경향이 습관이 되었다면, 우리는 이러한 스타일의 엔터테인먼트와 가족의 상호작용에 대해 대안을 모색해야 한다.

이 책 앞부분에서 내 어머니에 대해 썼던 내용을 기억하는가. 나는 어머니를 비웃거나 조롱하고 농담의 대상으로 삼는 것을 상상조차 할 수 없다. 그러나 오늘날 방송되는 코미디의 거의 모든 에피소드에서 이런 종류의 무례함이 일어난다. 그러나 다른 사람에게 예의를 갖추는 것은 우리의 영적 에너지와 일치한다는 것을 기억하라. 재미있게 웃고, 즐겁게 농담하고, 다른 사람들과 장난을 치는 것 모두 우리 영 안의 일부이다. 하지만 적대적이고 비꼬는 유머 감각은 우리를 영으로부터 벗어나 상처와 불명예의 영역으로 끌어들이는 에너지일 뿐이다.

문화와 가족의 영향

이 장에서 이 중요한 카테고리를 빼놓는다면 정말 아쉬울 것 같다. 결국 우리는 일상에서 우리가 바라는 꿈을 이룰 수 없다고 설득하는 사람들을 많이 만나게 된다. "그것은 불가능해"라거나 "우리 가족은 그런 식으로 해본 적이 없어"와 같은 말은 가족이나 공동체 구성원들이 우리의 소명을 방해하도록 설득하려는 시도의 특징이다. 이 책의 다른 장에서 이러한 가족과 공동체 문화의 압력에 대해 썼지만, 여기서 반복해서 언급할 필요가 있다.

우리는 다른 사람들이 우리가 할 수 있는 일과 할 수 없는 일에 대해 영감 없는 발언을 통해 무엇을 얻으려고 하는지 즉시 알아차릴 수 있도록 경계심을 가져야 한다. 우리의 독특한 영감에 대해 영감을 주지 않는 가족 또는 문화적 메시지가 들려올 때 자각력을 높이는 연습은 매우 중요하다. 그 자각을 통해서 우리는 우아하게 미소를 지으며, 내면의 영적 신념을 따라 영으로 돌아가도록 격려하지 않는 모든 에너지에서 정중하게 벗어날 수 있다.

우리에게 많은 영향을 끼치는 문화적인 메시지들은 매우 미묘하며, 실제로 우리의 소명을 방해하려는 의도를 가지고 있지 않은 경우가 대부분이다. 게다가 종종 조직화된 종교는 오늘날의 세상에서는 아무런 가치가 없는 고대의 신학적 교리와 관습에 의해 규정된 방식에 따라 신을 두려워하는 삶을 살아가도록 우리를 몰아세운다. 또한 내면 깊은 곳에서 타오르는 삶을 살고자 하는 욕망을 억누르기 위한 규칙들도 흔히 있다. 이러한 상황에서도 우리는 내면을 들여다보고, 창조주와 상의하고, 영 안에 있기로 결심해야 한다. 비록 그것이 우리를 '무리 안에' 두는 것을 사명으로 삼는 선의의 사람들이나 기관들과 상충하더라도 말이다.

정규 교육 기관 역시 내면의 인도에 귀 기울이는 우리를 단념시키려 할 수 있다. 학교는 학생들에게 가르치는 내용을 의심 없이 받아들이고 사회적 표준에 따르도록 가르치기 위해 설계되었기 때문에 이는 당연한 일이다. 이런 종류의 교실에서는 내면의 부름을 따를 여지가 거의 없으며, 일반적으로 다른 친구들과 같아지거나 문제아로 낙인찍히는 것 중 하나를 선택해야 할 가능성이 높다. 다시 한번 우리는 "존재할 것인가, 존재하지 않을 것인가"라는 셰익스피어의 딜레마를 숙고하도록 강요받는다. 만약 영감받는 삶을 살고자 하는 열망이 강할수록 우리는 '존재하는' 방향으로 움직일 것이다. 순응하라는 사회적 압력에 친절하게 미소 지으며 고개를 젓는 법을 배우면서 영을 선택하는 것이다.

나는 지금 여기 앉아서 글을 쓰면서 랄프 왈도 에머슨의 액자 사진을 보고 있다. 그는 강력한 영을 지닌 사람이며, 내게 가장 큰 영감을 주는 스승이자 멘토 중의 한 명이다. 이 글을 마무리하며 그가 한 말을 공유하고자 한다. "모든 사람은 이웃이 자신을 속이지 않도록 조심한다. 그러다가 그가 자신의 이웃을 속이지 않도록 신경 쓰기 시작하는 날이 오게 된다. 그러면 모든 것이 잘 풀린다. 그는 시장의 수레를 태양의 전차로 바꾼 것이다." 다음 장으로 넘어가면서 깊이 생각해볼 만한 가치가 있는 생각이다.

- 영감을 전혀 주지 못하는 미디어의 공격에 노출된 자신을 발견할 때, 첫 번째 충동에 귀를 기울이고 스위치를 꺼버려라! TV와 라디오를 끄고, 영화관에서 나오고, 잡지를 내려놓으며 이렇게 확언하라. 나는 더 이상 영과 진동이 일치하지 않는 어떤 에너지장에도 있고 싶지 않다.

- 의사와의 상담을 통해 새로운 약을 처방받으라고 광고하는, 추정일 뿐인 질병을 이용해 이익을 취하려고 하는 제약 회사들의 뻔뻔한 시도에 주의하라. 광고를 볼 때마다 당신이 근원적으로 건강한 도구임을 상기하라. 그렇게 할 때, 당신의 몸은 당신의 마음이 보내는 메시지에 반응할 것이다. 당신의 몸과 마음은 지금까지 창조된 것 중에서 가장 위대한 약국임을 기억하라. 그것은 애초부터 웰빙에서 비롯되었다. 그렇기에 웰빙을 만들어낼 수 있는 무한한 잠재력을 갖고 있다!

- 큰 소리로 말하라! 이 말은 특이하거나 도발적인 다짐을 하는 것을 두려워해서는 안 된다는 뜻이다. 예를 들어, 당신은 다음과 같이 다짐할 수 있다. "나는 내 삶에 더 이상 질병을 끌어들이지 않을 것이다. 나는 결코 나 자신이 늙거나 허약하거나 연약하다고

느끼지 않을 것이다. 그리고 알츠하이머, 암, 또는 다른 어떤 질환도 내 삶에 끌어들이지 않을 것이다. 나는 나를 영 안에 있지 못하게 하도록 설계된 주파수에 진동하지 않을 것이다.”

● 당신은 사랑으로 창조된 존재임을 항상 기억하라. 이 말을 글로 적어 눈에 잘 띄는 곳에 붙여두고, 스스로에게 반복하라. “나는 신성하게 영감받은 우주에 산다. 나는 두려워할 것이 없다. 나는 나 자신을 신뢰하며, 나를 창조한 바로 그 지혜를 신뢰한다.” 내가 그랬던 것처럼 당신이 의도적으로 ‘이웃을 속이지 않도록 주의’하며 살아갈 때, 신은 당신이 같은 영적 주파수로 진동하며 살아가고 있다는 것을 알고 당신을 돌봐줄 것이다.

● 매일 당신을 존재하게 한 창조적 근원과 조용히 의식적으로 접촉하며 믿음을 키워라. 명상하고 영과 교감할 시간을 가질 때, 당신은 활력을 되찾을 수 있다. 뿐만 아니라, 다른 사람들이 당신에게서 영감을 빼앗으려고 시도하더라도 결코 뚫을 수 없는 방어 체계를 갖추게 될 것이다. 결국 당신은 미디어를 통해서든 다른 어떤 출처를 통해서든 영감을 주지 못하는 에너지를 당신의 삶에 끌어들이려 하지 않게 될 것이다.

모든 라디오 수신기, CD 플레이어, TV 세트에는 ‘켜짐/꺼짐’이라는 놀랍도록 영감을 주는 작은 버튼이 있다. 그것과 친구가 되는 것은 당신의 선택이다. 당신은 원할 때마다 언제든지 문자 그대로 버튼을 누를 수 있다. 마찬가지로 영감이라는 궁극적인 소명으로부터 당신의 주의를 분산시키려는 무언가에 의해 시달릴 때면, 당신은 내면의 꺼짐 버튼을 언제든 누를 수 있다.

꺼짐 버튼을 사용하는 것을 두려워하지 마라. 그것은 효과가 있다!

13장

행동하는 영감

"우리 시대에 거룩함으로 가는 길은 필연적으로 행동의 세계를 통과해야 한다."

- 다그 함마르셸드(Dag Hammarskjold)

"아는 것만으로는 충분하지 않다. 우리는 적용해야 한다.
의지만으로는 부족하다. 우리는 행동해야 한다…."

- 요한 볼프강 폰 괴테(Johann Wolfgang von Goethe)

우리가 영감을 느낄 때, 우리는 다그 함마르셸드가 위에서 언급한 '거룩함으로 가는 길'에 있는 것이다. 그 길은 오로지 근원적인 영의 의도를 반영하는 행동으로만 포장될 수 있다. 우리가 주는 것과 받는 것의 양면성을 인식할 때 의식적으로 선택할 수 있는 행동들 말이다.

동전의 양면처럼 주는 것과 받는 것은 분리될 수 없다. 이러한 양면성의 예는 얼마든지 있다. 숨을 들이쉬기 전에 내쉬어야 하고, 무언가를 베풀기 위해서는 먼저 기꺼이 받으려는 마음이 있어야 하며, 다른 사람을 먹일 수 있는 능력은 우리 자신이 음식을 받아들일 수 있는 능력과 연결되어 있다. 앞면만 있고 뒷면이 없는 사람을 본 적이 있는가? 안이 없고 밖만 있는 것은? 아니면 북극은 있지만 남극은 없는 자석은? 그러므로 성 프란치스코의 기도문이 주는 것이 곧 받는 것임을 상기시켜 주듯이 영감을 받기 위해서는 기꺼이 그것을 주어야 하며, 그 반대도 마찬가지이다.

영감을 주는 행동의 두 가지 예

괴테의 말처럼 영감에 관한 책을 읽는 것만으로는 충분치 않으며, 영감이 하늘에서 뚝 떨어지기를 기다리는 것 또한 분명히 효과가 없다! 영감을 받고자 한다면 기꺼이 먼저 영감을 주려는 의지가 있어야 한다. 다른 사람들에게 영감을 주고자 하는 열망을 가지고, 그에 따라 행동해야 한다. 당신 자신이 영감을 주는 행동을 하는 사람이 되어야 한다. 그래서 이 섹션에서는 영감을 행동으로 옮긴 두 가지 아름다운 사례를 공유하고, 이를 삶에 적용할 수 있는 방법을 제안할 것이다.

사례 1

나는 〈라이언의 우물〉(Ryan's Well)이라는 짧은 다큐멘터리 영화에 영감을 받았다. 이 다큐멘터리는 우간다 사람들의 삶에 큰 변화를 가져온 캐나다의 한 어린 소년에 관한 이야기이다. 온타리오주 켐프빌이라는 작은 마을에서 살고 있던 초등학교 1학년 라이언 레작(Ryan Hreljac)은 아프리카에서는 깨끗한 식수를 구하지 못하는 사람들이 너무 많다는 것을 알게 되었다. 그리고 단돈 70달러만 있으면 마을 전체에 깨끗한 식수를 공급할 우물을 만들 수 있다는 사실을 알게 되었다. 이 여섯 살 소년은 필요한 돈을 모으기 위해 캠페인을 시작했다. 하지만 비용이 실제로는 수천 달러라는 것을 알게 되었다. 이에 대한 그의 반응은 "집안일을 더 많이 할게요"였다… 그리고 그는 그렇게 했다.

영화에서는 몇 년 후 라이언이 부모와 함께 아프리카를 찾는 모습이 나온다. 마을 사람들은 그를 열렬히 맞이하고, 지구 반대편에 사는 동료 인간을 돕겠다는 그의 헌신에 감사하는 의미로 '라이언의 날'이라는 기념일을 선포한다. 실제로 라이언은 백만 달러가 넘는 기금을 모으는 데 중요한 역할을 했다! 라이언의 영감은 캐나다의 다른 학교들도 그의 프로젝트에 동참하도록 동기를 부여했고, 전국의 뉴스 미디어가 이 이야기를 보도한 후에는 TV 네트워크도 이 프로젝트에 동참했다.

여기 다른 사람을 돕겠다는 강한 내면의 부름을 실천하기로 결심한 소년이 있었다. 그는 돈을 비롯해 아무것도 없었다. 그러나 그에게는 도움이 필요한 사람들에게 손을 내밀어 봉사하고 싶다는 불타는 열망이 있었다. 그는 창조주와 일치하는 진동으로 다른 사람들을 섬기라는 부름을 이행하는 데 필요한 집안일을 기꺼이 했다. 결과적으로 그의 행동은 많은 사람에게 엄청난 영감의 원천이 되었다. 그는 우간다의 아이들(심지어 정부와 학교 관계자들)에게 영감을 주었으며, 이에 그들 모두는 온타리오의 외딴 마을에서 그토록 많은 선(神)을 행한 라이언의 영감에 경의를 표했다. 라이언 자신은 그가 준 것보다 훨씬 더 많은 영감을 받은 것이다.

나는 영화를 보고 너무 감동받아서 내 아이들에게 이 영화를 보라고 권했고, 아이들도 큰 영감을 받았다. 이에 나는 다른 사람들도 이같이 행동하도록 영감을 주고 싶다는 생각에 이 글을 쓰고 있다. '라이언의 우물 재단(Ryan's Well Foundation)'은 웹사이트(www.ryanswell.ca)를 가지고 있으며, 이 글을 읽는 모든 사람이 웹사이트를 찾아 우리 대부분이 당연하게 여기는 깨끗한 식수를 다른 사람들에게 제공하는 데 기여하기를 바란다.

한 사람의 영감을 주는 행동은 궁극적으로 수많은 사람들에게 영감을 줄 수 있다. 영감을 주고받는 것은 점점 더 영 안에서 살아가는 끝없는 순환의 고리인 것이다.

이 사례를 적용하기: 라이언 레작의 이 이야기는 영감을 주는 행동이 힘들다는 핑계를 댈 수 없게 한다. 우리에게 필요한 것은 돈이나 정부나 은행의 도움이 아니라 하나님을 더 닮아가고자 하는 내면의 다짐과 그 소망에 따라 행동하는 것뿐이다. 우리에게 필요한 모든 것은 우리가 영 안에 있을 때 도착하기 시작할 것이다. 적합한 사람들이 나타나고, 자금이 마련되며, 주변 사람들은 우리의 열정과 헌신에 끌

릴 것이고, 우리는 다른 사람들에게 영감의 원천이 될 것이다… 동시에 우리 자신도 더 많은 영감을 얻게 될 것이다.

라이언의 이야기는 우리의 진정한 본성을, 그리고 의도적으로 영 안에 있을 수 있는 우리의 능력을 보여준다. 라이언은 자신이 원했던 영감을 다른 사람들에게 주는 방법을 찾았고, 이 소년의 행동을 지켜본 모든 사람들은 같은 방식으로 반응했다. 그런 의미에서 우리는 단지 우리가 원하는 것을 다른 사람들에게 제공할 방법을 찾으면 된다. 그렇게 하면 영감을 느끼고 동시에 영감을 주는 방법에 대한 수수께끼를 풀게 될 것이다.

사례 2

최근 방영된 〈익스트림 메이크오버: 홈 에디션〉(Extreme Makeover: Home Edition)에서 어린 암 환자인 캐시(Cassie)는 쇼 제작자들로부터 깜짝 선물을 받았다. 그들은 캐시와 그녀의 대가족이 살던 작은 방갈로가 있던 자리에 아름다운 저택을 지어주었다. 사실 캐시는 가족을 위해 더 멋진 집을 지어달라고 쇼 제작들에게 편지를 쓴 것이 아니었다. 원래 그녀는 제작자들이 그녀가 어린 시절의 많은 부분을 보낸 병원의 소아암 병동을 개조해주기를 원했다. 그녀는 병동의 환경이 너무 음울하다고 느꼈다. 벽은 아무것도 없이 휑했고, 공간 전체가 침울했다. 그녀는 병동을 바꾸면 자신과 같은 어린 환자들에게 활기를 불어넣고 영감을 줄 수 있을 것이라고 생각했다. 쇼는 소아암 병동을 재정

비하고 재건하는 데 필요한 자금을 지원하기로 동의했고, 모든 아이들이 프로젝트에 참여하도록 했다.

완성된 병동은 어린이라면 모두가 좋아할 동화 속 나라처럼 보였다. 오래된 창고가 놀이방이 되었고, 벽은 창의적인 예술 작품으로 살아났으며, 수면 시설은 더 이상 병원 침대처럼 보이지 않도록 새롭게 단장됐다. 병동 전체가 영감의 장소로 변했다. 이 모든 것이 영의 소리에 귀를 기울이고 행동으로 옮긴 한 소녀의 꿈 덕분이었다. 하지만 가장 감동적인 이야기는 아직 시작도 하지 않았다!

놀랍게도 암 병동 개조에 참여한 모든 어린 환자들의 백혈구가 예외 없이 건강한 방향으로 증가하고, 몸이 해로운 암으로부터 멀어지는 방향으로 변화했던 것이다.

상상해보라. 영과 더 조화를 이루고, 새롭게 얻은 영감을 다른 아이들을 위해 행동으로 옮기자, 완벽한 건강으로 돌아가는 실제 과정이 활성화되었다. 이 어린이들의 치유력은 캐시에게서 받은 영감에 기적적으로 반응하여 그들의 백혈구를 증가시킨 것이다!

이 사례를 적용하기: 캐시의 이야기에는 숙고할 점이 많다. 하지만 무엇보다도 다른 사람에게 영감을 주는 행동을 취하는 것이 어떻게 우리와 그들을 웰빙과 완벽한 건강의 흐름으로 다시 연결할 수 있는지에 대해 생각해 볼 필요가 있다. 또한, 우리가 베풂으로써 받는 영감도 숙고해야 한다. 미국의 가장 저명한 시인 중 한 명인 로버트 프

로스트(Robert Frost)의 이 강력한 말을 떠올려보라. "우리가 보류하고 있던 무언가가 우리를 약하게 했다. 그것이 우리 자신임을 알기 전까지는 말이다." 질병을 포함한 우리의 약점은 우리가 무언가를 숨기고 있기 때문에 나타날 수 있다. 그리고 그 무언가는 바로 영과의 건강하고 의식적인 연결일 가능성이 높다. 어떤 방식으로든 다른 사람들에게 영감을 주기 위해 행동함으로써, 우리는 약점을 강점으로 전환할 기회를 얻을 수 있다.

암 병동에서 비슷한 처지의 다른 아이들과 함께 투병하고 있는 대여섯 살밖에 안된 아이가 다른 사람들에게 영감을 주는 방법을 찾을 수 있다면, 분명 우리도 내면으로 들어가 다른 이에게 영감을 주는 길을 찾을 수 있다. 어린 캐시가 〈익스트림 메이크오버: 홈 에디션〉 쇼에 편지를 썼을 때, 그녀는 에고(Ego)가 아닌 신(God)처럼 행동했다. 암 병동을 이전보다 더 강력한 치유가 일어나는 곳으로, 더 기분 좋은 장소로 개조하는 데 참여했을 때, 캐시는 더 신을 실현하는 방식으로 행동했다. 나의 가장 위대한 멘토이자 교사 중 한 명인 칼 융은 언젠가 이렇게 말했다. "당신이 무엇을 하든 그것을 진심으로 한다면 그것은 결국 온전함으로 가는 다리가 될 것이며, 어둠을 헤쳐 나가는 좋은 배가 될 것이다." 융 박사의 조언에서 핵심은 '진심으로'라는 단어인데, 나는 이를 '우리의 영적 본질과 협력하여'로 해석한다. 영의 자리에서 행동함으로써 우리는 다시 온전해지고 모든 어둠은 사라질 수 있기 때문이다.

캐시와 라이언의 사례는 우리가 누구이든, 삶에서 어떤 위치에 있든, 우리의 범위를 벗어나지 않는다. 우리 모두는 영감을 받고, 신을 실현하는 방식으로 행동할 능력이 있다. 단지 그렇게 할 기회를 찾기 위해 시간을 좀 더 내야 할 뿐이다.

영감을 행동으로 실천한 방법

이 섹션에서 나는 영감의 양면성을 실천에 옮기기 위해 나 스스로 의도적으로 노력했던 몇 가지 사례를 소개하려고 한다. 실제로 나는 매일매일 삶의 모든 순간에서 이 일을 하고 있다. 모든 인간과의 만남은 나에게 진실의 순간이다. 그렇기에 나는 영과 다시 연결되고, 내가 진정으로 원하는 것을 다른 사람들에게 제공하기로 선택한다. 그런 기회는 미소나 인사 또는 친절한 행위로 나타나는데, 심지어는 길모퉁이에서 구걸하는 사람에게 보내는 조용한 축복이나 사이렌 소리를 들을 때 조용히 기도하는 것일 수도 있다(사이렌 소리는 도움이 필요한 누구에게든 위로의 마음을 전하라고 상기시킨다). 이것은 내가 평생 동안 길러온 습관이다.

그런가 하면 어떤 날은 내가 인정받을 필요 없이 미리 계획된 영감의 오디세이로 떠나는 날들도 있다. 다음은 그러한 영감 여행의 결과이다. 이 모든 것이 어느 날 한 오후에 이루어졌다는 점을 기억하라!

• 나는 글을 쓸 때면 서부 마우이에 거주하는데, 2주 동안 중단 없이 글을 쓰기 위해 필요한 물품을 구입하고자 코스트코까지 20마일의 여정을 위해 차를 몰고 나온 날이었다. 그리고 여느 때처럼 '반대편'으로 가는 차를 얻어 타려고 한 남자가 맞은편 길가에 서 있는 것을 보았다. 마우이에서는 흔히 볼 수 있는 일이었고, 차를 얻어 타려는 사람이 누구든 태워주는 것이 나의 평소 습관이었다. 보통은 서핑보드를 든 젊은이나 공항까지 교통편이 필요한 짐을 든 커플인데, 나는 항상 차를 태워주는 것을 다른 사람에게 봉사할 기회로 보며, 나 또한 기분이 좋아지기 때문이다. 이런 행위가 얼마나 위험한지 아느냐고 충고하는 사람들이 있지만, 나는 그런 생각을 전혀 하지 않으며, 나에게 해를 끼치는 사람이나 사건을 내 삶으로 끌어들이지 않는다. 그런 것은 내가 세상에 존재하는 방식이 아니다.

이날 나는 공항으로 가야 하는 레이븐(Raven)이라는 이름의 캐나다 출신 41세 남자를 태웠다(마우이는 그런 이름을 가진 사람들을 끌어들이는 경향이 있다). 이야기를 나누다 보니 레이븐은 17년 동안 아버지와 말을 나누지 않았고, 아버지와 불화를 겪고 있는 어머니와 여동생에 대한 미안함 때문에 자신도 일부로 거리를 두고 있었다. 나와의 대화를 통해 레이븐은 자신이 괴롭고 불완전하다고 느끼고 있음을 인정했다. 게다가 애초에 가족 간의 불화를 일으킨 아버지의 행동 패턴 중 일부를 자신이 반복하고 있다는 것을 발견했다.

나는 용서라는 주제를 꺼내며 『기적 수업』의 인용구를 언급했다.

"확실히 모든 고통은 용서하지 않는 것 외에는 아무것도 아닌 것처럼 보인다." 나는 1974년 아버지의 무덤에서 경험한 이야기와 그 한 번의 용서가 내 삶을 어떻게 바꿔 영의 방향으로 되돌아가게 했는지 이야기를 들려주었다.

내가 레이븐을 공항에 내려주자 그는 나를 끌어안았다. 그리고 눈물을 글썽이며 말했다. "이 한 번의 여행이 제 인생을 얼마나 변화시켰는지 믿을 수 없습니다. 제 머리 위에 매달려 있던 이 칼을 제거하기 위해 신이 당신을 이곳에 보내신 것 같아요. 제가 해야 할 일이 무엇인지 알았고 곧 실행에 옮길 것입니다." 우리 둘 모두에게 영감의 순간이었다.

바다를 따라 20마일을 달리는 동안 침묵을 지키는 것이 쉬웠을 수도 있었다. 하지만 나는 내가 영감의 순례길 위에 있으며, 레이븐은 나의 공모자 중 한 명이라는 것을 알고 있었다.

• 그날 나는 내가 가장 좋아하는 활동 중 하나를 위해 다시 코스트코로 향했다. 나는 개방된 창고 분위기의 매장과 같은 일을 하는 많은 현지인들 사이에서 온갖 종류의 물건을 대량으로 구매할 수 있는 기회를 좋아한다.

그리고 매장 뒤편에서 PBS에 출연했던 나를 알아본 한 신사가 다가와 자신이 겪고 있는 문제에 대해 상담하고자 약속을 잡고 싶어 했다. 나는 책을 쓰고 있어서 따로 미팅은 불가능하다고 말했다. 하지만 어떤 힘이 우리를 이 유쾌한 혼란의 한가운데서 만나게 했다는 것을 알고 있었기에, 내가 물었다. "문제가 뭐죠?"

그 남자는 당뇨병 환자로, 누구에게나 인슐린을 안전하게 전달하는 방법을 개발했다고 말했다. "그래서 문제가 뭐죠?" 내가 다시 물었다. "왜 당신의 계획을 실행하지 않나요?"

그는 일을 진행시키는 데 필요한 정부 기관들과 만날 수 없었다고 설명했다. 매번 관료주의가 그의 진전을 방해하고 있다는 것이었다. 그는 자신을 가로막고 있다고 느껴지는 장애물의 긴 목록을 계속해서 늘어놓았고, 마침내 내가 그를 멈춰 세우고 말했다. "당신도 당뇨병 환자이니 정확히 무엇이 필요한지 아는 것 같고, 아이디어를 실행하는 데 무엇이 필요한지도 정확히 아는 것 같군요."

그의 얼굴이 크리스마스트리처럼 환해졌다. 그는 미소를 지으며 말했다. "맞아요, 하지만 전 할 수 없어요."

나는 단호하게 그를 멈춰 세우고, 우리가 원하지 않는 것에 집중할 때, 그것이 바로 우리가 얻게 되는 것이라고 상기시켰다. 우리는 원하든 원하지 않든 우리가 생각하는 것을 얻게 되기 때문이다. 나는 그에게 '장애물 시스템'에서 완전히 벗어나서 할 수 없는 것은 잊어버리고 다른 사람의 도움이나 저항 없이 자신의 계획을 실행에 옮겨야 한다고 말했다. "당신의 계획이 실행 가능하다면, 결국에는 그들이 따라올 것입니다. 그냥 하세요. 관료의 승인을 얻으려고 애쓰지 마세요." 그리고 물었다. "당신은 무엇을 해야 하고 어떻게 해야 하는지 알고 있어요. 그렇죠?"

"네, 알아요." 그가 대답했다. "그리고 그렇게 할게요. 이 작은 만남은 오늘 저를 위해 신이 마련해준 것 같습니다." 새로운 영감을 얻은 듯 신사는 나를 가볍게 끌어안은 뒤 쇼핑카트를 밀고 저편으로 사라졌다. 나로서는 30분 만에 두 번째 '낯선 사람'과 포옹을 한 셈이었다. 그는 영으로 돌아갔다. 불가능하다는 생각이 불가능한 곳으로 돌아갔다! 그리고 나는 또 다른 사람에게 영의 제물을 나누어줄 수 있었다.

• 마우이 서부로 돌아가는 길에, 나는 하드 록 카페로 가던 앤디라는 젊은 친구를 차에 태웠다. 자신을 라스타파리안(Rastafarian) 랩 아티스트라고 말하는 앤디는 긴 드레드락 머리를 하고 있었고, 음악을 위한 자극제로 마리화나를 사용하고 있었다. 알고 보니 그는 주말 공연이 가능한지 알아보기 위해 하드 록 카페 매니저를 만나러 가는 중이었다. 그는 자금도 부족하고, 계획도 없었으며, 레스토랑의 누구와도 약속을 잡기 위해 연락한 적이 없었다. 곧 있을 즉흥 오디션조차도 순전히 그만의 환상에 불과했다.

이야기를 나누면서 나는 내 딸 소머(Sommer)가 최근에 들려준 이야기를 그에게 해주었다. 딸에게는 조이라는 작은 개가 있는데, 매일 말을 훈련하고 승마 레슨을 할 때 조이를 데리고 다닌다. 딸의 친구 미미는 조이가 신과 평화롭게 지내는 존재의 완벽한 예라고 말했고, 딸도 이에 동의했다. 딸이 말했다. "조이의 만트라는 '숨을 들이쉬고, 숨을 내

쉬고, 인생은 좋다'예요. 하루 종일, 매일 그래요. 숨을 들이쉬고, 숨을 내쉬고, 인생은 좋아!" 앤디는 이 이야기를 좋아했다… 그래서 나는 이 주제를 주요 가사로 삼아 노래를 하나 만들어 달라고 부탁했다.

잠시 뒤 내 차는 라스타파리안 래퍼가 빠른 템포로 쏟아내는 목소리로 가득 찼다. 정말 환상적이었고, 앤디는 천국에 있었다. 내가 그를 레스토랑에 내려줄 때쯤, 그는 오디션 준비가 모두 끝났고, 첫 곡을 완성한 상태였다. "숨을 들이쉬고, 숨을 내쉬고, 인생은 좋아!"

나는 앤디에게 50달러 지폐를 건넸고, 그는 감동하여 울음을 터뜨렸다. 나는 차를 몰고 떠났다. 이것은 두 배 분량의 영감이었다. 앤디는 자신만의 음악을 창조하며 목적의식과 자신감을 느끼며 영과 조화를 이루었고, 나는 또 다른 한 사람에게 사랑과 도움을 주며 지상에서 천국을 경험할 수 있었기 때문이다. 그리고 그것은 불과 두 시간 동안에 내가 얻은 세 번째 선물이었다!

• 다음으로 나는 코스트코에서 구할 수 없는 소량의 물건을 사기 위해 식료품점으로 갔다. 계산대 줄에 서 있는 동안, 나는 내 뒤에 있던 한 여성과 라즈베리에 대해 대화를 나누기 시작했다. 나는 아침 시리얼에 얹을 작고 귀한 보석 두 팩을 바구니에 넣어 놓았는데, 그녀가 그것의 가격을 물었고, 나는 가격을 기억하지 못했다. 그녀는 자신이 라즈베리를 얼마나 좋아하는지 계속 이야기했지만, 가격이 터무니없어서 그 정도 돈은 절대 쓰지 않을 것이라고 말했다.

나는 미시간에서 자라던 어린 시절 라즈베리를 직접 따 먹던 행복한 추억을 이야기했다. 지금도 라즈베리는 내가 가장 좋아하는 과일 중 하나이며, 나는 그것이 눈에 띌 때마다 구입한다. 그녀 역시 펜실베이니아에서 자라며 직접 베리를 따 먹어 손가락과 입 주위에 붉은 얼룩을 묻히고 집에 돌아오곤 했기 때문에 나의 기억에 공감할 수 있었다.

계산대에서 팩이 각각 7.99달러로 나왔다. 나의 새 친구는 거의 쓰러질 뻔했지만, 나에게 "그 작은 보물을 하나하나 음미하세요"라고 말했다. 나는 걸어가면서 한 팩을 그녀의 손에 쥐어주며 나의 선물이니 맛있게 즐기라고 말했다.

요거트 한 통 값을 지불하기 위해 잔돈을 세던 그녀는 깜짝 놀랐다. 나는 그녀가 내 선물을 받아주지 않는다면, 그녀가 이 작은 보석을 즐기고 음미하며 얼마나 즐거워할지 알고 있는 나의 기쁨을 빼앗는 것이라고 말하며 결국 그녀를 설득했다.

나의 새 친구는 '낯선 사람'이 베풀어준 이 예상치 못한 친절에 큰 감동을 받은 것이 분명했다. 라즈베리를 밀짚 가방에 담는 그녀의 눈에서 감사와 사랑이 느껴졌다. 물론 나는 같은 날 오후에 행동으로 옮겨진 네 번째 영감의 순간을 즐기며 순조롭게 다시 발걸음을 뗐다. 그리고 놀랍게도 다섯 번째 영감이 내 눈앞에서 펼쳐졌다.

• 식료품점의 거의 모든 통로에서 나는 한 여성을 계속 마주쳤는데, 그녀는 꽃무늬 바지와 밝은 주황색 블라우스를 입고 있었다. 내가 다

음 날 딸 세리나가 올 때 주려고 올리브 빵 한 덩이를 사러 빵집에 갔을 때였다(그녀는 이 빵을 좋아한다!). 그때 그 화려한 옷을 입은 여성이 자신이 정말 좋아하는 잡곡빵에 대해 이야기했다. "제가 먹어 본 것 중 최고예요." 그녀는 강한 외국 억양으로 말했다. 그리고 잠시 뒤 계산대로 가자 그녀는 또다시 내 앞에 있었고, 잊어버린 물건을 가지러 가는 동안 자기 자리를 맡아달라고 부탁했다. 그러고 나서 주차장에서 그녀는 내가 출구 램프에 진입할 수 있도록 차를 멈춰 주었다. 마지막으로 집으로 돌아오는 길에 나는 그녀를 또 발견했다! 그녀의 차는 퍼팅 그린 옆에 세워져 있었는데, 문이 열려 있고 엔진이 켜진 채였다. 그녀는 한 남자와 골프를 치고 있었다.

나에게 이것은 우연한 만남 그 이상이었기에, 나는 차를 돌려 그녀에게 선물을 주기로 했다. 나는 그녀의 차 뒤에 주차한 뒤『의도의 힘』 사인본을 들고 다가갔다. 알고 보니 이 여성은 폴란드 출신이었고 신혼여행 중이었다. 그녀는 나를 남편에게 소개시켰고, 나는 그들에게 깜짝 결혼 선물을 주었다. 그들은 매우 고마워했다. 내가 차를 몰고 떠난 후 그들의 삶에서 무슨 일이 일어났는지 또는 왜 그녀가 반복해서 내 앞에 나타났는지, 내가 준 책이 그들의 삶에 어떤 변화를 주었는지는 알 수 없다. 하지만 확실한 것은 이 신혼부부가 나의 행동에 매우 감동했다는 것과, 나는 그날 오후에 다섯 번째로 영과 연결된 느낌의 선물을 받았다는 것이다!

이렇게 다른 사람의 삶에 영감을 줄 수 있는 기회는 매일 무수히 많은 방식으로 나타난다. 우리는 이러한 순간적인 충동을 행동으로 옮겨 영감을 받을 수도 있고, 그것을 무시하고 에고가 지배하는 세계에 머물 수도 있다. 나는 행동하기로 선택한다. 왜냐하면 그것이 나를 창의적으로 살아있게 하고, 선[Good, 신(God)]과 세상의 다른 모든 사람과 연결되어 있다고 느끼게 만들기 때문이다.

행동으로 옮기는 것은 영과의 연결성을 높이는 방법이다. 만약 우리가 우리의 궁극적인 소명에 귀를 기울이고 있다면, 그 사명에 따라 행동할 의지가 있어야 한다. 물론 영감이 통제할 수 없는 신비한 방식으로 찾아오는 것이라고 믿거나, 신이 우리에게 동기 부여의 신호를 보내주기를 기다릴 수도 있다. 하지만 가장 좋은 것은 영에 대한 인식을 강화하는 방식으로 행동하기로 결정하고, 우리가 그 결정에 전적으로 의지하는 것이다.

몇 주 동안 이 실행 계획을 시도해보고, 이전보다 더 많은 영감을 느끼는지 확인해보라.

● 하루를 시작하기 전, 이른 아침에 신과 잠시 시간을 보내라. 잠에서 깨어나면 "지금 이 순간이 하나님과 함께하는 나의 몇 안 되는

순간이다"라고 되새겨라. 그 귀중한 몇 초 동안 신께 묻고, 성찰하고, 평화를 느껴라. 그리고 가장 중요한 것은 감사를 표현하는 것이다. 나는 매일 아침 신과 함께하는 짧은 순간을 이렇게 마무리한다. "감사합니다, 감사합니다, 감사합니다!"

● 잠에서 깨어나자마자, 자신이 아니라 다른 누군가의 삶의 질을 향상시킬 수 있는 무언가를 하기로 결심하라(아침 식사 전에 할 수 있다면 좋다!). 편지나 꽃, 기부금, 또는 뜻밖의 방문 계획 등 다른 사람을 기분 좋게 해줄 수 있는 일이라면 무엇이든 하라.

● 무기력함을 극복하라. 무기력함이란 행동이 없는 것이다. 그러므로 움직이는 존재가 되기로 결심하라. 운동을 계획하고, 미뤄왔던 전화를 걸고, 편지를 써보라. 영의 핵심이 움직임인 것처럼 건강의 핵심은 순환이다. 영은 항상 창조의 상태에 있다. 그러니 누워 있거나 앉아 있는 시간을 줄이고 더 많이 움직이겠다고 약속하라.

● 내면의 목소리에 귀 기울이고 현실을 바로잡기 위한 행동을 취하겠다고 다짐하라. 예를 들어, 술이나 약물에 중독되었거나, 과식하거나 학대를 당하면서도 잠자코 있었다면, 이제 당신은 작은 존재가 아니니 큰 사람이 되라고 간청하는 내면의 소리에 귀 기

울이고, 현실을 바로잡는 한 걸음을 내디뎌라. 오늘 하루만이라
도 담배를 버리고, 단것을 거절하고, 동네를 한 바퀴 걷고, 자신
을 위해 당당히 일어서라. 그 내면의 목소리는 순수하고 강하며,
웰빙의 도구가 되어 영 안에서 다시 함께하라고 당신에게 간청하
는 신의 음성이다.

● 변명을 받아들이지 마라. 헛소리는 그만두고 자신에게 솔직해져
라. 자신의 결점을 방어하기보다 인정하고, 거울을 보며 자신에
게 정직하게 말하라. 다음과 같이 긍정의 확언을 하라. "나는 신
의 창조물이며, 신성하다. 나는 이것을 잊고 있었지만, 이제 더
이상은 변명을 받아들이지 않겠다. 나는 나 자신을 속이는 것을
그만두고 내게 예정되었던 존재가 되기 위해 노력할 것이다."

● 불안감을 느끼더라도 어쨌든 실행하라! 당신을 새로운 차원의 영
감으로 이끄는 것은 바로 실행이다. 그러니 두려움을 거부하지
마라. 공포가 찾아오는 것을 받아들이고, 그 방향으로 나아가 그
것에 맞서라. 당신 눈앞에 두려움이 있다고 시각화하라. 그것을
응시하고 당신이 어떻게 느끼는지, 그리고 당신이 어떻게 되고자
하는지를 말하라. "나는 너보다 강하다. 나는 창조주를 수석 컨설
턴트로 모시고 있으니, 더 이상 네가 내 삶을 지배하는 것을 허용
하지 않겠다. 나는 두렵지만 행동에 나설 것이다."

● 영감을 느낄 수 있는 기회를 찾아라. 이 장에서 설명한 그날 오후에 나는 영 안에서 행동하기로 결정했다. 그것은 나의 선택이었다. 나는 그런 상황들을 찾고 있었고, 만약 그 일들이 일어나지 않았다면, 내가 일어나도록 했을 것이다. 영감을 얻을 수 있는 상황을 만들어내는 데 능숙해지면, 매일 주변에서 이러한 상황이 구체화되는 것을 보게 될 것이다.

● 마지막으로, 절대 중간에 그만두지 마라. 영감을 주는 존재가 되겠다는 목표를 달성하지 못했다고 포기하거나 부끄러워하지 마라. 당신이 겪는 모든 실패의 순간은 선물이다. 쓰러져도 다시 일어서는 모든 순간이 영광스러운 기회이다. 결국, 그것들 없이는 더 높은 곳으로 나아갈 에너지를 발현할 수 없다.

여기에 영감으로 살아가기 위한 청사진이 있다. 이러한 전략들은 비록 간단해 보일 수 있지만, 하루하루 실천하면 새로운 차원의 영감으로 나아가게 될 것이다. 물론 영과 다시 연결되는 것은 하루 만에, 바로 오늘 안에 모두 일어날 수도 있다. 내가 가장 좋아하는 중국 속담 중 하나가 상기시키는 것처럼 말이다.

나는 듣고 잊는다
나는 보고 기억한다

나는 행하고 이해한다.

　영감을 이해하고 싶다면 실행이 필요하다. 그러니 달라이 라마가 말한 것을 기억하라. "다른 사람이 행복하기를 원한다면, 자비를 실천하라. 당신이 행복하기를 원한다면, 자비를 실천하라."
　나는 이 책의 3부를 셰익스피어의 단순하면서도 심오한 말로 마무리하려 한다. "행동이 곧 웅변이다."

INSPIRATION

4부
영적 근원과의 대화

"당신을 섬기고자 하는 힘이 크면 클수록,
그 힘은 당신에게 더 많은 존경을 요구한다."

- 소크라테스(Socrates)

14장

당신의 영적 근원은 오직 그 자체일 수밖에 없다

"나는 자신의 창조물에 상과 벌을 주는 신, 우리의 목적을 본떠 만든 신-
한마디로 인간의 연약함을 반영할 뿐인 신을 상상할 수 없다."

- 알베르트 아인슈타인(Albert Einstein)

"우리는 신이 존재하기 때문에 존재한다!"

- 에마누엘 스웨덴보리(Emanuel Swedenborg)

바닥에서 천장까지 코코넛으로 가득 찬 창고가 있는데, 그중 한 코
코넛이 자신을 '건포도'라고 믿고 행동한다고 상상해보라. 그런데 '건
포도'는 자신이 코코넛이 아니라는 단서도 전혀 가지고 있지 않으며,
다른 코코넛들도 '건포도'가 자신이 코코넛임을 모른다는 것을 전혀
알지 못한다. 그림이 그려지는가? '건포도'가 왜 자신이 온통 말라비틀
어지고 주름졌는지 궁금해할 때, 코코넛들은 이에 아무 반응도 하지
않는다. 그들은 단지 자신과 다른 코코넛(조금 이상한 코코넛)이라고 보기
때문이다. 창고에 있는 코코넛들이 반응하게 하려면, '건포도'는 자신

의 진짜 모습인 코코넛으로서 소통해야 한다. 모든 코코넛은 우리와 마찬가지로 자신이 아닌 다른 무엇이 될 수 없다.

이 가벼운 코코넛/건포도 비유를 계속해서 창조주에게 적용한다면, 만약 우리(코코넛)가 우리가 아닌 다른 무언가가 될 수 없다면, 우리도 우리의 창조주에게 창조주가 아닌 다른 무언가가 되라고, 또는 다른 무언가처럼 말하라고 요청할 수 없다는 것을 알 수 있다. 다음에 이어지는 말을 주의 깊게 들어보라. 이는 『기적 수업』의 특별 메신저인 게리 레너드(Gary Renard)의 저서 『우주의 소멸』(*The Disappearance of the Universe*)에서 인용한 것이다. "당신의 생각은 신에게서 온 것이 아니기 때문에, 신은 그것에 응답하지 않는다. 그것에 응답하는 것은 그것에 현실성을 부여하는 것이다. 만약 신 자신이 완벽한 하나라는 생각 외에 다른 것을 인정한다면, 더 이상 완벽한 하나는 존재하지 않을 것이다."

이 말을 이해할 때, 우리가 신에게 접근하는 방식이 바뀐다. 신은 거짓된 생각과 상호작용할 수도 없고, 그렇게 하지도 않는다. 그때 우리는 기도와 담론에서 신의 관점으로 신에게 나아가야 한다는 것을 깨달음으로써, 영은 참되고 자아는 거짓이라는 것을 명확히 알 수 있다. 우리는 에고를 제쳐두고 우리의 근원에 대해 그 근원의 언어로 말하려는 새로운 시도를 해야 한다는 것을 알게 될 것이다. 이는 급진적인 전환이 될 수 있다. 특히 우리가 항상 에고의 관점에서 기도하고 신과 의식적인 접촉을 시도해 왔다면 더욱 그렇다.

신의 다섯 가지 특성

이제 우리 대부분이 창조주의 본질에 대한 정의 중 동의하는 요소들을 살펴보자. 그리고 그것들이 어떻게 우리가 신에게 현명하게 다가가는 데 도움이 되는지 알아보자.

1. 신은 사랑이다

우리는 사랑에서 왔으며, 이 땅에 있는 동안 여전히 그 천국으로 돌아가고 싶어 한다. 나는 여기서 "사랑은 우리의 가장 높은 단어이며 신의 동의어다"라고 한 에머슨의 적절한 통찰을 반복한다. 즉, 사랑 안에 사는 것은 신 안에 사는 것이다. 만약 신이 사랑이고 신이 아닌 다른 어떤 것도 될 수 없다면, 그리고 우리가 신과 대화하기를 원한다면, 우리는 사랑 안에서 우리의 근원에 다가가야 하며, 그렇지 않으면 시간을 낭비하는 것일 뿐이다. 신은 사랑이 없는 요청에 응답할 수 없고, 응답하지도 않을 것이다.

오만이나 증오, 또는 두려움에서 비롯된 사랑 없는 기도는 에고의 작용이다. 따라서 응답받지 못할 것이다. 사실 그것들은 신이 듣지도 않을 것이다. 신의 메시지는 예외 없이 모든 사람을 사랑하라는 것이며, 그럴 때야 비로소 우리는 신과 진동적으로 조화를 이룰 수 있다. 성경은 우리에게 이렇게 상기시킨다. "우리는 모두 한 몸의 지체다."(엡 4:25) 그리고 "네가 하는 모든 일을 사랑으로 하라."(고전 16:14)

우리 삶의 모든 일에 대해 신에게 인도와 도움을 구하는 방법은 우리에게 잘못을 저지른 것으로 인식되는 모든 사람과 우리 자신에 대해 용서의 관점에서 다가가는 것이다. 생각해보라. 우리가 소위 잘못된 행위와 학대 때문에 마음속에 미움을 품고 있을 때, 관계 개선을 위해 도움을 요청하는 우리의 기도를 신께서 어떻게 들어주시기를 기대할 수 있겠는가? 오직 사랑만을 아는 신은 우리가 무슨 말을 하는지 전혀 알지 못할 것이다.

우리의 종교가 무엇이든, 존재의 근원과 대화하고 싶을 때마다 우리 마음에는 악의나 증오가 없어야 한다. 이렇게 하면 우리의 진동 에너지는 우주에서 가장 높은 진동으로, 즉 영의 진동과 조화를 이루는 주파수로 전환될 것이다. 성 프란치스코가 "증오가 있는 곳에 (우리가) 사랑을 뿌리게 하소서"라고 매우 간단하게 가르치듯이 말이다.

사랑과 용서는 이 책의 첫 장에서 언급한 잠자는 힘을 활성화한다. 즉, 적합한 사람과 사건이 동시에 나타날 것이다. 이는 우리가 영 안에 있기 때문이며, 만약 우리가 신이 사랑과 용서 외의 것을 들을 수 있다고 기대한다면, 신은 도울 수 없다는 것을 기억해야 한다. 마틴 루터 킹 주니어는 다음과 같이 말했다. "우리는 용서할 수 있는 능력을 개발하고 유지해야 한다. 용서할 힘이 없는 사람은 사랑할 힘도 없다." 이 말이 모든 것을 말해주는 것 같다.

그러므로 신의 도움을 구하고자 기도하는 시간에는 어떤 식으로든 다른 사람을 물리치게 해달라고 요청하지 말고, 이렇게 기도하라. "신이시여, 저를 당신의 사랑의 도구로 만들어주소서. 저는 당신처럼 되고 싶습니다. 저는 그들을 용서했고, 저 자신도 용서했습니다." 그리고 사랑 없이는 용서가 있을 수 없으며, 사랑 없이는 우리의 근원이 우리의 말을 들을 방법이 없음을 기억하라.

2. 신은 평화다

구약성서에서 가장 많이 인용되는 구절 중 하나는 바로 이 구절이다(이것은 내가 가장 좋아하는 성경 구절일지도 모르겠다). "가만히 있어라. 그리고 내가 신임을 알라." 이 구절은 이런 결론으로 귀결될 수 있다. "동요하고 혼란스러우면, 결코 신을 알지 못할 것이다."

우리의 근원과 소통하기 위해서는 근원이 오직 그것 자체일 수밖에 없다는 것을 기억하는 것이 중요하다. 그리고 그것 자체는 평화와 고요함이다. 결국 창조는 폭력적인 방식으로 이루어지는 것이 아니다. 그것은 실제로 고요하고 평화롭다. 즉, 보이지 않는 영의 영역에서 물질적인 형태의 세계로의 이동은 시끄럽고 혼란스럽고 폭발적인 과정이 아니다. 그것은 실제로 아무런 팡파르도 없이 이루어진다. 이 장을 읽는 시간 동안에도 수백만, 수천만의 새로운 생명체가 이 세상에 나타나고 있다. 아무런 천둥소리나 불꽃놀이도 없이 말이다. 왜냐하면 영이 아는 것은 평화뿐이기 때문이다.

만약 우리가 공황 상태로, 또는 광분하고 두려워하고 지나치게 불안한 태도로 신에게 다가간다면, 신은 도움을 주지 않을 것이다. 우리가 평화의 부재를 반영하는 방식으로 근원과 교감하려 할 때, 우리는 이러한 비평화적인 믿음을 지속적으로 강화하게 될 것이다. 공황 상태에 계속 매달릴 때, 우리는 우리의 마음과 몸에 익숙해진 무질서를 더욱 믿게 될 것이다. 결국 우리는 우리의 기도가 응답받지 못한다고 믿고 기도를 그만둘 것이며, 전쟁과 세상을 정의하는 다른 악들을 창조하고 허용한 신을 비난할 것이다. 그러나 평화의 부재를 신의 탓으로 돌리는 것은 자신이 건포도라고 믿는 코코넛이 자신의 주름지고 메마른 삶을 다른 코코넛 탓으로 돌리는 것과 같다. '건포도'는 환상 속에 살고 있는 것일 뿐이며, 평화의 부재를 신 탓으로 돌릴 때 우리도 마찬가지이다.

마음에 평화를 품고 기도할 때, 또는 우리의 근원과 교감할 때, 우리는 '고요히 있어야' 한다. 이는 명상하기 전에 조용히 시간을 갖고 호흡을 관찰하는 것을 의미한다. 우리는 숨을 내쉬면서 평화롭지 않은 모든 생각을 놓아버리고, 숨을 들이쉬면서 영을 들이마시는 훈련을 할 수 있다.

우리는 또한 성 프란치스코에게 우리를 인도해 달라고 요청할 수도 있다. 그는 생전에 평화를 거의 누리지 못했지만, 기도할 때면 자신의 근원이 어떤 모습인지 잘 알고 있었다. 성 프란치스코는 영 안에 있기를 원했다. 그래서 주위의 무질서와 혼란에서 벗어날 수 있도록 약간의 평화를 달라고 요청하는 대신, 이렇게 요청했다. "주여, 저를 당신의 평화의 도구로 만들어주소서." 즉, 성 프란치스코는 신이 평화라는 것을 알았고, 따라서 기도할 때, 자신이 창조주와 같은 상태로 돌아가게 해달라고 간구한 것이다.

우리는 세상에 있는 모든 비평화는 신의 것이 아니라 에고의 것임을 계속 상기해야 한다. 그런 다음에야 신의 평화로 돌아가게 도와달라고 요구할 수 있다. 이 접근 방식은 우리가 요구하는 도움을 끌어당길 것이다. 이는 모두 평화에 대한 열망의 진동 에너지를 그 열망과 일관되도록 평화로운 생각과 행동과 일치시키는 것에 관한 것이다.

3. 신은 모든 것을 포괄한다

만약 우리가 다른 사람과 다르다는 것을 장점으로 내세운다면, 우리의 근원은 우리의 말을 듣지도 않을 것이고 도움을 주지도 않을 것이다. 우리가 신에게 특별한 개인적 호의를 구할 때, 또는 이러한 관점에서 우리의 근원과 대화하려 할 때, 우리는 여전히 환상 속에 살고 있는 것이다. 게리 레나드가 제안하듯, 만약 신이 특별함에 대한 우리의 믿음을 인정한다면, 완벽한 하나됨은 존재하지도 않고 존재할 수도 없다. 모든 사람을 창조한(따라서 모든 사람 안에 있는) 근원이 자신이 특별하다고 생각하고, 다른 모든 사람과 다르다는 생각을 품고 있는 누군가와 대화를 나누는 것은 그 자체가 불가능하다.

우리는 모든 사람을 사랑하는 공간에 있어야 하며, 더 나아가 우리 자신을 모든 사람과 연결된 존재로 보아야만 한다. 그래야 근원의 주의를 끌 수 있다. 그러므로 우리는 누군가를 이겨야 한다거나, 다른 사람보다 더 많은 것을 가져야 한다거나, 경쟁에서 앞서야 한다거나, 입사 지원서에서 특별한 관심을 받아야 한다거나, 많은 사람 중에서 1순위로 고려되어야 한다는 등 우리를 다른 존재와 분리시키는 어떤 생각도 하지 않기 위해 모든 노력을 기울여야 한다. 이러한 종류의 생각은 모든 사람 안에 있는 근원에게 인식되지 않는다. 왜냐하면 근원은 우리가 우위에 서고자 하는 다른 모든 사람들 안에도 존재하기 때문이다.

마찬가지로, 전쟁은 신의 본질을 알지도 믿지도 못하는 무지의 어리석은 행동일 뿐이다. 예를 들어, 정치인들이 신에게 미국에 축복을 내려주고 '적'들을 더 많이 죽이고 승리하게 도와달라고 요청할 때, 그것은 우리의 몸이 다리와 하체가 팔과 상체에 맞서 싸우는 전쟁에 참여하는 것과 비슷하다. 우리 몸은 각각의 부분으로 구성되어 있다. 따라서 이들 사이의 전쟁은 확실하게 몸 전체를 죽일 수밖에 없다. 몸은 신과 마찬가지로 각 부분을 떼어 놓으려는 어떤 요구도 처리할 수 없다.

언제나 그렇듯이 우리는 근원과 대화할 때, 근원을 더 닮으려고 노력하게 된다. 그러므로 기도에 들어갈 때 우리는 우리 자신이 우주의 모든 사람과 연결된 것으로 보아야 한다. 그런 다음에야 모든 것을 포괄하는 영을 부르는 데 다음과 같은 안내와 도움을 요청할 수 있다. "저를 당신의 도구로 삼으소서. 제가 만나는 모든 사람 안에서 당신을 보게 해주소서. 다른 사람 안에서 저를 보게 하고, 제가 저 자신에게 바라는 것을 먼저 그들에게 베풀도록 도와주소서. 저는 이것이 당신의 존재 방식임을 알고 있으며, 당신처럼 되고 싶습니다."

바로 이것이 내가 말한 잠재된 힘을 활성화하는 대화이다. 핵심은 에고에 기반한 분리의 개념을 넘어서서 우리 자신을 모든 것의 하나 됨의 일부로 보는 것이다. 토마스 아퀴나스는 이것을 이렇게 간결하게 표현했다. "진정한 평화는 우리 자신을 신의 뜻과 분리하지 않는 데 있다."

4. 신은 풍요다

이런 그림을 상상해보라. 1갤런 용기들에 말을 할 수 있는 능력이 생겼다. 그중 하나가 자신의 비어 있음을 보고, 자신과 달리 항상 가득 찬 용기와 이에 대해 논의를 하고 싶어 한다. 그러나 '가득 찬 갤런'은 '빈 갤런'의 곤경에 공감하지 못한다. 왜냐하면 가득 찬 갤런은 자신이 아닌 다른 무엇이 될 수 없으므로 빈 갤런의 부족함을 이해하지 못하기 때문이다.

이것은 다소 투박한 예일지 모른다. 그럼에도 불구하고 이것은 우리가 오직 풍요만을 아는 근원(신)과 대화를 시도하고, 신에게 우리의 부족함을 공감하고 바로잡아 달라고 요청할 때, 우리가 처하는 곤경을 잘 설명해준다. 신은 부족함을 전혀 모르며, 모두에게 돌아갈 만큼 충분히 가지고 있다. 생명 자체를 포함하여 신의 모든 선물은 산소나 햇빛 또는 물처럼 무료로 풍요롭게 주어진다.

성 바울은 이렇게 말했다. "신은 모든 축복을 너희에게 풍성하게 주실 수 있다." 그렇다면 왜 세상에는 수백만 명이 부족한 돈으로 오랜 세월을 견뎌야 하며, 굶주림과 빈곤에 시달리는 사람들이 그렇게 많을까? 내가 확실히 말할 수 있는 것은 그것이 신을 탓할 일이 아니라는 것이다. 신에게는 모두에게 돌아갈 만큼 충분히 있다. 어찌 되었든 우리는 결핍을 모르는 곳에서 왔으며, 모든 사람의 배고픔을 채우고 갈증을 몇 배 이상 해소할 수 있는 능력을 가진 행성에 도착했다.

그러나 하나의 종으로서 우리 인간은 신답지 않은 행동을 함으로써 우리에게 주어진 신의 선물이 부족하고 고갈되었다는 개념을 가져왔다. 신은 우리 모두를 섬기지만, 우리의 탐욕은 우리로 하여금 다른 사람을 잊고 우리 자신에게만 집중하게 만들었다. 한 민족으로서, 그리고 개인으로서 우리는 삶에 결핍을 가져왔다. 그리고 이를 해결하려면 우리는 항상 봉사하고 끝없이 풍요로운 영적 근원을 닮아야 한다.

우리는 빈곤과 결핍의 해결책을 쉽게 구할 수 있다. 이 지구상에서 우리 모두가 하나라는 사실을 기억한다면 이 문제들은 내일이라도 해결될 수 있다. 우리는 모두 같은 기원을 공유하고 있으며, 시작했던 곳과 같은 곳으로 돌아간다. 우리 모두가 마음속에서 영으로 돌아갈 때, 우리의 정부는 이 진실과 조화를 이룰 것이고, 우리의 지도자들은 영 안의 의식에서 깨어날 것이다.

우리는 부족함을 느끼지 않도록 기도해야 한다. 부족한 것을 채워달라고 신에게 구하기보다는 성 프란치스코 "나를 당신의 끝없는 풍요의 도구가 되게 하소서"와 같은 말로 신에게 다가가야 한다. 이렇게 할 때, 우리는 갖지 않은 것에 집중하기보다 그의 에너지를 우리에게 다시 불러올 수 있다. 만약 우리가 부족한 것에 초점을 맞춘다면, 우리는 오직 같은 것을 더 많이 끌어당길 뿐이다.

우리는 우리 자신을 신의 풍요로운 주파수와 진동이 일치하는 존재로 바라보아야 한다. 부와 번영을 얻고자 한다면, 그 실현 과정을 활성화하고 번영시키는 생각을 품어야 한다. 그러면 잠자고 있던 풍요의 힘이 살아나 이러한 소망을 이루도록 도움을 줄 것이다.

5. 신은 웰빙이다

영은 결코 열을 내지 않으며 질병에 대해서 아무것도 모른다. 그러므로 내 생각에 치유라는 단어의 의미를 확실히 이해하지 않는 한, 치유를 구하는 관점에서 신에게 기도하거나 대화하는 것은 의미가 없다. 만약 '치유'를 '질병이나 허약함을 극복하는 것'이라고 생각한다면, 신을 포함해 그 어떤 것도 자신이 아닌 것이 될 수 없다는 자명한 이치를 다시 한번 위반하고 있는 것이다. 어니스트 홈즈(Ernest Holmes)가 "신의 뜻은 항상 선하다"라고 말한 것처럼 질병과 병, 고통은 신의 에너지의 일부가 아니라는 뜻이다.

반면에 '치유'라는 단어를 '웰빙의 근원과 다시 연결됨'이라는 의미로 사용한다면, 우리는 어떤 허약함도 극복할 도움을 받을 수 있는 잠재력에 열려 있는 것이다. 그리고 그것이 내가 치유라는 단어를 사용하는 방식이다. 나는 결코 신에게 병든 느낌을 극복하도록 도와달라고 요청하지 않는다. 5년 전 내가 가벼운 심장마비를 겪었을 때도 나는 신에게 웰빙의 도구가 되게 해달라고 요청했다. 나는 내 몸이 나의 생활 방식이나 식단, 또는 습관 때문이든, 혹은 내가 들이쉬고 내쉬는 독소 때문이든 무엇이든 간에 비 웰빙 상태를 받아들였기 때문임을 인정했다. 그것은 신의 것이 아니다. 그것은 이 물질세계에 있는 나의 것이었고, 나는 다시 웰빙의 흐름과 합쳐지기를 기도했다. 나는 내가 신의 일부임을, 내 손가락의 상처를 치유하는 것이나 심장을 건강한 상태로 회복시키는 것이나 신에게는 똑같이 쉬운 일임을 알고 있었다. 즉, 신의 치유력이 내 안에 있다는 것을 알고 있었기 때문에 나는 내 몸이 이를 기억하도록 돕기만 하면 되었다.

마찬가지로 최근 삶에 부조화가 찾아온 탓에 배가 아프고 잠을 잘 수 없었다. 그러다가 이 경험이 나에게 주어진 선물이라는 것을 기억하게 되었다. 나는 나의 더 높은 힘(Higher Power)과 대화하며 인도를 구했고, 나 자신이 자석이 되어 풍부한 웰빙을 끌어당기는 모습을 시각화했다. 이렇게 해서 치유는 거의 즉각적으로 이루어졌다.

조셉 머피는 『우주 마음의 힘이 가진 놀라운 법칙들』(*The Amazing Laws of Cosmic Mind Power*)에서 우리가 치유되기를 원할 때 신과 대화하는 방법에 대해 다음과 같은 훌륭한 조언을 하고 있다.

신이 당신을 사랑하고 돌본다는 것을 알라. 이런 식으로 기도할 때, 두려움은 점차 사라질 것이다. 심장 질환에 대해 기도할 때는, 그 기관이 병들었다고 생각하지 마라. 이것은 영적인 사고가 아니기 때문이다. 손상된 심장이나 고혈압을 생각하는 것은 당신이 이미 가지고 있는 병보다 더 많은 것을 떠올리게 되는 경향이 있다. 증상에 대해서나 장기 또는 신체의 어떤 부분에 대해 생각하는 것을 멈추어라. 당신의 마음을 신과 그의 사랑으로 돌려라. 치유의 존재와 힘이 당신을 통해 흐르며, 당신을 온전하게 만들고 있다고 확언하라. 신의 조화와 아름다움과 생명이 당신 안에서 힘, 평화, 활력, 온전함, 그리고 올바른 행동으로 나타난다는 것을 알고 느껴라. 이를 명확하게 깨달아라. 그러면 손상된 심장이나 다른 병든 기관은 신의 사랑의 빛 속에서 치유될 것이다.

이 말은 반복해서 읽을 가치가 있다. 특히 5년 전 나의 손상된 심장이 이제 완전히 치유되었다는 점을 고려할 때 더욱 그렇다.

이 장의 아이디어를 당신에게 적용하기 위한 몇 가지 제안

● 모든 기도를 시작하기 전에, 당신의 근원이 무엇이고 무엇이 아닌지를 정확히 되새겨라. 스스로에게 물어보라. "나는 신에게 그가 아닌 다른 어떤 것이 되라고 요청하고 있는가? 나는 나의 영적 창조주가 신을 진정으로 밀어낸 나의 에고에 동참하기를 기

대하고 있는가?" 이것은 당신과 영 사이의 통로를 깨끗이 유지하는 데 도움이 될 것이며, 에고 중심적인 세계와 관련이 없는 근원에게 아무 소용도 없는 요구를 하는 일을 피하게 한다. 기억하라, 신을 떠난 것은 당신이다. 신이 당신을 떠난 것이 아니다.

● 영과의 모든 대화를 "나를 당신의 도구로 삼으소서"로 시작하라. 그리고 '사랑', '평화', '기쁨', '친절', '풍요', '웰빙' 또는 마음속으로 성령의 본질을 정의하는 다른 특성을 무엇이든 덧붙여라.

● 당신의 삶에서 용서를 실천하면서, 다음의 두 가지 관찰에서 표현된 아이디어를 연구해보라.

> "만약 우리가 적들의 비밀스러운 역사를 읽을 수 있다면,
> 우리는 그들 개개인의 삶에서 모든 적대감을 무장 해제할 만큼
> 충분한 슬픔과 고통을 발견할 것이다."
> - 헨리 워즈워스 롱펠로(Henry Wadsworth Longfellow)

> "관용은 나이에서 온다.
> 어떤 사정이 있어도 도저히 저지를 수 없는 그런 잘못은 본 적이 없다."
> - 요한 볼프강 폰 괴테(Johann Wolfgang von Goethe)

이러한 생각들을 받아들이는 것은 당신이 용서를 실천하는 데 도움이 될 것이다. 살아가다 보면 우리 모두는 "신의 은총이 아니었다면 나도 저렇게 되었을 것이다"라는 흔한 문구를 완전하게 이해하는 때가 있다. 그 신의 은총이 되려고 노력하고, 당신에게 잘못했다고 생각되는 모든 사람들에게 그 은총을 베풀어라.

● 매일 당신 자신과 세상의 평화를 위해 명상하는 습관을 들여라. 내면으로 들어감으로써 당신은 의식적으로 신과 접촉할 수 있다. 그때 당신의 영적 에너지는 주변 사람들에게, 그리고 세상 반대편에 있는 사람들에게도 발산될 것이다!

● 신의 치유력이 당신 안에 있다는 것을 기억하라. 당신의 몸을 만든 바로 그 힘은 그것을 원래의 웰빙 상태로 회복시키는 방법을 안다. 당신이 해야 할 일은 당신과 이 유독한 세상이 만들어 놓은 모든 장애물을 제거하고, 치유력이 당신을 통해 흐르도록 허용하는 것뿐이다.

다음 장으로 넘어가기 전에 에마누엘 스웨덴보리의 "우리가 존재하는 것은 신이 있기 때문이다!"라는 말을 되새기며 "신이 아닌 것 때문이 아니다"를 덧붙인다.

15장

당신의 영적 근원은 알고 있다

> "신의 뜻이 모든 때와 모든 상황에서 우세하다는 것은 사실이다.
> 신에게 당신의 요구 사항을 말할 필요는 없다.
> 신은 그것을 스스로 알고 있으며 돌봐줄 것이다…."
>
> - 라마나 마하리시(Ramana Maharshi)

> "우리가 항복하는 것이 우리의 힘이 된다."
>
> - 어니스트 홈즈(Ernest Holmes)

여덟 명의 자녀를 둔 부모로서 나는 두 살짜리 아이가 도저히 들어줄 수 없는 요구를 하는 경우를 수없이 목격했다. 종종 그 요구는 울고, 고집부리고, 심지어 짜증을 내는 대치 상황으로 발전했다. 하지만 나는 단호하게 아이의 소원을 들어주지 않았다. 아무도 돌봐주는 사람 없이 동네를 뛰어다니는 것, 입에 막대사탕을 문 채 집 안을 뛰어다니는 것, 전기 콘센트를 가지고 노는 것, 혼자 계단을 오르는 것, 어린 동생의 눈에 손가락을 넣는 것 등은 부모인 내가 금지한 행동 중의 일부에 불과하다.

만약 우리가 우리 자신을 두 살짜리 아이의 위치에 놓고 부모의 위치에 창조주를 놓는다면, 이 비유의 목적은 완벽하게 명확해진다. 두 살짜리 아이가 자신의 뜻을 고집하는 것이 터무니없는 것처럼, 창조주 영이 우리를 위해 무엇을 해야 하고 어떻게 해야 할지 우리는 이미 알고 있다. 바가바드 기타에는 이미 "이기심에 미혹된 바보만이 자신을 행위자라고 여긴다"라는 놀랍도록 깨달음을 주는 구절이 있다.

창조주와 대화를 시작할 때, 우리가 행위자가 아님을 이해하고 접근하는 것이 중요하다. 다소 극단적으로 들릴지 모르지만 임마누엘 칸트는 우리의 상황을 이렇게 묘사했다. "신은 우리의 소유주이며, 우리는 그의 소유물이다. 그의 섭리는 우리의 선을 위해 작동한다(소유주라는 단어를 모욕적으로 받아들이지 마라. 이 개념에 불쾌감을 느끼는 것 자체가 에고일 뿐이다)." 다시 말해, 우리는 우리의 근원에게 행복하고 충만한 삶을 위해 무엇을 해야 하는지 말할 필요가 없다. 대신, 우리의 생각을 신의 에너지와 일치하는 주파수로 진동하도록 바꾸는 것이 우리의 역할이다. 그리고 이것은 신이 어떤 것도 잊지 않음을 이해하는 것에서 시작된다. 인간 부모와 달리, 신은 전지전능하다. 따라서 우리의 필요를 상기시킬 필요가 없는 것이다.

우리의 창조적 근원은 결코 잊지 않는다

뉴욕에서 살 때, 나는 슐룸이라는 이름의 고양이를 길렀다. 매년 10월과 11월이 되면 겨울을 대비해 슐룸의 털은 두꺼워졌다. 반대로 기온이 온화해지거나 따뜻해지면 슐룸의 털은 다시 가늘게 변했다. 나는 이를 통해 모든 창조의 위대한 근원에 대한 경외감을 느꼈다. 북반구에 사는 수백만 마리의 고양이, 개, 비버, 토끼, 쥐, 말, 기타 털이 있는 동물들이 매년 같은 과정을 거치는데 우리의 근원은 그들 중 단 한 마리도 잊지 않고 있는 것이다.

어느 8월, 호주 브리즈번의 딩고(갯과의 포유류) 농장을 방문했을 때, 나는 딩고들이 다가오는 봄을 대비해 털갈이를 하고 있다는 말을 들었다. 8월 이후에 갑자기 봄이라고? 남반구에서는 계절이 정반대의 패턴을 따른다는 사실을 떠올리기 전까지 그렇게 생각한 것이다. 그리고 이것이 신에게 혼란을 줄지 궁금해하며, 동물원 큐레이터에게 딩고를 8월에 뉴욕으로 보내면 어떻게 될지 물었다―그러면 여름 뒤에 겨울이 오니 털이 다시 두꺼워질까?

"네, 항상 그런 일이 벌어지죠." 큐레이터가 말했다. "항공편으로 딩고들을 뉴욕에 데려가면 털이 두꺼워지기 시작합니다." 놀랍지 않은가? 자, 만약 신이 호주에서 뉴욕으로 가는 747편을 탄 딩고의 털을 조정해주기까지 한다면, 분명 우리도 잊지 않을 것이다!

우리가 겪는 모든 삶의 경험들, 즉 고난, 좌절, 승리, 교훈, 재능의 발현 등 모든 것은 우리의 근원에 의해 조율된다. 이 사실을 명심하라. 우리가 형태로 현현하기 전에 창조주와 함께 결정한 것은 그것이 무엇이든 지금 이 순간에 실현되고 있다. 우리가 신을 밀어냈을지라도 신은 우리를 잊지 않았음을 항상 의식적으로 기억하도록 노력해야한다. 왜냐하면 신은 우리를 잊을 수 없기 때문이다.

구성된 모든 것이 언젠가는 분해되듯, 우리의 무한한 자아는 영원 속에서 잠시 동안만 여기에 있는 것이다. 비록 일시적인 인간 경험을 위해 빌려 온 상태일지라도, 우리를 비롯한 모든 생명체를 유지하기 위해 에너지를 공급해주는 근원인 신은 결코 우리를 잊지 않는다. 따라서 우리는 우주에서 항상 작동하고 있으며, 항상 의식하고 있고, 우리에게 축복을 풍성하게 내려주는 근원의 조직적인 지성을 끊임없이 신뢰해야 한다.

신뢰와 내어 맡기기

자, 그렇다면 보거나 만질 수 없는 근원을 우리는 어떻게 신뢰할 수 있을까? 우선, 근원에서 기인한 것으로 보이는 결과물들에 주목하고 "내가 감각으로 목격하는 무한한 창조를 누군가 또는 무언가가 책임지고 있으며, 나는 이제부터 그것을 신뢰할 것이다"라고 스스로에게 선언하는 것이다. 이것이 바로 내가 이 책을 통해 전달하고자 했던 논리이다. 우리는 우리가 온 곳과 다시 연결될 수 있고, 우리가 온 곳은 (양자역학이 이제 우리에게 알려주듯) 물리적이지 않음을 알아야 한다. 하지만 나는 영의 존재와 도움을 맹목적인 논리로 믿기보다, 궁극적으로 우리 각자가 겪은 삶의 경험을 '신뢰의 척도'로 삼을 것을 제안한다.

이 장의 첫머리에 든 비유로 돌아가서, 대부분의 아이들은 부모의 판단에 의문을 제기할 생각을 하지 않는 자유로운 영혼의 존재들이다. 결국, 대부분의 어머니와 아버지는 생존에 필요한 것을 포함하여 자식에게 무엇이 가장 이익이 되는지 잘 알고 있다. 부모는 자녀에게 필요한 것을 살피고, 자녀의 초기 활동을 지도하며, 자녀가 자신의 본능을 신뢰하고 배운 것을 적용할 수 있는 능력을 기르기 시작할 때까지 필요한 만큼 이러한 역할을 수행한다.

성인으로서 우리는 어린 시절을 되돌아보며 부모에게 진실로 감사함을 느끼게 된다. 우리는 찻길에서 놀지 않는 법, 독이 있는 음식을 피하는 법, 매일 충분한 휴식을 취하는 법 등을 배웠다. 오늘날 우리는 부모가 우리를 책임감 있고 자립적인 사람이 되게 이끌었고, 우리를 위해 최선을 다했고, 결코 우리를 잊지 않았다는 것에 감사하고 고마움을 느낄 것이다.

나는 그 비유가 명확하다고 믿는다. 우리의 모든 것을 알고 있고 결코 잊지 않는 신과의 관계는 바로 어린 시절 부모와의 관계와 같다. 우리가 어머니와 아버지에게 그랬던 것처럼, 이제 우리는 창조주의 지혜를 신뢰해야 한다. 다시 말해, 우리는 더 이상 궁핍한 어린아이가 아니기 때문에 가상의 부모로부터 무엇이 우리에게 최선인지 들을 필요가 없으며, 소위 종교적 권위자들에 의존해 스스로를 통제할 필요도 없다. 우리는 이제 의심이 믿음으로 대체될 정도로 성숙해지고 우리의 근원을 신뢰한다. 어린 시절과 성숙 사이의 어딘가에서 우리는 부모에게 모든 것을 내어 맡기고 신뢰했다. 마치 지금 우리가 모든 것을 알고 사랑하는 창조의 근원에 우리를 내어 맡기고 신뢰하듯이 말이다.

동남아시아에서의 내어 맡기기

우리의 삶을 더 높은 힘에 맡기고 영감의 삶을 통해 영과 연결되는 과정을 시작할 때, 우리는 지금보다 더 관찰력을 키우게 되고 우리의 자아 중심적인 믿음과 태도에 덜 집착하게 된다. 이는 30만 5,000명이 사망하거나 실종된 2004년의 파괴적인 쓰나미에서 생명을 구한 사례를 통해 잘 드러난다. 이 거대한 해일은 동남아시아, 특히 인도네시아 사람들에게 영향을 미쳤고, 심지어 아프리카 해안까지 영향을 주었다.

그런데 비극이 일어난 지 몇 달 후, 태국 해안의 외딴섬들을 오가며 바다 위에서 살던 유목민 부족에 대한 보고가 들어왔다. 그들의 마을과 배는 파괴되었지만, 단 한 명의 사상자도 없었다는 것이다. 그것은 기적처럼 보였다!

알고 보니 이 사람들은 현대 문명에서 멀리 떨어진 외딴섬의 보트

위에서 살며 얻은 지혜를 구전으로 전승해 온 역사를 가지고 있었다. 그들은 조상들이 그랬던 것처럼 평생을 물 위에서 살았다. 자연과 매우 가깝게 살았기 때문에, 그들은 바다를 잘 알고 있었고, 투박한 나무 창으로 물고기를 잡는 법을 알고 있었다. 그리고 무엇보다도 영과 연결되어 있었다. 그리고 그들은 배운 것을 세대에서 세대로 전수했다.

부족의 원로들은 고대의 쓰나미에 대한 이야기를 전승해왔고, 2004년 바닷물의 패턴에 변화가 생긴 징후를 알아차린 한 부족 원로는 무슨 일이 다가오는지 알았다. 고대 지식의 수혜자인 그는 마을에 있는 모든 사람에게 즉시 고지대로 이동하라고 경고했다. 아무도 그의 지혜를 의심하지 않았고, 모두가 예외 없이 배와 마을을 떠나 고지대로 이동했다. 쓰나미가 닥쳤을 때, 모든 배와 집이 파괴되었지만, 부족 전체는 바다가 그들이 알던 대로 할 일을 하는 것을 멀리서 안전하게 지켜보았다.

나는 이 유목민들이 영 안에 사는 삶을 살았기 때문에 살아남았다고 믿는다. 그들의 언어에는 에고 의식을 나타내는 단어가 없었다. 그들은 주어진 모든 것에 감사하며 신을 실현하는 삶을 살았다. 결과적으로 그들은 신의 앎에 동참하고, 그것을 자신들의 것으로 만들 수 있었다. 많은 사람들이 영 안(in-Spirit)에 있기보다 에고 안(in-ego)에 있기를 선택한 세상에 살고 있지만, 나는 우리도 그들과 똑같이 할 수 있다고 믿는다.

동남아시아의 한 부족이 영적 근원에 자신을 내어 맡기고, 에고의 그림에서 벗어나도록 자신을 허용했던 것처럼, 우리 또한 영 안에 있을 때 무엇을 해야 하는지 더 잘 관찰하고 인식할 수 있다. 우리는 우리가 행위자라는 믿음을 멈추고, 대신 우주의 창조적인 힘과 협력하여 우리를 인도하는 내면의 직관을 듣고 신뢰하는 법을 배워야 한다.

모든 것을 아는 존재와 교감하기

이전의 어떤 카메라도 불가능했던 사진을 촬영할 수 있는 카메라가 있다고 상상해보라. 예를 들어, 콘크리트 벽을 통과하여 사진을 찍거나, 플래시 없이 어둠 속에서도 사진을 찍을 수 있는 카메라를 말이다. 하지만 가장 기발한 상상은 사람의 생각을 기록하는 카메라, 즉 셔터를 누르는 순간 피사체가 상상하는 것과 똑같은 그림을 그려내는 카메라가 아닐까. 그리고 카메라 안에는 이 놀라운 장치의 발명가와 대화를 나눌 수 있는 초대장이 들어 있는 것이다. 초대장에는 그가 자신의 발명품이 어떻게 작동하고, 왜 작동하는지, 그리고 그것이 만들어낼 수 있는 놀라운 결과에 대해 기꺼이 이야기해 줄 것이라고 적혀 있다.

새로운 기적의 장치를 만든 사람과 나누는 대화는 아마도 우리가 잊었던 것이나, 해야 했거나 하지 말았어야 했다고 생각했던 것으로 시작하지 않을 것이다. 그리고 가격이나 마케팅 방식에 대해 불평하거나, 우리가 더 많은 전문 지식을 가지고 있다고 설득하려고 하지도 않을 것이다. 대신, 우리는 아마도 어떻게 하면 새 카메라의 능력을 극대화시킬 수 있는지 같은 작업을 수행하면서 가능한 최대의 즐거움을 얻기 위해 그 기회를 사용할 것이다.

우리가 보고, 만지고, 사용할 수 있지만, 정작 그것이 어떻게 생겨났는지 전혀 알지 못하는 무언가를 창조한 이가 있다면, 우리는 틀림없이 경의와 존경, 그리고 경외심을 가지고 다가갈 것이다. 그리고 그가 제공하는 모든 것을 흡수하고 싶어 할 것이다. 만약 이 비유를 이해하기 어렵다면, 이쯤에서 읽기를 멈추고 전문가를 찾아 눈가리개를 벗는 것이 좋을 것이다! 분명히, 나는 우리가 영 안에 있는 우리의 능력을 극대화하려는 의지를 가지고 열린 마음으로 우리의 창조적 근원에 접근해야 한다고 믿는다.

우리가 마침내 우리의 근원이 모든 것을 알고 있다는 사실을 '알게' 될 때, 우리는 완전히 에고 없는 관점에서 영적 소통에 접근할 수 있다. 우리의 담론은 우리가 무시당할 수 없다는 인식에서 시작되어야 한다. 우리는 신처럼 생각함으로써, 즉 우리의 생각과 행동에서 에너지적으로 일치하고, 감사하며, 다른 사람을 생각하고 우리가 원하는 것을 그들에게 제공함으로써 모든 것을 아는 상태와 연결될 수 있다.

우리가 요청하면 주어진다는 것을 알기 때문에 우리는 다음으로 우리가 원하는 것을 신에게 구해야 한다. 나는 우리가 구걸해야 한다고 암시하는 것이 아니다. 오히려 에너지의 진동적 변화를 취하는 방식으로 구해야 한다는 것이다. 예를 들어, 현금을 구걸하기보다 우리가 신의 풍요의 도구가 되기를 요청하는 것이다. 우리는 단지 우리가 원하는 것을 우리의 영적 근원인 모든 것을 포괄하는 풍요와 일치시키면 된다.

우리의 영적 근원을 인식하는 것을 방해하는 모든 것이 장애물이라는 점에 주목하라. 여기에는 우리에게 믿어야 한다고 주장하면서도 이를 검토하지도 않고, 무조건 의존하라고 말하는 다른 사람이나 조직도 포함된다. 놀랍게 들릴지 모르지만, 예수는 기독교인이 아니었고, 붓다는 불교도가 아니었으며, 모하메드는 무슬림이 아니었다. 이들은 진리의 사절로서 이 땅에 온 신성한 영적 존재들이었을 뿐이다… 그러나 그들의 진리가 조직되었을 때, 우리는 '신'의 이름으로 자행된 종교 재판, 대량 학살, 십자군 전쟁, 성전, 그리고 지하드 등의 참상을 목격했다.

신성한 진리의 존재들을 대표한다고 주장하는 사람들은 종종 영적이지 않은 관점에서 그렇게 행동한다. 어떤 조직이 일부 사람은 포함하지만 다른 일부 사람들은 배제할 때, 이것은 그들이 실제로 진리를 설교하거나 가르치지 않는다고 선언하는 것과 같다. 신은 아무도 배제하지 않기 때문이다. 따라서 그렇게 하는 어떤 종교 조직도 신과 관련이 없는 것이다. 신은 모든 것을 알고 있다. 순수한 신의 깨달음을 경험하지 않는 한, 그 누구도 모든 것을 알지 못한다… 그리고 우리 가운데 살았던 이들 중에서 그런 존재들은 아주 적었다.

어느 누구도 존재의 근원과 교감하려는 우리의 노력에 개입할 수 없다. 신과 의식적으로 접촉하기 위한 수단으로서 조직이나 구루, 의식, 사원, 또는 다른 어떤 외적인 영향에 의존해서는 안 된다. 대신, 우리는 침묵의 교감 속에서 모든 것을 아는 근원에 다가가야 하며, 기꺼이 경청하고 인도되어야 한다. 우리는 스스로 선택한 말로 신에게 다음과 같이 말해야 한다. "저는 당신이 모든 것을 알고 있으며 저를 결코 잊을 수 없다는 것을 압니다. 저는 모든 것을 알고 있는 당신과 조화를 이루고, 당신의 모든 선과 평화와 풍요를 제 삶으로 끌어들일 수 있는 믿음을 갖기를 원합니다. 저는 섬기기 위해 여기에 있으므로 이 신뢰의 자리에 머물 것입니다. 당신의 모든 것에 감사하며 당신이 저에게 허락하신 모든 것에 감사합니다."

영과 함께 창조하기

우리가 조화로운 상태에 있지 않는 한, 우리는 영적 근원을 포함하여 그 누구와도 함께 창조할 수 없다는 것을 명심해야 한다. 이를 위해서는 우리의 거짓 자아(에고)를 잠시 멈추고 모든 저항하는 생각을 중단해야 한다. 그래야만 영과 완벽한 조화를 이루며 우리가 갈망하는 영감받는 삶을 창조하는 데 참여할 수 있다.

우리가 기도라는 친교를 통해 우리의 근원에게 구하는 것은 더 이상 소원이나 희망이 아니다. 그것은 신의 마음속에서와 마찬가지로 우리의 마음속에서도 현실이 될 것이다. 항상 에고를 괴롭혔던 그 일이 언제 어떻게 도착할 것인가 하는 문제는 더 이상 문제가 되지 않는다.

우리는 '나는 그것을 갈망한다', '그것은 나의 근원과 조화를 이룬다', 또는 '그것은 오고 있는 중이다. 그러니 소란 피울 필요 없다'와 같은 생각으로 낙관적인 태도를 유지해야 한다. 그리고 나서 긴장을 풀고 우리의 앎에 우리를 내어 맡기는 것이다. 어니스트 홈즈는 이렇게 말했다. "우리가 누군가에게 항복할 때, 그 존재가 바로 우리의 힘이 된다." 항복이라는 용어가 일반적으로 패배와 연관된다는 것을 알고 있지만, 신에게 항복할 때는 승자나 패자가 없다. 이것은 승패의 문제가 아니다.

우리가 할 일은 진정한 자아로 돌아가기 위해 우리의 거짓된 자아를 포기하는 것이다. 그렇게 할 때 우리는 영적 창조주를 만나 그분과 같은 진동 속에서 살아갈 수 있는 힘을 얻게 될 것이다. 우리는 모든 것을 존재하게 하는, 모든 것을 알고 모든 것을 창조하는 힘에 항복하고 동참함으로써 공동 창조자가 될 수 있다. 그러면 우리의 앎이 우리의 의심을 대체하고, "신의 뜻은 항상 우세하다"는 것을 알게 되면서 이제 신의 뜻과 조화를 이루게 된다.

- 회복 운동에서 사용되는 말 중 일부를 당신의 삶에 실제로 적용해보라. '내려놓고 신에게 맡겨라'라는 말은 압박감을 느끼거나, 과도하게 부담을 느끼거나, 좌절하거나, 또는 그저 화가 날 때 스스로에게 건넬 수 있는 훌륭한 문구이다. 이 말을 함으로써, 진정으로 유일한 행위자에게 당신은 일을 맡길 수 있는 자유를 얻게 되고, 상황을 통제하려는 노력의 헛됨을 느끼기보다는 관찰자가 될 것이다. 지금 시도해보라. 내려놓고 신에게 맡겨라. 당신에게는 모든 것을 알고 있는 파트너가 있다고 것을 의식하면서 긴장을 풀어라. 이제 걱정할 게 무엇이겠는가?

- 신의 전지전능함에 의문이 들 때, 그 의심을 쫓아내라. 셰익스피어는 우리에게 이렇게 말했다. "우리의 의심은 배신자다. 의심은 시도를 주저하게 만들어 우리가 종종 얻을 수 있는 선을 잃게 한다." 그가 "선을 잃는다"고 말한 것에 주목하라. 이는 "신과의 연결을 잃는다"의 또 다른 표현이다. 다시 말해, 의심은 당신이 신의 앎에 동참하는 것을 막는다. 생각해보라. 어떻게 알면서 동시에 의심할 수 있겠는가?

  신은 알고 있고 당신은 영감을 받기 위해 신처럼 되기를 원한다. 그러니 신과 소통할 때는, 그가 곁에 있으며, 당신의 말을 듣고

있고, 당신과 함께 행동에 나설 준비가 되어 있다는 것을 알아야
한다.

- 당신이 기도하거나 다른 방식으로 창조적 영과 소통할 때, 단지
영이 모든 것을 안다고 해서 모든 문제를 대신 처리해줄 것이라
고 생각하지 마라. 당신은 공동 창조자이며, 그 창조적 영과 의
식적으로 연결될지 말지를 선택할 자유 의지가 있음을 상기하라.
당신이 공동 창조자에 의식적으로 항복할 때, 그것은 수많은 신
비로운 방식으로 당신을 도울 것이다.

- 우리의 위대한 조상 중 한 명인 마크 트웨인의 제안을 소개한다.
"당신의 야망을 깎아내리려는 사람들을 멀리하라. 소인배들은 항
상 그렇게 한다. 하지만 진정으로 위대한 사람들은 당신 또한 위
대해질 수 있다고 느끼게 한다." 당신의 야망은 신에게서 온 것
이다. 그러므로 신과 소통할 때, 당신의 근원이 마음에 품은 것을
비난하거나 폄하하려고 하는 주변 사람들을 무시할 수 있는 힘을
달라고 기도하라.

- 항복이 깨달음과 힘의 표시라는 것을 가능한 한 자주 상기하라.
당신이 항복하는 대상은 모든 창조에 책임이 있다. 당신이 항복
하는 것은 바로 이 전지전능함이다. 이에 항복함으로써 당신은

영감으로 가득 찬 삶을 살 수 있는 힘을 얻게 될 것이다.

수년 전 나는 깨달음을 얻은 학자 라메시 발세카르(Ramesh Balsekar)의 말을 따로 적어 두었다. 그리고 여전히 이 말을 자주 숙고하며, 이것이 내가 이 장에서 쓴 내용을 간결하게 요약한다고 생각한다. "거의 완벽에 가까운 행동이나 수행, 그리고 거의 모든 창의적인 작업의 대부분은 '뜻이 이루어지이다'라는 신조에서, 즉 실제로 실천에 옮겨지는 에고가 없는 상태에서 일어난다."

모든 것을 알고 있는 근원에 기도할 때, 네 단어 '당신의 뜻이 이루어지이다(Thy will be done)'로 교감을 마무리하면 좋을 것이다. 그리고 '당신의 뜻'에는 당신 또한 포함된다는 것을 명심하라.

16장

모든 것은 기억에 관한 것이다

"신의 기억은 고요한 마음에 찾아온다. 갈등이 있는 곳에는 올 수 없다.
자신과 싸우는 마음은 영원한 온유함을 기억하지 못하기 때문이다.
당신이 기억하는 것은 당신의 일부이다.
당신은 신이 당신을 창조한 그대로여야 하기 때문이다.
이 모든 광기가 당신을 위해 풀리고,
당신의 고요한 마음에서 여전히 빛나고 있는 신의 기억으로 평화롭게 돌아가라."

– 『기적 수업』 중에서

영감을 얻는 것은 워크숍에 참석하거나 새로운 기술을 배우거나 스승을 따름으로써 얻을 수 있는 것이 아니라, 영으로 돌아가거나 행복을 경험했던 장소로 돌아갈 때만 가능하다는 사실을 이제 이해했기를 바란다. 이 점을 강조한 앞의 15개 장을 거친 지금, 우리가 영적인 창조주로부터 사랑과 평화 속에서 기원했다는 사실에 어떠한 의심도 없어야 한다.

이번 장은 우리가 알지 못하는 어떤 영적 존재와 친구가 되려고 노력하기보다는 그를 기억하는 관점에서 신과의 소통에 초점을 맞출 것이다. 즉, 우리는 우리가 진정 누구인지, 우리가 이 물리적 세계에 오기 전에는 어땠는지 기억하는 데 도움이 되도록 기도와 담화를 조율해야 한다.

우리 대부분은 오래전에 에고를 자신에 대한 정의로 채택하며 버렸던 것을 떠올리는 것이 어렵거나 심지어 불가능하다고 느낄 것이다. 그러나 생후 여덟 달 된 타이슨 험블(나의 손자 중 한 명)이 욕조에 누워 있는 사진은 그것을 보는 사람으로 하여금 기억의 중요성을 깨닫게 해줄 것이다.

이 얼마나 삶과 황홀하게 조화를 이루는 기쁨에 찬 생명체인가! 타이슨의 얼굴은 순수하고 완전한 행복을 드러내며, 그를 보는 것만으로도 우리를 미소 짓게 한다. 특히 우리가 그의 나이였을 때 분명히 느꼈을 법한 것을 생각할 때 더욱 그렇다.

이 아름다운 아기는 또한 우리 자신에 대해 무언가를 전달한다. 우리가 우리의 영을 기억할 때, 우리는 타이슨의 환희와 절대적인 만족감을 기억하고 싶어 한다. 내 어린 손자의 얼굴에 나타난 그 행복한 표정의 원인은 단순히 미소와 웃음 때문만이 아니다. 사진에는 어떤 보이지 않는 힘이 있으며, 우리는 바로 그 힘으로 돌아가고 싶어 하는 것이다. 만약 우리가 영적 근원을 눈으로 볼 수 있다면, 우리는 순수한 기쁨, 황홀경, 행복, 그리고 평화를 목격할 것이다—여기에 보이는 사진은 그 모습을 의인화한 것이다. 또한 우리가 타이슨과 동일한 진동 에너지에서 왔으며, 그 얼굴에서 명백히 드러나는 것과 동일한 내적 감각을 가졌다는 점에 주목하는 것이 중요하다. 이는 누구도 부인하지 못할 것이다.

만약 우리가 우리 스스로를 훈련시킨다면, 우리는 내 손자의 얼굴에 떠오른 행복감과 그의 페르소나 전체에 영감을 주는 그 행복감을 기억해낼 수 있다. 우리가 경험한 모든 것은 여전히 보이지 않는 기억으로 저장되어 있으며, 마음만 먹으면 그 기억에 접근할 수 있다. 예를 들어, 나의 할머니가 임종에 가까워 '비자발적 환각'이라고 불리는 증상을 보였을 때, 그녀는 아주 어릴 적 경험했던 온갖 일들을 떠올렸다. 거리 주소, 이웃의 이름, 가족 나들이 장소, 어머니(증조할머니)의 친구 분들 얼굴까지, 이 모든 것을 할머니는 어떻게든 기억할 수 있었다. 할머니는 당시에는 너무 어렸다. 그렇기에 사람들은 절대 기억할 수 없다고 생각했지만, 할머니는 신비로운 방식으로 그것들을 떠올리고 있었던 것이다.

할머니가 어떻게 그렇게 할 수 있었는지 나는 알지 못한다. 다만 내가 확실히 알고 있는 것은 우리가 우리 자신의 개인적인 역사에 손을 뻗어 우리의 정신 상태와 영감의 수준에 영향을 미치는 생각들을 현재로 가져올 수 있다는 것이다. 알다시피 우리가 기억이라고 부르는 과거의 무언가에 대한 단순한 회상만으로도 현재의 우리는 긍정적으로든 부정적으로든 영향을 받는다. 즉, 기억은 우리의 현재 정신 상태에 영향을 끼치는 매우 강력한 도구인 것이다. 우리 마음의 가장 깊은 곳 어딘가에는 분명 부정적인 기억들이 숨어 있을 것이다. 그러니 부정적인 기억으로 인해 우리가 영감을 얻지 못한다면, 굳이 일부러 그 기억에 접근할 필요가 있겠는가? 대신, 창조주의 황홀한 품 안에 100 퍼센트 잠겨 있던 상태에서 이 세상으로 온 지 불과 몇 달밖에 지나지 않은 타이슨이 묘사하는 그 황홀한 행복으로 어떻게 돌아갈지를 생각해야 하는 게 아닐까?

여기서 내가 분명히 말하고자 하는 것은 우리의 영적 창조주와 교감하기 위해서는 우리가 왔던 곳으로 돌아가는 방법을 찾아야 한다는 것이다. 그러므로 영감을 받기 위해서는 과거로 돌아가 중요한 것을 기억할 수 있어야 한다.

당신의 영을 기억하기

이 장의 첫머리에 『기적 수업』의 강력한 인용문을 소개한 바 있다. 이 구절에는 우리가 '완전히 되돌아가기' 위해, 즉 아기 시절, 출생의 순간, 심지어 잉태 이전으로 돌아가기 위해 알아야 할 모든 것이 요약되어 있다고 생각된다. 그것은 바로 우리의 기원을 기억하는 것이다. 나는 이 구절을 수년 전에 기억에 새겼고, 특히 나의 목적을 상기하고 영 안에(in-Spirit) 머물기 위해 나의 창조주와 소통할 때, 내가 진정 누구이며 내가 정말 어디에서 왔는지를 기억하는 방법으로 이 구절을 사용한다.

이제 나는 『기적 수업』의 이 구절에 담긴 각 메시지를 하나씩 살펴보고자 한다.

1. "신의 기억은 고요한 마음에 찾아온다."

우리는 창조의 본질인 고요하고 평화로운 곳에서 왔기 때문에 마음이 시끄러운 대화로 가득 차 있을 때, 영을 기억할 가능성이 차단된다. 끊임없는 수다는 우리를 물리적 세계에 묶어두고 불안과 스트레스, 두려움, 걱정 같은 신을 깨닫는 것과는 확연히 동떨어진 감정적 반응을 일으킨다.

고요한 마음은 우리의 내면에 영과 친숙함을 느낄 수 있는 공간을 열어주고, 이로써 기억을 떠올리게 할 수 있다. 그러면 직관이 예리해지고, 더 높은 에너지에 접근할 수 있으며, 우리가 신에 대한 정보라고 생각했던 것이 확실한 기억으로 보완된다. 신에 대해 아는 것과 실제로 신을 아는 것은 매우 다르다. 그러므로 기억하고, 결과적으로 영 안에 있는 상태로 돌아가기 위해서는 고요하고 훈련된 마음이 필요하다.

신과 소통하고자 할 때 우리는 방해 요소를 최소화해야 한다. 따라서 우리의 공간을 침범하는 인공적인 소음에서 벗어나 자연 속에 있는 것이 도움이 된다. 하지만 가장 중요한 것은 아침부터 밤까지, 심지어 꿈속에서도 머릿속을 흐르는 어지럽고 혼란스러운 생각의 폭포로부터 우리의 마음을 어떻게 자유롭게 유지할 것인가이다. 우리는 매일 약 6만 개의 개별적인 생각을 하는 것으로 추정되는데, 진짜 문제는 우리가 어제 했던 6만 개의 생각을 오늘도 또 한다는 것이다!

나는 명상 수련을 일상생활의 일부로 만들었다. 왜냐하면 그것이 마음을 고요하게 하여 신의 기억에 접근하는 최고의 방법 중 하나이기 때문이다. 그러므로 명상을 배우거나, 아니면 최소한 에고가 생성하고, 연출하고, 만들어내는 내면의 목소리를 차단함으로써 당신은 영을 기억하고 영으로 돌아갈 공간을 열 수 있다.

2. "그것은 갈등이 있는 곳에는 올 수 없다."

갈등이 존재하려면 두 개의 대립하는 힘이 작용해야 한다. 즉, 하나의 힘이 아이디어나 관점, 욕망, 또는 기여의 형태로 다른 힘과 직접적으로 충돌해야 한다. 갈등은 파트너와 자녀, 상사, 이웃, 심지어 국가와도 대립하는 등 다양한 방식으로 우리의 삶을 정의한다. 정치에서는 항상 정당과 정당이 대립하고, 엔터테인먼트 산업에서는 대립하는 관계들이 폭력적인 장면으로 묘사된다. 본질적으로 갈등은 '이원성'을 요구하는 것이다.

그러나 우리가 어디서 왔는지를 기억하는 것은 우리가 영 안에 있는 하나로 돌아간다는 뜻이다. 결국, 신성한 영의 영역에는 대립하는 힘이 없다. 오직 완벽한 하나만이 있으며, 이것이 우리가 다시 합류하고자 하는 것이다. 우리는 창조주와 다시 하나가 되기를 원하며, 어떤 식으로든 갈등하는 마음으로는 이 '신의 기억'을 되찾을 수 없다.

하나됨을 상상하는 것은 어려운 과정이다. 왜냐하면 우리는 이원성과 이분법에 대한 믿음에 너무 깊이 빠져 있기 때문이다. 만약 신(완벽한 하나됨)이 갈등과 이원성에 대한 우리의 믿음을 인정한다면, 하나됨은 존재할 수 없을 것이다. 그러므로 우리가 신을 기억하고 그와 하나됨을 이루는 데 성공하려면 모든 갈등을 제외시켜야 한다. 이것은 마음의 눈으로 우리와 근원의 완전히 통합된 모습을 그림으로써 이루어진다. 신의 하나됨 속으로 녹아드는 모습을 시각화할 때, 우리는 더 이상 우리와 신이 구분할 수 없을 때까지 합쳐지는 느낌을 받게 될 것이다. 그리고 이러한 통합된 상태에서 신에 대한 우리의 기억은 빛나고 투명해진다.

3. "자신과 싸우는 마음은 영원한 온유함을 기억하지 못하기 때문이다."

상충되는 생각은 불만의 원인으로 지목된 사람들에 대한 보복 계획을 포함하여 끝없는 수다로 우리의 의식을 채우는 경향이 있다. 그렇기에 다음과 같은 가상의 대화를 나누는 것은 전혀 드문 일이 아니다. "먼저 내가 그녀에게 이렇게 말할 것이다. 그런 다음 내가 저렇게 말하면, 그녀는 이렇게 대답할 것이다. 그녀는 항상 그렇게 말한다. 심지어 그녀가 거짓말하는 것을 내가 알더라도 말이다. 그래서 이번에는 이런 식으로 말해서 그녀를 궁지에 몰아넣을 것이다. 그녀는 내가 옳다는 것을 인정해야 할 것이다. 하지만 그녀는 절대 그러지 않을 것이다. 나는 내가 옳다는 것을 알기 때문에 그녀가 그것을 인정하도록 강요할 것이다. 나는 그녀의 어머니조차도 내게 동의한다고 그녀에게 말할 것이다….” 이런 생각은 밤낮으로 계속될 수 있으며, 실제로 자주 그렇다. 우리는 이렇게 내면의 싸움을 반복한다. 유일한 이점은 그것이 오직 우리의 마음속에서만 일어나기 때문에 거의 항상 우리가 이긴다는 것이다.

『기적 수업』의 두 번째 장은 호전적인 마음은 한때 영원한 온유함 속에 거주했던 곳을 기억할 수 없게 한다는 것을 강조하고 있다. 단언컨대 전쟁을 벌이면서 동시에 내면의 평화와 온유함에 집중할 수는 없다. 당신이 기억하고 다시 합류해야 할 것은 바로 영원한 온유함이다. 이를 실천하는 방법은 정말 간단하다. 단지 전쟁터를 폐쇄하고 항복하기만 하면 된다. 모든 포를 철수하고 병사들을 집으로 돌려보내고, 마음속 전쟁의 도구들을 평화와 평온, 그리고 항복의 생각으로 대체하는 것이다. 마음을 평화의 장소로 만드는 것은 당신 자신의 의지에 달려 있다. 갈등에 대한 생각을 단호히 거부한다면 영을 기억하는 영광을 활성화할 수 있을 것이다.

나 역시 아이들이나 아내와 주고받는 내면의 대화로 마음을 어지럽히던 때가 있었다. 내 편 네 편을 왕복하다가 말 그대로 지칠 대로 지쳐서 탈진 상태에 이를 뻔했다. 그러던 어느 날 나는 내 머릿속 전쟁터를 포기하기로 결심했다. 내 내면의 화면에 ‘취소’라는 단어를 떠올리는 연습을 시작했고, 무의미한 마음속 스파링을 완강히 거부했다.

그렇게 며칠 동안 연습하자 자동 반응처럼 영원한 온유함으로 가는 것이 가능해졌고, 평화와 신성한 인도가 보상으로 다가왔다.

4. "당신이 기억하는 것은 당신의 일부이다."

내가 가진 모든 기억이 바로 나이다. 이 사실을 아는 것은 얼마나 영광스러운 일인가! 우리 각자는 자신이 원하는 모습 일부를 되찾아 바로 지금 이 순간에 그것을 경험할 힘을 가지고 있다. 위대한 덴마크 신학자 쇠렌 키르케고르는 "삶은 오직 뒤돌아볼 때만 이해될 수 있지만, 우리는 앞으로 나아가야 한다"라고 말했다. 다시 말해, 우리가 태초 이전에 우리를 정의했던 영적 행복을 기억할 수 없다면, 우리는 우리 자신의 일부를 버린 것이다.

우리가 신과의 친교를 위하면서도 우리의 영적 기원을 기억하지 못할 때, 그것은 "나는 나의 영에 대한 기억이나 추억이 없기 때문에 나 자신을 알 수 없다"라는 말과 같음을 알아야 한다. 사실, 우리가 지금 다루고 있는 『기적 수업』에 나오는 이 구절의 필연적인 결론은 "당신이 기억하지 못하는 것은 당신의 일부가 아니다"일 것이다. 다시 말해, 우리가 영을 기억하는 데 실패한다면, 명백히 그것은 우리의 일부가 아닌 것이다.

우리의 근원을 기억하기 위해 우리가 할 수 있는 가장 효과적인 것은 주저하지 않고 다음과 같이 단언하는 것이다. "나는 무엇보다도 영원한 영적 존재이다. 나는 이것 외에 다른 어떤 것이 될 수 없다. 나는 이것을 결코 의심하지 않을 것이며, 나는 내면으로 들어가 모든 생각과 행동에서 신처럼 되려고 노력할 것이다."

이렇게 영감을 위한 수행을 시작할 때, 우리의 영적 기원의 기억이 구름 뒤에서 나타나 의심할 여지 없이 명확해질 것이다.

5. "당신은 신이 창조한 모습 그대로여야 하기 때문이다."

이 책의 전반에 걸쳐 나는 다음과 같은 점을 반복해서 강조하고 있다. 우리는 우리가 태어난 모습 그대로여야 한다. 피 한 방울이 곧 피의 근원이기 때문에 나머지 피와 같아야 하는 것처럼, 우리는 신에게서 왔기 때문에 신과 같아야 한다. 우리가 우리 자신을 거짓 자아라고 믿는 것은 우리가 신을 밀어낼 때뿐이다.

당신이 존재의 근원과 소통할 때, 당신은 신과 같은 자신의 일부를 깨우고 있다는 것을 알아야 한다. 사실, 당신은 가능한 한 당신이 창조된 방식과 가장 가깝게 정렬됨으로써-즉, 모든 것을 사랑하는 창조주와 진동적으로 일치함으로써 신과의 소통에 성공할 수 있다. 사랑 안에서, 평화 속에서, 그리고 판단 없이 신과 대화하는 고요한 순간들로 나아가라. 『기적 수업』이 말하고 있듯이 당신은 창조된 모습 그대로여야 한다. 그런데도 왜 거짓된 가면을 쓰고 다른 어떤 것이나 다른 누구인 척하는가? 이렇게 할 때, 당신은 마침내 당신이 창조된 모습 그대로를 기억하게 되어 소통의 통로를 열 수 있다-그리고 그것이 효과적인 기도의 열쇠이다. 그리고 언젠가 간디가 말했듯이 "기도는 노파의 한가로운 오락이 아니다. 기도를 올바로 이해하고 적용하면, 그것은 가장 강력한 행동의 도구가 된다."

6. "이 모든 광기를 풀고, 고요한 마음에 여전히 빛나고 있는 신의 기억으로 평화롭게 돌아가라."

이 가르침에 담긴 세 가지 제안을 하나씩 살펴보자.

• 첫째, 『기적 수업』은 "이 광기를 풀라"고 말한다. 여기서 광기는 갈등 상태에서 사는 것을 말한다. 다시 말해, 삶의 이분법을 초월하려고 노력해야 한다. 왜냐하면 분열은 많은 고통을 만들어내고 영감 있는 삶을 살지 못하게 하기 때문이다. 람 다스는 강의에서 이렇게 말했다. "나는 더 이상 나에게 '그들'은 없다는 확고한 결론에 도달했다. 이제 나는 누구를 미워하고, 누구와 싸우고, 누구를 제압하라는 말을 듣지 않는다. 나는 내 마음속에서 오직 '우리'만을 본다."

우리의 세상을 나누라는 모든 메시지는 미친 짓이다. 우리 안의 모든 자기 중심성은 우리를 특별하게 만들고 다른 사람들을 깎아내리려는 에고의 만족할 줄 모르는 욕구를 부추길 뿐이다. 애국심의 이름으로 전쟁을 지지하거나 의무를 다한다는 이름으로 증오를 승인하는 것과 같이 폭력에 대한 우리의 모든 성향은 비록 그것이 "용인될 수 있는 것"일지라도 잘못된 것이다. 『기적 수업』은 우리의 마음과 행동 모두에서 이 광기를 단번에 끝내도록 우리를 독려한다.

• 둘째, "신의 기억으로 평화롭게 돌아가라"고 한다. 다시 한번 말하지만, 우리는 평화의 장소에서 왔다는 것을 알기에, 어떤 불화도 창조주의 행동에서 비롯된 것일 수 없다. 우리가 평화가 아닌 곳에서 기도할 때 신은 우리에게 올 수 없다. 따라서 해결책은 그를 기억하는 곳으로 돌아가 그의 평화의 도구가 되게 해달라고 간구하는 것이다. 실제로 마음이 어수선할 때, 나는 기억한다. 내가 기억하는 것은 바로 지금 기도 속에서 평화로 돌아가는 것임을. 그러면 괴로움은 평화가 되고, 내가 갈망하는 평온함이 기분 좋은 안도의 물결처럼 나를 감싸는 것을 느낀다.

우리 안에는 항상 평화로운 모드로 전환할 수 있는 힘이 있다. 그리고 우리가 누군가를 존중할 때, 오만해지려는 성향을 잠시 멈춤으로써 그들 앞에서 평화로울 수 있다. 예를 들어, 나는 존 매켄로가 테니스 코트에서 라켓을 내리치고 심판에게 욕설을 퍼붓는 등 무례하게 행동하며 전반적으로 매우 평화롭지 않은 상태에 빠졌던 것을 기억한다. 그러나 그는 라이벌인 비외른 보리와 경기할 때는 결코 그런 행동을 하지 않았다. 놀랍게도, 매켄로는 이 차분하고 느긋하며 비폭력적인 라이벌과 경기할 때면 거의 언제나 부정적인 감정의 폭발을 통제할 수 있었다.

매켄로는 보리를 매우 존중했기 때문에 그의 존재에 평화롭게 다가간 것이다.

• 마지막으로, 『기적 수업』은 이 평화로운 기억이 "여전히 (우리의) 고요한 마음속에 빛나고 있다"고 상기시킨다. 여기서 '여전히'와 '고요한'이라는 단어에 주목하라. 삶에서 우리가 어디에 있든, 우리가 숨을 쉬고 있다면, 우리는 존재의 근원과 연결되어 있다. 비록 그 연결이 약간 헐거워졌을지라도 말이다. 우리는 여전히 우리 안에 빛나는 신의 기억을 가지고 있는 것이다… 그것은 그렇지 않을 수가 없다. 따라서 우리가 할 일은 그 기억에 접근하는 것이며, 만약 우리가 그것들을 우리의 고요한 마음속에 간직한다면 도움이 될 것이다. 이 기억은 에고의 마음속에서, 시끄러운 마음속에서, 우리의 자만심에 찬 마음속에서는 빛나지 않는다. 그것은 고요하고 비폭력적이며 평화롭고 사랑에 찬 마음속에서 빛난다. 우리가 고요함으로 나아갈 때, 그 빛은 우리의 창조적 영에 접근하는 방법을 상기시켜 준다.

톨스토이는 내가 가장 좋아하는 스승 중 한 명이다. 그의 강력한 책 『신의 나라는 네 안에 있다』(*The Kingdom of God Is Within You*)를 보면서 나는 그가 전쟁으로 찢긴 조국의 19세기 독자들에게 비폭력에 주의를 기울이라고 간청하기 위해 사용했던 말들에 깊은 감명을 받았다.

만약 당신이 그리스도가 살인을 금지했다고 믿는다면, 당신에게 살인에 동참하라고 말하는 사람들의 주장이나 명령에 귀 기울이지 마라. 무력을 사용하지 않겠다는 확고한 거부를 통해 당신은 '이 말들을 듣고 행하는 자들에게 약속된 축복'을 자신에게 불러들이는 것이다. 그러면 세상이 당신을 인류 개혁에 기여한 자로 인정할 때가 올 것이다.

톨스토이가 말하는 것은 우리의 본래 고향인 평화로 돌아가는 것이 우리 모두의 의무라는 것이다. 이처럼 우리는 특히 무력 사용을 거부해야 하며, 무엇보다도 우리의 영을 기억해야 한다.

- 당신이 아주 어렸을 때 행복에 빠져 있던 모습을 담은 사진을 찾아보라. 그 사진을 눈에 잘 띄는 곳에 두고, 사진 속에서 당신이 표현하고 있는 동일한 영이 바로 지금 당신 안에 살아 숨 쉬고 있음을 상기하라. 그리고 당신이 매일 그것을 기억할 것이고, 그것과 함께할 것임을 다짐하라.

- 기억력을 단련하라. 그렇게 하면 어린 시절의 사랑과 평화와 기쁨의 기억으로 돌아갈 수 있고, 더 나아가 당신의 영적 기원으로까지 되돌아갈 수 있다. 삶의 초기 사건들을 기억하고 되찾는 것은 생각보다 더 많은 과거와 영적 시작에 접근할 수 있다는 것을 발견하는 데 도움이 된다. 모든 것이 그 안에 있으니 기억을 되찾도록 자신을 단련하라.

● 홀로 기도하라. 침묵과 화해하고, 바로 그곳에서 당신의 영을 기억하게 될 것임을 스스로에게 상기시켜라. 위대한 프랑스 과학자이자 철학자인 블레즈 파스칼(Blaise Pascal)은 "인간의 모든 불행은 방에서 홀로 조용히 앉아 있지 못하는 데서 비롯된다"라고 말했다. 당신이 침묵에 대한 혐오감을 초월할 수 있을 때, 다른 많은 불행도 초월할 것이다. 그리고 바로 이 침묵 속에서 신을 기억하는 마음이 활성화될 것이다.

● 삶에서 갈등을 줄이겠다고 다짐하라. 이 책을 읽는 당신의 목표는 영감을 얻는 것이다. 따라서 갈등은 당연한 것이고 피할 수도 없다는 생각을 멈추고 싶을 것이다. 당신은 어떤 갈등도 없는 곳에서 왔으며, 언제든 누구에 의해서든 당신의 내면세계가 갈등에 휩싸이는 것을 거부함으로써 바로 여기 지상에서 그 천국으로 돌아갈 수 있다. 이 말을 반복해서 확언하라. 나는 스스로에게 갈등을 끌어들이지 않는다.

룬(Runes)의 책에서 가져온 이 구절을 시각화해 보라.

언덕 꼭대기의 관문 앞에 서 있는 자신을 시각화하라. 당신의 삶 전체가 당신의 뒤로 펼쳐져 있다. 관문을 통과하기 전에 잠시 멈춰서 과거를 되돌아보라. 배움과 기쁨, 승리와 슬픔 등 당신을 여기까지 데려온 모든 것을 되돌아보라.

이 연습을 통해 당신은 기억의 미덕을 실천하게 될 것이며, 그것은 당신을 영으로 돌아가게 할 것이다!

당신의 근원과 소통하고 의식적으로 접촉하기 위해서 새로운 것을 배울 필요는 전혀 없다. 모든 것은 이미 당신 안에 있다. 당신은 단지 기억하기만 하면 된다.

17장

영의 언어

"신이 어디에 있느냐고 묻자, 사람들은 하늘이나 멀고 먼 지역을 가리킨다.
그러니 그가 자신을 나타내지 않는 것도 당연하다!
그가 당신 안에, 당신과 함께, 당신 뒤에, 그리고 당신 주위에 있음을 깨달아라.
그는 어디서나 보이고 느껴질 수 있다."

- 사티야 사이 바바(Sathya Sai Baba)

앞에서 나는 신을 우리의 변덕을 들어주고 우리가 요청했다고 해서 무조건 응답하는 '우주의 벨보이'로 보는 대신, 신과 소통할 수 있는 통로를 여는 책임을 지는 것이 우리의 임무임을 강조하고자 했다. 그런데 우리의 영적 근원이 언제 우리와 접촉하고 있는지는 어떻게 알 수 있을까?

영의 메시지는 반드시 우리의 모국어로만 전달되는 것은 아니다. 왜냐하면 영은 소통의 유일한 수단으로 우리가 사용하는 단어라는 형태에 결코 제한되지 않기 때문이다. 기억하라, 영의 세계는 우주에서 가장 높고 빠른 에너지를 담고 있다. 그것은 너무 빠르게 진동하여 눈에 보이지 않는 것을 입자로 나타나게 하고, 우리가 감각으로 보고, 만지고, 맛보고, 듣고, 냄새 맡는 형태로 나타나게 한다. 따라서 영에게 필요한 것은 창조의 신비로운 힘을 활성화하고, 높은 에너지 진동을 통해 우리에게 지침과 도움을 보내는 것뿐이다.

예수의 말 중에서 내가 가장 좋아해 그동안 수천 번이나 공유했던 인용구 중 하나가 바로 이것이다. "사람에게는 불가능하지만, 신에게는 모든 것이 가능하다(마태 19:26)." 이 명언을 염두에 두고 영의 언어와 관련하여 내가 여기서 제시하는 아이디어를 읽어보기 바란다. 물론 내가 말하는 소통 방식 중 일부가 이상하게 보일 수도 있고, 당신의 에고가 그것을 단순한 우연으로 치부하고 의미 없는 것으로 무시하고 싶어 할 수도 있다. 하지만 "신에게는 모든 것이 가능하다"는 사실을 기억하라.

우리는 세계를 창조하는 근원 에너지와 소통하고 있다. 그리고 그 에너지는 제한이 없고, 우리가 사용하는 낮은 에너지나 느린 언어 방식을 사용하지 않는다. 영은 우리의 직관이나 텔레파시, 통찰력, 심령 인식, 영적 통찰력, 투시력, 육감, 심지어 그 이상의 고차원적인 능력을 활용하여 즉각적으로 소통한다.

훌륭한 시인 라이너 마리아 릴케(Rainer Maria Rilke)는 이 모든 것을 다음과 같은 관찰을 통해 보여주고 있다. "우리는 가능한 한 최대한 우리의 존재를 받아들여야 한다. 모든 것, 전례 없는 것까지도 받아들여야 한다. 그것이 기본적으로 우리에게 요구되는 유일한 용기이다. 우리가 마주칠 수 있는 가장 낯설고, 가장 기발하며 설명할 수 없는 것에 맞서는 용기를 가져야 한다.”

스승을 맞이할 준비

“학생이 준비되면 스승이 나타난다”라는 말은 수천 년 전부터 회자되어 왔다. 스승은 영이 준 선물이기 때문에 항상 우리 곁에 있다. 하지만 진짜 질문은 우리가 그들의 가르침을 받아들일 준비가 되었느냐는 것이다. 여기서 핵심 단어는 준비됨이다. 즉, 우리는 모든 가능성에 열려 있어야 하고 우리의 직감을 신뢰해야 한다.

무언가가 신의 메시지일지도 모른다는 생각은 우리가 직관에 열려 있다는 증거다. 우리의 생각은 신성하며 신과의 연결을 입증하는 것이므로 다른 누구 또는 다른 무엇에 의해 확인될 필요가 없다. 창조주는 반드시 물리적 세계의 법칙에 부합하지 않는 방식으로 듣고 응답한다. 즉, 우리는 원인과 결과, 물리 법칙, 또는 심지어 우리가 ‘가능하다’고 믿는 것과 일치하는 물리적 출처로부터 듣게 되지 않을 것이다. 따라서 우리가 할 일은 그 영적 에너지와 진동적으로 일치하기 위해 우리가 할 수 있는 모든 것을 하는 것이다.

우리는 한때 창조의 힘과 완벽하게 함께였고, 이제 다시 그것으로 돌아오라는 부름을 받고 있다. 정렬의 언어에 열린 마음을 갖는 것은 매우 중요하다. 우리 대부분은 그러한 메시지를 단순한 우연으로 치부하는데, 이런 경향을 인식하는 것부터 시작해야 한다. 조직화된 지성이 모든 순간에 창조의 힘을 뒷받침하는 무한한 우주에서 우연이란 있을 수 없기 때문이다.

이 장의 나머지 부분에서, 나는 모든 것을 아는 창조적 영이 어떻게 소통하는지에 대한 나의 직감 몇 가지를 제시할 것이다. 이러한 방식 중 일부는 '설명할 수 없는 정렬'의 범주에 속한다. 즉, 거기에는 의미가 있지만, 항상 물질 법칙에 대한 믿음에 묶여 있는 우리의 에고는 우리 바로 앞에 있는 숨겨진 의미를 보기를 거부한다.

정렬의 네 가지 메시지

수년 동안 나는 영의 언어가 논리적 사고를 거스르는 방식으로 나에게 말하는 것을 느꼈다. 이러한 느낌은 직감 그 이상, 즉 직관을 뛰어넘는 것이었다. 나는 그것들이 내가 영감받은 삶을 사는 데 기여했다고 진심으로 믿는다.

다음의 네 가지 예시는 모든 사람들에게 적용되는 규칙이나 법칙은 아니지만, 만약 당신에게도 효과가 있다면, 나는 더욱더 영감을 받을 것이다. 왜냐하면 내가 아는 모든 것을 다른 이들에게 전해주고 싶은 것이 나의 의도이기 때문이다. 내가 이런 아이디어를 당신에게 말하는 것은 영의 음성에 귀를 기울일 때 모든 것이 가능하다는 것을 끊임 없이 상기시키기 위해서이다(비록 내가 번호 순서대로 그것들을 제시하고 있지만, 그것들이 어떤 선형적 배열을 따르는 것은 분명 아니다).

1. 느낌의 정렬

내가 기분이 좋을 때, 나는 영과 정렬된다. 내가 우리 아이들에게 말하듯이, 건강 상태를 판단할 때는 숫자로 가득 찬 의료 기록지에서 답을 찾기보다 우리가 느끼는 감정에 의존해야 한다. 활력과 만족감, 흥분, 그리고 행복감을 느끼는 것이 멀리 떨어진 실험실에서 신체 기능을 평가하는 것보다 건강과 웰빙을 더 잘 보여주는 지표이다. "이렇게 하면 기분이 좋아질까?"라는 질문에 대한 긍정적이고 솔직한 대답은 우리가 우리의 창조적 근원과 정렬되었는지 아닌지를 즉시 알려준다.

예를 들어, 나는 휴대폰 고장으로 공급업체와 아무런 영감도 받지 못하는 관계를 유지 중이었다. 몇 주 동안 나는 그 갈등을 해결하지 못하고 있었다. 매일 아침 나는 공급업체에 전화를 걸어 끝없는 녹음 메시지를 뒤적이고, 때로는 30분씩 통화를 위해 대기해야 했다. 그러나 마침내 감독관과 연결되면 그는 회사 매뉴얼에서 다음과 같이 읽어주는 게 전부였다. "저희는 최선을 다하고 있으며, 이로 인해 발생할 수 있는 불편에 대해 사과드립니다. 이것이 언제 해결될지는 알려드릴 수 없습니다." 매일 나는 화가 나고, 매뉴얼에 지쳤으며, 심지어 건강에까지 부정적인 영향을 받았다. 그러다가 나는 나 자신의 조언을 따르기로 마음먹었다.

다시 휴대폰 회사와의 아침 의식을 치르려고 했을 때, 나는 일단 이를 멈췄다. 그리고 이 문제에서 기분이 좋아지기를 원한다고 스스로에게 말했다. 그런 뒤 나는 수화기를 내려놓고 바다에 나가 수영을 하며 새롭게 느낀 평화로움에 대해 신에게 감사했다. 그러자 아니나 다를까 내 안의 목소리가 말했다. "전화를 받을 수 없음으로써, 당신은 평화를 누릴 드문 기회를 얻었다. 이것은 과거에 너무 많은 방해 때문에 당신이 누리지 못하고 있다고 불평했던 바로 그 기회이다. 게다가, 전화 회사는 그들이 할 수 있는 최선을 다하고 있으니, 그들을 빛으로 감싸고 문제가 스스로 해결되게 하라." 그리고 마지막으로 내가 들은 가장 놀라운 말은 "당신은 당신에게 도움이 되지 않을 메시지를 받지 않도록 보호받고 있다. 나는 당신의 전화 수신을 일시적으로 중단시켜 당신을 기분 나쁘게 만들 것들로부터 자유롭게 해주었다. 그러니 당신의 평화를 즐겨라!"였다.

이후로 나는 영이 그 문제를 처리하도록 내버려두었고, 지금은 무엇이 나에게 그렇게 짜증과 내적 혼란의 원천이었는지 생각할 때 기분이 좋아진다. 이 예는 영감이라는 큰 주제를 다룬 책에서 사소한 것처럼 보일 수도 있다. 그럼에도 불구하고, 나는 당신에게 "이것이 나를 기분 좋게 하는가?"라는 질문을 던져보고 다음에 비슷한 '사소한' 상황이 생길 때, 그 대답에 주의를 기울일 것을 권한다. 당신은 자신이 재정렬된 것을 발견하고 놀랄지도 모른다!

2. 자연과의 정렬

자연의 모든 것은 영 안에 있다. 자연은 에고에 의해 망가지지 않았으며, 앞으로도 결코 그럴 수 없다. 그러니 자연이 우리에게 말을 걸 때, 우리는 귀를 기울여야 한다. 예를 들어, 야생의 새가 우리를 건드리거나, 바다나 호수에서 수영할 때 물고기가 스쳐 지나갈 때, 나는 그것이 우리 존재의 근원으로부터 직접 전달되는 소통이라고 믿는다.

신의 이러한 창조물은 본능적으로 우리와 거리를 유지하기 때문에, 그들이 DNA 패턴에서 벗어나 실제로 우리와 물리적으로 접촉할 때, 우리는 주의를 기울여야 한다고 생각한다.

내 삶에서는 몇 번이나 새가 내 몸을 스쳐 지나간 적이 있다. 그리고 그때마다 나는 신과의 깊은 연결감을 느꼈다. 나는 그 연결의 순간에 멈춰서 내 생각을 되짚어보았고, 그 연결을 글쓰기라는 나의 사명에 더 주의를 기울이라는 메시지로 해석할 수 있었다.

그리고 바로 오늘, 바닷가를 걸으며 자연과 영적 정렬에 관한 이 부분을 어떻게 쓸까 생각하고 있는데, 붉은색 홍관조 한 마리가 내 얼굴 바로 앞까지 날아와 나뭇가지에 내려앉았다. 그 새는 나를 똑바로 바라보더니 고개를 끄덕이고는 날아갔다가 다시 내 몸 가까이로 돌아왔다. 이 만남의 순간, 나는 이 새 이야기를 포함시킬지 여부를 고민했다. 왜냐하면 전문가 집단의 오해를 사거나 비판받을 수도 있다고 생각했기 때문이다. 하지만 이럴 때마다 나는 항상 내 내면의 앎에 귀를 기울이기로 한다. 비평가들은 개의치 않기로 하는 것이다!

또한 나는 자연이 내 관심을 끌고 내가 영과 접촉하고 있다는 것을 알려준 다른 방식도 기억한다. 예를 들어 한번은 내가 복수라는 뚜렷하게 비 영적인 생각에 사로잡혀 있을 때, 거센 바람 속에서 나뭇잎 하나가 날아와 내 얼굴을 거의 때릴 뻔한 적이 있었다. 또 한번은 내가 분노로 가득 찬 상태로 차에서 내리자 부러진 나뭇가지가 나를 쳤다. 그날은 바람 한 점 없는 고요한 날이었고, 나무를 흔드는 그 어떤 것도 없었다. 그리고 마우이의 하나섬 근처에 있는 '일곱 개의 신성한 웅덩이' 중 한 웅덩이에서 명상을 하고 있었는데, 수면을 떠다니던 나뭇조각이 내 손바닥으로 흘러왔다. 눈을 감고 깊은 명상에 빠져 있을 때 그것이 나를 건드린 것이다. 나는 깜짝 놀랐지만 그것이 나에게 무언가를 말하고 있다는 것을 알았다. 22년 넘게 간직한 이 나뭇조각에 대한 기억은 나에게 영이 살아 있고 활동하고 있다는 것을 상기시켜 준다. 오늘날까지도 나는 그것을 볼 때마다 신을 생각한다… 그리고 알다시피, 신을 생각하고 그분을 닮아가는 것이 바로 영감의 삶을 사는 데 꼭 필요한 것이다.

자연 속에서 영을 일깨우고 내면의 경외심과 감탄의 불꽃을 일으키는 에피소드에 주의를 기울여라. 다른 존재와 굳이 논의할 필요는 없다. 만약 그것이 당신에게 의미가 있다면, 그것은 타당한 것이다(사실, 떠다니는 신성한 나뭇조각 이야기를 여러분과 나누는 것은 이번이 처음이다). 바람, 생물, 구름, 비, 바다의 소리에 귀 기울여라. 그 모든 것에 귀 기울여라.

여기 모든 자연에 내재된 영의 언어에 대한 아메리카 원주민의 인식을 보여주는 '치누크족의 축복 기도문(Chinook Blessing Litany)'이 있다.

우리는 아름다운 깊이와 높이 솟아오른 높이, 활력과 풍요로운 생명으로 가득한 우리의 고향인 지구에 기도합니다. 그리고 함께 이렇게 간구합니다.
우리에게 가르침을 주시고, 길을 보여주소서.

우리는 산과 캐스케이드 산맥과 올림픽 산맥, 야생화로 가득한 높고 푸른 계곡과 초원, 결코 녹지 않는 눈, 깊은 침묵의 봉우리에 기도합니다. 그리고 그들에게 간구합니다.
우리에게 가르침을 주시고, 길을 보여주소서.

우리는 지평선에서 지평선까지 대지를 감싸고, 강과 개울을 흐르고, 정원과 들판에 떨어지는 물에 기도합니다. 그리고 그들에게 간구합니다.
우리에게 가르침을 주시고, 길을 보여주소서.

우리는 우리의 식량을 키워주는 땅, 양분을 주는 토양, 비옥한 들판, 풍요로운 정원과 과수원에 기도합니다. 그리고 그들에게 간구합니다.
우리에게 가르침을 주시고, 길을 보여주소서.

우리는 숲에 기도합니다. 뿌리에 땅을 두고, 가지에 하늘을 품고 하늘로 힘차게 뻗은 거대한 나무들, 전나무와 소나무와 삼나무에 기도합니다. 그리고 그들에게 간구합니다.

우리에게 가르침을 주시고, 길을 보여주소서.

우리는 들판과 숲과 바다의 생명체들, 우리의 형제자매인 늑대와 사슴, 독수리와 비둘기, 거대한 고래와 돌고래, 그리고 북서쪽 고향을 함께하는 아름다운 범고래와 연어에게 기도합니다. 그리고 그들에게 간구합니다.

우리에게 가르침을 주시고, 길을 보여주소서.

우리는 우리의 삶의 리듬과 계절을 다스리고 우리가 위대하고 경이로운 우주의 일부임을 일깨워주는 달과 별과 태양에게 기도합니다. 그리고 그들에게 간구합니다.

우리에게 가르침을 주시고, 길을 보여주소서.

우리는 이 땅에 살았던 모든 이들, 우리의 조상과 친구들, 미래 세대를 위해 최고의 것을 꿈꾸었던 이들, 그리고 우리의 삶을 지탱해 온 모든 이들에게 기도합니다. 그리고 감사와 함께 그들에게 간구합니다.

우리에게 가르침을 주시고, 길을 보여주소서.

그리고 마지막으로, 우리는 우리가 가장 신성하게 여기는 모든 것, 온 우주에 흐르는 사랑과 진실의 위대한 영의 현존과 힘에게 우리와 함께 있기를 간구합니다.

우리에게 가르침을 주시고, 길을 보여주소서.

실로 자연은 우리에게 많은 것을 가르쳐주며, 길을 보여주는 데 도움을 준다. 그럼으로 우리가 해야 할 일은 자연의 완벽함에 우리 자신을 정렬시키고, 그것이 우리의 완벽함과 어떻게 일치하는지 주의 깊게 관찰하는 것뿐이다.

3. 사건과의 일치

겉으로 보기에 이상한 사건들과 설명할 수 없는 사건들은 실제로는 우리의 모든 것을 창조하는 근원이 우리를 가르치고 길을 보여주기 위해 '우연의 일치'를 배치한 것일 수 있다. 예를 들어, 최근에 나는 친구에게서 몇 달 동안 베스트셀러 목록에 올랐던 어떤 책을 읽어보라는 권유를 받았다. 나는 공항의 여러 상점에서 그 책을 찾아보았으나, 비행기에 탑승할 시간이 되어 결국 포기하고 말았다.

내가 기내 좌석에 앉는 동안에도 그 책 제목은 여전히 내 머릿속을 맴돌고 있었다. 그런데 좌석을 두 번이나 바꾼 한 여성이 결국 내 옆에 앉게 되었는데, 내가 찾던 바로 그 책을 그녀가 들고 있었다. 그리고 집에 돌아와 TV를 켰는데 토크쇼의 게스트가 그 책에 대해 이야기하고 있었다. 나는 이 책에 대한 친구의 이야기, 공항에서 책을 찾던 것, 옆자리 승객, 토크쇼의 게스트까지 불과 몇 시간 만에 이 책과 관련된 네 가지 일치를 발견했던 것이다.

이런 종류의 일치를 경험할 때, 나는 그것을 우연으로 치부하지 않는다. 무슨 일이 일어나고 있었는지 완전히 확신할 수는 없었지만, 나는 바로 그 책[수 몽크 키드의 『벌들의 비밀 생활』(*The Secret Life of Bees*)]을 구입했다. 그리고 이 책에서 내가 내 책에서 인용할 이야기를 우연히 발견할 수 있었다. 아마도 『벌들의 비밀 생활』을 읽는 누군가가 책 속 이야기의 메시지를 읽고 공유할 수 있도록 모든 연계된 사건들이 내게 나타나서 이런 예시를 만들게 되었을지도 모른다. 가능성은 무궁무진하다!

내가 가장 좋아하는 인용구 중 하나는 마크 헬프린(Mark Helprin)의 『겨울 이야기』(*Winter's Tale*)에서 나온 것이다. "결국, 아니 오히려 모든 사건은 아무리 작은 것이라도 다른 모든 사건과 밀접하고 현명하게 연결되어 있다." 의식의 경험 영역에서 반복적으로 나타나는 사건의 패턴을 관찰하는 것은 흥미로운 일이다. 만약 이것이 영이 우리를 영과 다시 연결되도록 초대하는 것일 수도 있다는 것을 알게 된다면, 등골이 오싹해지는 놀라움을 느낄 수 있지 않을까.

영의 언어는 우리를 우리의 근원과 정렬시키기 위해 연속적인 반복을 만들어냄으로써 그 창의성을 드러낼 수 있다. 우리가 어떤 새로운 프로젝트에 관한 아이디어를 떠올렸다고 가정해보자. 그런데 신비롭게도 우연히 손에 잡힌 잡지에서 그와 관련된 내용을 읽게 되고, 얼마 뒤 영화 관람을 기다리는 대기줄에서 낯선 사람이 갑자기 같은 주제로 우리에게 말을 건다면? 게다가 영화 자체에서 해당 주제가 언급되고, 영화가 끝난 뒤 저녁 식사 중에 옆 테이블의 사람들이 같은 주제를 논의하는 것을 엿듣게 된다면, 어떨까? 그때 우리는 영이 쓰고 실행하는 '정렬로 인한 우리의 주의를 끌어당기는' 과정 속해 있는 것이다. 다시 말해, 이것은 우연이 아니다. 가르치는 이들이 앞에 나타난 것을 넘어, 실제로 우리 머리를 때리고 있는 것이다!

우리가 이 정렬된 동시성을 알아차릴 수 있는 것은 우리가 바로 그것에 동조했기 때문이다. 가르치는 이들은 이미 항상 거기에 있었다. 그렇지만 이제서야 우리가 그들을 알아차린 것이다. 그리고 이런 우리의 알아차림은 우리가 궁극적인 소명에 귀를 기울일 준비가 됐다는 것을 뜻한다. 이러한 정렬은 정말 흥미로운 형태를 띨 수 있다. 예를 들어 같은 숫자들이 반복적으로 나타나는 것을 경험한 적이 있지 않은가. 아침마다 정확히 4시 44분에 깨어나고, 그 숫자를 주행 기록계, 라디오, 통장 잔고, 자선 걷기 행사의 배정 번호로 보게 된다면, 우리는 "대체 무슨 일이 일어나고 있는 거지?"라고 되물을 수밖에 없다. 답은 우주가 우리에게 수용하고 주의를 기울이라고 요청하고 있다는 것이다. 이것은 카지노나 복권에서 숫자를 다루는 것과는 다르다. 이는 겉보기에는 우연처럼 보이는 반복이 실제로는 영이 우리를 합류하도록 초대하는 것이기 때문이다.

30년간 책을 써오면서 "책 한 권이 책장에서 우연히 손에 잡혔는데, 그것이 바로 그때 제게 필요했던 것이었어요"라는 말을 얼마나 많이 들었는지 모른다. 실제로 거의 모든 사람이 평생 최소한 한 번 이상 이런 비슷한 경험을 했을 거라고 장담한다(나는 책을 쓸 때마다 이런 종류의 영적 소통을 경험한다. 특정 항목을 쓰라고 인도받는 느낌이 들거나, 준비와 실제 집필의 몇 달 동안 이런 종류의 메시지가 계속 나타날 때 나는 내가 영과 정렬되어 있음을 안다). 책 한 권이 말 그대로 우리 무릎에 떨어지거나, 여러 사람이 동시에 그 책을 이야기하거나, 심지어 우리가 계속해서 그 책의 제목을 보고, 다른 사람들이 반복해서 언급하는 것을 경험할 때면, 우리는 그것을 알아차리고, 저항을 멈추고, 항복해야 한다. 그리고 우리가 그 책을 읽고 책의 내용을 적용한다면, 우리는 우리 자신을 정렬시키고, 우리에게 이러한 신호를 보내는 동일한 근원과 진동적으로 일치할 수 있게 된다.

4. 사람들과의 정렬

우리의 생각이 다른 사람의 행동과 이상하게 연결될 때가 있는데, 이때도 우리는 흔히 정렬을 경험할 수 있다. 예를 들어, 우리는 몇 년 동안 보지 못했던 누군가를 떠올릴 때가 있다. 이것은 우리가 그 사람에 대한 내면의 이미지를 떨쳐버리지 못하고 있음을 의미한다. 특히 다른 누군가가 별다른 이유 없이 같은 사람을 언급하거나, 우리가 그 사람의 사진을 우연히 보게 될 때 더욱 그렇다. 그러다가 전화벨이 울리는데, 몇 년 동안 연락하지 않았던 바로 그 사람이다! 이처럼 영의 언어는 우리의 생각 에너지를 다른 사람의 진동 에너지와 정렬시킴으로써 작동한다.

다른 사람들의 행동이 우리의 생각과 맞아떨어지고, 그들의 물리적 존재가 우리의 개인적인 내면의 여정과 신비롭게 연결될 때, 우리는 주의를 기울여야 한다. 우리는 스스로에게 이렇게 말해야 한다. "영이 내 생각을 현재 일어나고 있는 사건들과 정렬시키고 있다. 분명히 그럴 만한 이유가 있을 테니 나는 여기서 주어지는 것에 주의를 기울일 것이다." 단지 그뿐이다. 무슨 일이 일어나고 있는지 인지하고, 당혹스럽고 해독할 수 없을지도 모르지만 마음을 열면, 우리가 배우도록 인도받고 있는 것을 발견할 가능성이 높다.

몇 주 전 나는 16년 전에 내가 썼던 책을 읽고 있었다. 그 책에서 나는 초등학교 4학년부터 고등학교까지 함께 학교를 다녔던 친구이자 내 첫사랑 얼린 렌츠를 언급했었다. 잠시 뒤 나는 책을 내려놓고 조깅을 하러 나갔지만, 얼린은 여전히 내 마음속을 떠나지 않았다. 나는 생각했다. 다음에 디트로이트에 가면 그녀에게 전화를 해야겠다. 올해 우리 둘 다 65번째 생일을 맞으니까.

바로 그날 저녁, 나는 마우이 유니티 교회(Unity Church of Maui)로부터 '마틴 루터 킹, 모한다스 간디 평화상(Martin Luther King, Mohandas Gandhi Peace Award)'을 받았다. 시상식에는 약 1,000명의 사람들이 참석했고, 연설을 마치고 사인회를 위해 로비로 걸어가는데 초등학교 때 내 옆자리에 앉았던, 학창 시절 내내 내 머릿속을 차지했던 나의 첫사랑 소녀를 보았다. 믿거나 말거나, 반세기가 훨씬 지나 내가 그녀를 생각하자, 그녀는 자신의 집에서 수천 마일 떨어진 라하이나 극장 로비에서 나를 껴안고 있었다! 알고 보니 그녀는 마우이를 방문 중이었고, 신문에서 나의 수상 소식을 보고 나를 놀라게 하려고 극장에 왔던 것이었다. 그것은 영의 동시성 정렬이 작동한 결과였다. 어떻게든 무의식적인 수준에서 나는 얼린이 그 지역에 있다는 사실도 모른 채 이미 그녀와 다시 연결되고 있었던 것이다.

같은 사람들이 다른 환경에서 나타나는 것을 알아차리는 것, 오랜만에 보지 못했던 사람의 이름을 방금 들은 후 그를 우연히 마주치는 것, 그리고 특정인의 이름을 잡지나 TV, 또는 동네 서점에서 반복해서 보는 것도 모두 동시성 정렬이다. 영은 이유가 있어 이런 일련의 일들을 우리 앞에 배열하고 있다. 이때 우리는 그 이유를 알아내는 데 마음이 열려 있어야 하며, 그러면 아마도 그 이유가 드러날 것이다. 어쩌면 그것은 꿈속에서일 수도 있고, 갑작스러운 유레카의 순간일 수도 있다! 그리고 우리가 단순히 허용하기만 하면 좀 더 명확해질 수도 있다. 메시지가 어떻게 오든, 우리는 새로운 통찰력과 이런 가능성에 대해 더 이상 닫힌 마음을 갖지 않음으로써 그것을 되돌아볼 수 있게 될 것이다.

아무리 우리가 정교한 과학 기술을 쌓아도 창조주가 만든 안구와 경쟁할 안구를 재현할 수 없다는 점을 고려해야 한다. 작은 안구 하나에도 우리 모두는 당혹스러워한다! 그러나 우리의 창조주는 매일매일

600만 개의 안구를 만들고 있다. 그것도 단지 인간의 안구만을 고려한 것이다! 영적인 창조주가 그렇게 할 수 있다면, 지금 우리에게 필요한 교사들에게 우리의 생각을 정렬시키는 것은 참으로 사소한 일인 것이다. 다시 말하지만, 신과 함께라면 모든 것이 가능하다.

이 장의 아이디어를 당신에게 적용하기 위한 몇 가지 제안

● 학생이 준비되면 교사가 나타난다는 것을 항상 기억하라. 항상 준비된 태도를 유지하라. 그러면 교사와 가르침이 당신을 위해 나타날 것이다. 다음의 글을 직접 써서 눈에 잘 띄는 곳에 붙여두라. "나는 준비되었다."

● 일단 준비되었다고 선언했다면, 영으로 돌아가는 것과 관련이 있을지도 모르는 어떤 것이나 어떤 사람도 비웃지 마라. 네 살짜리 아이들 사이에서 우연히 엿들은 대화조차 당신에게 메시지가 될 수 있다. 만약 그것이 조금이라도 마음에 와닿는다면, 그것을 신성한 메시지로 받아들여라.

● 당신 자신의 직관을 신뢰하라. 그 누구도 당신에게 전적으로 동의하거나 당신을 이해할 수 없다. 누군가 저항하는 태도를 가지

더라도 당신의 내면적 성향을 방어하지 마라. 단지 당신은 기분 좋게 느끼기를 원한다는 사실만을 기억하면 된다.

● 지금 당장 영과 소통할 수 있는 방법을 실제로 찾아보라. 예상치 못한 동시성이 나타날 때(당신이 그것에 열려 있을 때 점점 더 자주 나타날 것이다), 그것들로부터 무엇을 배워야 하는지 자문해보라. 고요한 명상이나 기도 속에서 평화롭게 창조주에게 물으면, 무엇이 당신을 인도하고 있는지 알게 될 것이다. 당신 주위를 영의 천사들이 둘러싸고 있으니, 주저하지 말고 요청하라. 그러면, 물론, 응답을 받을 것이다.

● 당신이 경험하는 이러한 정렬들이 당신에게 무엇을 말하고 있는지 익숙해지면, 삶에서 중대한 변화가 일어날 테니 준비하라. 나의 경우는 영으로부터 중독적인 방식을 포기해야 한다는 메시지를 반복해서 받았지만, 몇 년 동안 위험을 무릅쓰고 그것들을 무시했었다. 그러나 오늘날 나는 내가 권유받았던 메시지의 명백한 본질을 되돌아볼 수 있었고, 왜 내가 궁극적으로 그 에너지의 정렬을 따르지 않으면 안 되었는지 알게 되었다.

● 당신은 직장이나 도시, 또는 인간 관계에서까지 벗어나라고 안내를 받을지도 모르며, 이 모든 것이 현재로서는 두려운 소리로 들

릴 수도 있다. 그럼에도 불구하고, 신호가 계속 오고 그것들이 당신 내면에서 공명한다면, 그 단계를 밟아라. 그리고 그렇게 하는 동안 당신이 영감으로 가득한 삶으로 인도되고 있다는 것을 기억하라.

● 당신이 우주로부터 예기치 못한 충격을 받고 있는 것 같다면, 그 메시지를 받아들인 순간 당신이 무엇을 생각하고 있었는지 최선을 다해 정확히 기록하려 노력하라. 당신을 스쳐가는 새, 얼굴에 날아드는 나뭇잎, 세 번이나 부딪힌 발가락 등 무엇이든 그 순간 당신의 생각을 주목하고 방금 일어난 일과 어떤 관련성을 감지할 수 있는지 살펴라. 당신의 생각은 에너지이며, 영은 당신의 주의를 끌어 당신과 정렬시키고, 그런 다음 당신이 그 생각에 집중하거나 무시하도록 함으로써 소통한다.

내가 확실히 아는 것은 우주에서 만나는 모든 것과 우리 사이에는 분리가 없다는 것이다. 내가 가장 좋아하는 시인 중 한 명인 윌리엄 버틀러 예이츠(William Butler Yeats)는 이 장의 아이디어를 다음과 같이 완벽하게 요약하고 있다.

오 밤나무여, 뿌리 깊은 꽃나무여,
너는 잎인가, 꽃인가, 아니면 줄기인가?

오 음악에 맞춰 흔들리는 몸이여, 오 찬란한 눈빛이여,

우리가 어떻게 춤추는 자와 춤을 구분할 수 있겠는가?

신이 그러하듯 당신은 춤추는 자이자 춤 그 자체다. 다시 말해, 영으로부터 온 메시지들은 당신이 그것들을 느낀다면 바로 당신이다. 왜냐하면 춤추는 자와 춤, 뿌리와 꽃, 그리고 당신과 신을 분리하는 것은 불가능하기 때문이다. 분리가 일어나는 유일한 곳은 당신의 마음이다. 그러나 당신은 지금 당신의 궁극적인 소명에 귀 기울이고 있으므로, 영감 넘치는 삶을 향해 길로 나아가고 있다.

5부

영감에 대한 개인적 시각

"세상에는 존재하지 않는 삶의 방식이 있다.

비록 그것이 존재하는 것처럼 보이지만 말이다.

당신은 더 자주 미소 짓지만 겉모습은 변하지 않는다.

당신의 이마는 평온하고, 눈은 고요하다…

당신은 다른 사람들이 걷는 것처럼 이 길을 걷는다.

실제로는 그들과 다를지라도 그들과 구별되지 않아 보인다.

그러므로 당신은 자신을 섬기면서 동시에 다른 사람들을 섬길 수 있다…"

– 『기적 수업』 중에서

18장

내가 영감받을 때 보이는 삶의 모습

"일하면서 노래하는 사람을 내게 주오."

- 토마스 칼라일(Thomas Carlyle)

"그들은 할 수 있다고 생각하기 때문에 할 수 있다."

- 버질(Virgil)

마지막 장에서는 영감받은 느낌이 들 때, 세상이 어떻게 보이는지에 대한 나 자신의 개인적인 견해를 말하고자 한다. 우선 나 역시 대부분의 사람들처럼 항상 100퍼센트 영감에 사로잡혀 살지는 않으며, 때때로 실수하고 영감받지 못했다고 느낄 때가 있다는 것을 인정하고 싶다. 그러나 이러한 순간들은 점점 더 줄어들어 최근 몇 년 동안은 완전히 영감받지 못했다고 느낀 날을 떠올리기조차 어렵다.

다음은 이 책에 쓴 방식대로 영과 연결되었다고 느낄 때, 내 안에서 어떻게 느껴지는지와 내 주위에서 무엇이 일어나는 것처럼 보이는지에 대한 내 개인적 이야기이다.

잭

　17장을 완성하고 워싱턴주 베인브리지섬에 살고 있는 편집자 조안나에게 전화로 내용을 읽어준 바로 그날, 나는 65년 인생에서 가장 심오하고 신비로운 영 안에 있는 체험을 했다. 이 책의 표지는 그때 일어난 일을 재현한 것이다.

　조안나와 통화를 마친 후, 나는 매일 하던 대로 한 시간 동안 해변을 따라 산책을 했다… 그런데 어떤 이유에서인지 나는 해변 옆 잔디밭을 따라 평소와 다른 길을 택했다. 그때 나는 약 10년 전 세상을 떠난 디트로이트의 유니티 교회 목사였던 내 친구 잭 볼랜드(Jack Boland)를 떠올리고 있었다. 잭은 제왕나비를 사랑했는데, 강풍을 타고 수천 마일을 이동해 처음 고치에서 나온 나무의 가지로 돌아오는 이 종이처럼 얇은 생명체에 대한 경이로움을 내게 종종 들려주곤 했다. 잭이 세상을 떠나기 전에, 나는 완벽한 상태로 발견한 죽은 제왕나비가 담긴 아름다운 표본을 그에게 선물했다. 그리고 그가 죽었을 때, 그의 아내는 그것을 나에게 돌려주며 잭이 그 선물을 얼마나 사랑했는지, 핀 머리 크기의 작은 뇌에 그토록 신비로운 지능이 내장된 이 놀라운 생명체를 얼마나 존경했는지 말해주었다.

잭은 항상 나에게 "감사하는 마음을 가져라"라고 말했고, 모든 설교를 신에게 보내는 메시지로 이렇게 끝맺었다. "감사합니다, 감사합니다, 감사합니다." 그리고 그가 죽은 이후 세 번이나 제왕나비가 내 몸에 내려앉았다. 이 생명체들은 인간과의 접촉을 극도로 피하기 때문에 이런 일이 일어날 때마다 나는 잭을 생각하며 '감사합니다. 신이시여, 감사합니다. 감사합니다'라고 속으로 되뇌인다.

어쨌든 이 책의 마지막에서 두 번째 장을 완성한 것에 감사함을 느끼며 걷고 있을 때, 제왕나비가 나와 3피트(90센티미터) 떨어진 땅에 내려앉았다. 나는 속으로 잭의 마법 같은 말을 되뇌며(감사합니다, 신이시여, 감사합니다, 감사합니다), 내 삶과 그날의 아름다움에 깊은 감사를 느꼈다. 나비는 내가 다가갈 때까지 자리에 머물렀다가 날개를 몇 번 펄럭이더니 하늘로 날아갔다.

잭을 생각하며 약간은 어리둥절하고 한편으로는 엄청난 감사함을 느끼며, 나는 40~50야드(약 40미터) 떨어진 하늘에서 날고 있는 이 생명체를 바라보았다.

그런데 제왕나비가 유턴을 하더니 내 쪽으로 돌아와 내 손가락에 정확히 내려앉았다! 믿기지 않겠지만 신이 증인이다! 말할 필요도 없이 나는 충격을 받았다. 하지만 완전히 놀라지는 않았다. 나는 영 안에 더 오래 머물수록 이런 동시성과 유사한 경험을 더 많이 한다는 것을 잘 알고 있기 때문이었다. 하지만 그 후의 일은 나조차도 믿기지 않는 일이었다.

이 작은 생명체는 무려 두 시간 반 동안이나 나의 동반자가 되었다. 처음에는 한쪽 손에 앉았다가 다른 쪽 손으로 옮겨가며 날아갈 기미조차 보이지 않았다. 날개를 앞뒤로 움직이며 나와 소통하려는 듯 보였고, 심지어 마치 말을 하려는 듯 작은 주둥이를 오물거리기도 했다. 그리고 미친 소리로 들릴지 모르지만, 나는 이 소중한 생명체에 깊은 친밀감을 느꼈다. 나는 바닥에 앉아서 30여 분 동안 나의 연약한 새 친구와 함께 있었다. 그러고 나서 휴대폰으로 조안나에게 전화했는데, 그녀도 이 동시성에 놀라며 어떻게든 사진을 찍어야 한다고 주장했다.

이 시점에서 나는 약 1마일 떨어진 집으로 새 동반자와 함께 돌아가기로 결정했다. 바람이 거세게 부는 해변 산책로를 따라 돌아오는 동안 돌풍에 날개가 거세게 나부끼면서도 나비는 내 손가락에 달라붙어 있었고, 심지어 나를 떠나려는 그 어떤 기미도 보이지 않았다. 도중에 어머니와 함께 있는 네 살짜리 여자아이를 만났다. 소녀는 어린 삶에도 어떤 서러움이 있었는지 흐느껴 울고 있었는데, 내가 나의 '애완' 나비를 보여주자 표정이 순식간에 슬픔에서 행복으로 바뀌었다. 그녀는 활짝 미소를 지으며 내 검지에 앉은 날개 달린 생명체에 대해 이것저것 물어보았다.

집에 도착한 뒤, 나는 위층으로 오르는 계단을 밟으며 친구 리드 트레이시에게 전화를 했다. 그리고 바로 이 순간 벌어지고 있는 기이한 동시성에 대해 이야기하자 그는 나와 함께 웃었다. 내가 말했다. "리드, 90분이 지났는데 이 작은 녀석이 나를 입양했어." 리드 역시 이 일이 내가 쓰고 있는 것과 완벽히 일치하는 장면이라며 사진을 찍으라고 권유했다.

나는 '잭'이라 부르기로 한 새 친구를 베란다에 있는 자필로 쓴 17장 원고 위에 앉혀두고 아래층으로 내려갔다. 나는 근처에서 일하고 있던 젊은 여성 신디를 찾아 가게에 가서 일회용 카메라를 사다 달라고 부탁했다. 잠시 뒤 그녀가 카메라를 사 왔고, 나는 돌아가 잭 옆에 손을 내밀었다. 그러자 잭이 내 손가락 위로 바로 뛰어올랐다(이 책 표지에 실린 사진은 그 마법 같은 순간을 재현한 것이다)!

내 나비 동반자는 나와 영원히 함께하기로 결정한 것처럼 보였다.

이 작은 신의 피조물과 명상하고 교감하며, 그리고 이 사건을 내가 겪은 일 중 가장 전례 없고 비범한 영적 에피소드로 인식하고 숙고한 지 또 한 시간 정도 지난 후, 나는 더운물로 샤워을 하기 위해 잭을 다시 원고 위에 조심스럽게 올려놓았다. 그리고 돌아와서 지난 150분 동안 여러 번 그랬던 것처럼 날개 달린 친구에게 내 손가락을 가져갔다. 그는 완전히 다른 작은 동물처럼 보였다. 그때였다. 테이블 위에 앉아 있던 그가 날개를 퍼덕이더니 곧장 하늘을 향해 날아올랐다. 그와 함께한 순간은 이제 역사가 되었지만, 나는 여전히 그때 찍은 사진을 소중히 간직하고 있다.

다음 날 아침, 나는 10년 넘게 보지 않았던 내가 좋아하는 영화 〈브라더 썬, 시스터 문〉(Brother Sun, Sister Moon)을 보았다. 그리고 아니나 다를까, 프랑코 제피렐리(Franco Zeffirelli) 감독이 성 프란치스코의 생애를 해석한 영화의 첫 장면에서 나비 한 마리가 그의 손가락에 앉아 있는 것을 보았다.

영감 가득한 진동

영의 언어에 열려 있는 삶을 살 때, 나는 거의 압도적인 황홀경에 사로잡히는 느낌을 받는다. 실제로 잭과의 경험 이후 며칠 동안, 사람들은 내가 매우 평화롭고 만족스러워 보인다고 계속 말했고, 한 여성은 심지어 내가 '걸어다니는 은총' 같다고 말하기도 했다. 나비 친구와의 이 에피소드와 영으로부터 온 메시지가 내게 전례 없는 수준의 감동을 주었던 것이다. 영 안에 있는 관점에서, 나는 영의 손이 나를 감싸는 것을 보았고, 이렇게 말하는 것을 들었다. "너는 혼자가 아니다. 내가 너를 인도할 테니 네가 무엇을 하든 나의 존재를 의심하지 마라."

이 말은 나에게 위안을 주며 안전하고 혼자가 아니라는 느낌을 준다. 나는 내 존재의 근원과 거의 완벽한 조화 속에서 살고, 목적을 가지고 살며, 마음에서 우러나는 글을 쓰기 때문에 기분이 좋다. 내가 영감을 받았다고 느끼는 이유는 세상이 완벽하게 보이기 때문이 아니다. 오히려 그 반대다. 세상이 나에게 완벽하게 보이는 이유는 내가 영 안에 있기 때문이다. 즉, 나는 영감받은 삶을 살기로 선택한 사람이다. 나는 아침 일찍 깨어나는 순간부터 잠들면서 눈을 감을 때까지 감사하는 마음을 유지할 수 있고, 하루 종일 영 안에 머무르는 것이 진정으로 진동의 조화 속에 머무는 것임을 깨우친다.

일상에서 마주치는 그 누구도, 책을 통해 읽는 그 어떤 것도, 나는 바꿀 필요성을 느끼지 못한다. 그렇게 하고 싶은 유혹을 느낄 때마다, 나는 스스로를 다잡고 지금 여기에서 신을 더 닮아가고자 하는 마음가짐으로 돌아간다. 나는 내 안의 에너지 변화를 통해 영감을 얻는다. 내가 그렇게 할 때, 세상은 완전히 다르게 보이고, 나의 내면은 평화와 친절을 향해 나아간다. 이 에너지적 전환은 단지 모든 것을 창조하는 근원과 하나가 되었다는 통찰로부터 사람들과 사건들을 처리하는 방식일 뿐이다. 즉, 판단을 피하고 세상을 내가 생각하는 대로가 아니라 있는 그대로 존재하도록 허용하는 것이다.

나는 다른 사람들이 자신의 운명을 살아가도록 격려하고 세상이 있는 그대로 펼쳐지도록 허용함으로써 영감받은 상태를 유지하며, 훨씬 더 평화로운 느낌을 받는다. 이러한 영감의 관점에서 살아갈 때, 나의 진동 에너지는 우주의 창조 에너지와 더 잘 조율되고, 내가 다른 사람들에게 미치는 영향이 훨씬 더 영적으로 정렬되어 있음을 알게 된다. 더욱이, 나는 나 자신이 이 세상을 좀 더 영적으로 지향하는 곳으로 만들기 위해 매우 강력한 일을 하고 있다는 것을 안다.

반면에 분노나 수치, 증오, 또는 복수심에 공명할 때, 나는 내가 그토록 반대하는 것에 동참함으로써 명백히 비 영적인 에너지들을 불러온다는 것을 알고 있다. 그러나 이러한 낮은 에고가 지배하는 에너지에 무조건적인 사랑, 관용, 그리고 연민을 가져오면, 세상이 얼마나 다르게 보이는지, 심지어 신이 실현된 이러한 에너지의 존재 앞에서 주변 사람들이 얼마나 다르게 행동하는지 볼 수 있게 된다. 나는 영 안에 있을 때 낙관적이 되며, 때가 오고 있거나 이미 온 아이디어를 방해할 수 있는 것은 아무것도 없다는 것을 잘 알고 있다.

나는 우리의 창조주가 무엇을 하는지 알고 있으며, 에고가 나쁘거나 악하다고 믿으며, 선이 이긴다는 것을 믿는다. 나는 우리 모두가 더 이상 전쟁의 참혹함을 모르거나, 문화적 견해가 다르고 고유한 신체적 특징을 가진 전 세계의 형제자매에 대한 비인간적인 오랜 습관을 더는 실천하지 않는 세상을 향해 나아가고 있음을 느낀다. 영 안에 머물 때, 나는 진정으로 하나의 민족으로서 우리 모두에게 있는 위대함의 잠재력을 보게 된다. 그리고 고뇌로부터 적어도 내가 신성 실현의 자리에서 살 수 있고, 선(신)을 위한 힘이 되는 것을 실천할 수 있다는 믿음으로 돌아선다.

영과 진동적으로 정렬 상태를 유지하면 삶의 모든 활동에서 좀 더 현재에 머무를 수 있다. 목표나 결과, 승리, 또는 물질의 축적에 대한 관심이 줄어들고 삶을 즐기는 과정에 훨씬 더 몰입하게 된다. 애써 노력하지 않아도 도달하게 되고, 예전의 영감 없는 걱정과 고뇌의 상태보다 흐름의 상태에 있는 것이 훨씬 더 흔해진다. 영은 어제도 아니고 내일도 아니고 오직 지금 여기에만 있다는 것을 스스로 상기할 수 있

다. 나의 진동을 영적으로 정렬함으로써 나는 현재 속의 황홀경을 본
다. 한때 걱정의 근원이었던 다른 모든 것들이 떠오르지 않는다. 결과
는 이미 내 마음속에서 처리되었기 때문이다. 나는 앞으로 일어날 일
은 일어날 것이라고 스스로 상기한다.

이런 식으로 접근할 때, 세상은 훨씬 더 평화롭게 보이고, 한때 어떤
대가를 치르더라도 이기고자 했던 나의 에고는 다른 은하계 경기장의
먼 좌석으로 밀려난다!

영감 선택하기

잭과의 경험뿐만 아니라 삶에서 겪은 비슷한 종류의 많은 에피소드
는 물질세계의 법칙이 신을 실현하는 존재 앞에서는 진정으로 적용되
지 않는다는 것을 내게 가르쳐주었다. 그리고 이런 영감의 수준에서
살아갈 선택권이 있다는 것을 알고, 그렇게 선택할 때, 실제로 세상이
변하는 것을 나는 경험했다. 동물들은 생물학적 유전학이 허용하는
것과 다르게 내게 행동하고, 멀리 있는 사람들이 텔레파시로 내 말을
들으며 나의 가장 높은 생각에 반응하는 것 같으며, 과학자들이 설명
하지 못하는 물체의 실체화가 이루어지고, 현대 의학이 불가능하다고
말하는데도 치유가 일어난다. 다시 말해, 기적이 평범한 일처럼 보인
다. 세상은 모든 것이 가능하고, 제한과 한계가 존재하지 않으며, 창

조주의 힘이 바로 내 앞에 내려앉아 그 무한한 가능성을 목격하라고 간청하는 것처럼 보인다. 영에 나 자신을 정렬시킬 때 나는 이렇게 느끼는 것이다. 이것을 알고 있는 사람이 거의 없다는 것을 알기에 오만해질 수도 있지만, 나는 그 모든 기적에 겸손하고 경외감을 느낀다!

영 안에 머무르는 것을 기억하면, 한 가지 일이 잘못되는 것처럼 보여도 사실은 열 가지 일이 잘되어 가고 있는 중임을 분명히 알게 된다. 예를 들어, 휴대전화가 고장 나자, 나는 내 건강 상태가 좋고, 내 가족이 평화로우며, 바다는 수영하기 좋을 만큼 잔잔하고, 은행 계좌에 잔고가 넉넉히 남아 있으며, 전기가 제대로 작동하고 있다는 사실 등등을 확인할 수 있었다. 이처럼 영 안에 있는 관점에서, 나는 자동적으로 나의 주의를 잘못된 일에서 좋은 일로 옮긴다. 그렇게 좋은 일에 초점을 맞추면 실제로 좋은 일이 내게 끌어당겨진다. 반면, 예전에는 잘못된 것에만 초점을 맞추다 보니 오히려 점점 더 잘못된 일을 끌어당겼었다. 이 웅장한 영감의 자리에서 바라보는 세상은 지금 나에게 얼마나 숭고하게 아름답게 보이는지! 나는 이제 더 이상 잘못되고 있는 것에 초점을 맞추고 그것을 끌어당기지 않는다. 왜냐하면 나는 나의 주의를 올바른 것, 잘되고 있는 것, 그리고 모든 것을 창조하는 영과 정렬하는 것에 두는 법을 배웠기 때문이다.

이 영감의 자리에서 나는 이렇게 되묻는다. "만약 내가 내 내면을 깊숙이 들여다보고 원죄를 전혀 발견하지 못한다면 어떨까? 다시 말해, 그 대신 원초적 순수함을 발견한다면 어떨까? 그리고 모든 사람도 마찬가지라면 어떨까?" 나는 우리의 창조적 근원이 '선'이라는 것을 알고 있으며, 또한 우리는 우리의 본향과 똑같아야 한다는 것을 안다. 그러므로 나를 포함한 모든 사람은 신의 한 조각이다. 우리는 죄나 약함에서 온 것이 아니라 순수함과 사랑에서 이 세상에 왔다. 모든 사람에게서 그리스도의 의식을 볼 때, 비록 그들이 나와 크게 다른 사람일지라도 나는 기분이 좋다(신을 느끼기 때문이다). 이처럼 누구에게도 원죄가 없다는 것을 알 때, 나는 "모든 (아픈) 사람 속에서 나는 가장 고통스러운 모습으로 변장한 그리스도의 얼굴을 본다"고 말한 테레사 수녀처럼 생각하게 되는 것이다.

내가 찾는 것이 죄와 연약함이 아니라 선함일 때, 나는 바로 그것을 보게 된다. 그러면 나는 내 차 앞에서 천천히 운전하는 노부인, 계산대 앞에서 동전을 더듬으며 나를 지체시키는 노인, 독서에 집중하려고 할 때 시끄럽게 소리를 지르는 아이들, 귀청이 터질 듯한 랩 음악에 맞춰 소리치는 청소년들, 또는 귀를 먹먹하게 하는 소리로 공기를 혼란으로 채우는 착암기 운전자에게서도 선함을 본다. 내가 영감받을 때, 나는 사소한 문제로 변장한 신의 실현을 보며, 세상은 아름답고, 행복하며, 심지어 평화로워 보인다. 그리고 나는 루미의 현명한 조언을 떠올린다. "만약 당신이 모든 마찰에 짜증을 낸다면, 당신이 어떻게 매끈해질 수 있겠는가?"

영감받을 때, 나는 내가 하는 모든 것에 얼마나 큰 열정을 느끼는지 깨닫는다. 지치지 않고 활기차게 테니스를 치고, 마음에서 우러나오는 글을 쓴다. 기분이 좋다(신)는 내면의 느낌은 깨어 있는 모든 순간에 밖으로 드러난다. 영감은 내가 사랑하는 것을 하는 것을 의미하며, 더 중요하게는 내가 하는 것을 사랑하는 것을 의미한다. 그것은 내 삶의 활동에 사랑과 열정을 가져오는 나의 의지이다. 사건과 활동으로부터 사랑이 나타나기를 찾는 것이 아니라는 뜻이다. 영감은 태도이며, 이를 알기에 나는 가능한 한 좋은 태도를 선택하려고 노력한다. 나는 열정적인 것이 기분 좋게(신) 느껴진다는 것을 알고 있으며, 언제든 이러한 태도를 선택할 수 있는 권리가 있다는 것을 알고 있다. 영 안에 머무름으로써, 이러한 삶의 관점이 제2의 본성이 된 것이다.

영감받은 삶을 살기로 결심함으로써, 나는 영적인 생각에 반응하는 창조적인 힘과 균형을 이루기로 선택한다. 또한 나는 악한 우주가 아닌 우호적인 우주에 살고 있다고 믿으며, 비슷한 방식으로 우주로부터 지지받고 있다고 느낀다. 신이 내게 보내주는 모든 것에 감사하며, 내 삶에서 동시성 사건이 일어날 때 놀라지 않는다. 나와 멀리 떨어져 사는 누군가를 마음에 떠올릴 때, 나는 실제로 그 사람이 나에게 전화할 것이라 기대한다…. 그리고 그런 일이 반복해서 일어난다.

나는 생각이 곧 에너지이며, 그렇기에 영과 조화를 이루는 생각들이 창조 과정을 활성화하기 위해 정렬된다는 것을 알고 있다. 나는 이 모든 것이 완벽하게 흐르는 것을 지켜보고, 모든 창조를 책임지는 힘과 조화를 이루는 것을 좋아한다. 나는 나의 깊은 내면에서 이 힘의 활성화에 참여함으로써 영적으로 정렬된 소망들을 현실로 만들 수 있다는 것을 안다.

결과를 바라거나 소망하거나 심지어 기도하기보다, 나의 내면은 내가 원하는 것이 실현 가능하고 이미 오고 있다는 생각과 정렬된다. 이런 종류의 영감받은 깨달음은 나를 불안과 걱정으로부터 해방시켜준다. 나는 단언한다. "그것은 오고 있다. 소란 피울 필요는 전혀 없다." 그리고 나는 그것이 내 삶에 도착하는 시간을 비롯해 모든 것을 알기에, 항상 창조적인 영적 근원의 손에 맡긴다. 나는 더 이상 우주의 창조주를 의심하지 않는다. 왜냐하면 나는 모든 타이밍에 평온하기 때문이다. 나는 이제 강물을 밀어붙이지 않고, 내 에고의 시간표가 신의 시간표와 같아야 한다고 요구하지 않을 만큼 충분히 알고 있다.

나는 영 안에 머무름으로써, 실제로 내가 공동 창조자로서 참여하고 있으며, 이 정렬된 공간에 더 많이 머무를수록 그 과정이 더 빨라지는 것 같다는 것을 안다. 영감을 유지하는 것(그리고 이것이 의미하는 모든 것)을 더 의식하게 된 이후로, 내가 생각하는 것과 그것이 실제로 내 물리적 삶에 나타나는 것 사이의 시간이 점점 더 짧아졌다는 것을 깨달았다. 나는 궁극적인 발현은 생각과 그것의 물리적 발현 사이에 어떠한 지연도 없는 것임을 안다. 소위 '빵과 물고기의 기적'이라 불리는 것은 진정으로 완벽한 신의 실현이다. 즉, 음식을 생각하면 음식이 나타나고, 누구의 웰빙을 생각하면 질병이 사라진다. 나는 이 그리스도 의식이 우리 모두에게 가능하다는 것을 알고 있으며, 실제로 영 안에 더 많이 머무를수록 그것을 훨씬 더 많이 엿보게 된다.

나의 노래 부르기

　나의 영감받은 소망의 발현에서 일어난 가장 큰 변화는 나 자신의 능력, 즉 창조적 힘을 활성화할 수 있는 능력을 자각하게 된 것이다. 오늘날 나는 의식적으로 영 안에 살면서 이 신성한 동시적 힘을 활성화함으로써 그 힘이 나 자신을 위해서만이 아니라 나와 함께 다른 사람들에게도 작동하도록 할 수 있다는 느낌을 점점 더 강하게 받는다. 나는 이러한 신비로운 순간을 나의 에고가 정지되고, 영(나의 신성한 욕망과 함께)이 스승이 되는 거룩한 순간으로 여긴다.

　내 안에서 영감이 커지면서, 나는 다른 사람들을 위해 더 많은 것을 하고 싶어 하고, 나 자신에게는 덜 집중하는 나를 발견한다. 내가 원하는 것은 나 자신보다 다른 사람들을 위해 더 많은 것을 바라는 역설적인 방식을 통해 실현된다. 이런 방식으로 다른 사람들에게 영감을 줄 수 있는 방법을 의도적으로 찾다 보니 영과 점점 더 가까워지고, 아이러니하게도 이러한 나눔의 결과로 내가 원하는 것이 더 많이 나에게 흘러들어 오는 것을 느낀다.

　내 삶의 지금 이 시점에서 나는 이 영광스러운 영감의 상태를 유지하려면 특히 다른 사람들을 비난하지 않아야 한다는 생각이 든다. 나는 다른 사람들의 행동을 보며, 심지어 영감의 세계에 혐오감을 주는 행동을 하는 사람들에게도 사랑을 보낸다. 그리고 나는 폭력이나 빈곤, 암, 에이즈, 마약 중독 등의 문제에 대해 전쟁을 선포하는 것이 해결책이 아니라는 것을 내면 깊숙이 안다. 나는 폭력적이거나 분노에 차 있거나 증오에 찬 생각이나 행동으로 이러한 문제들을 악화시키는 데에는 관심이 없다. 내가 아무리 아프더라도 한 사람을 낫게 할 수 없고, 아무리 화가 나더라도 폭력을 종식시킬 수는 없다는 것을 알고 있기 때문이다. 나는 또한 영 안에 머물면서 이러한 낮은 에고 기반의 에너지에 더 높은 정신 에너지를 가져옴으로써 내가 변화의 원동력이 될 수 있고, 영에 더 가까운 곳으로 세상을 이끄는 힘이 된다는 것을 매우 강하게 느낀다.

나는 나의 삶과 다른 모든 사람들의 삶에 건강과 풍요가 깃들기를 바라며, 나아가 사랑하는 지구가 평화롭기를 기대하고, 실제로 지구가 이러한 방향으로 움직이고 있다는 것을 알고 있다. 나는 겉보기에는 악해 보이는 모든 행동의 이면에 백만 가지의 친절이 있다는 것을 안다. 그것이 내가 주의를 두는 것이고, 그것이 내가 나누고자 하는 것이다. 많은 시간을 그렇게 함으로써 목적과 조화를 이루는 느낌을 받는 것이 나의 보람이다. 나는 매일 아침 찌르레기들의 노랫소리를 들으며 그들이 삶의 모든 문제에 대한 해답을 가지고 있어서가 아니라, 그들 안에 분명히 밖으로 내보내야 할 노래가 있기 때문에 그렇게 한다는 것을 안다. 나 또한 부를 노래가 있으며, 영 안에 머무름으로써 나는 하루 종일, 매일 그 노래를 부를 수 있다.

나는 "내가 무엇을 해야 하는가?"라는 질문에 대한 답은 내 내면의 화면에서 '예'라는 단어를 보는 것임을 안다. 그리고 "예, 나는 듣고 있습니다", "예, 나는 주의를 기울이고 있습니다"라고 말하는 것이다. 그리고 가장 중요한 것은 "예, 나는 기꺼이 하겠습니다"이다. 반면, 영감을 받지 못하는 사람들은 그들의 존재 핵심에 있는 느낌에 대해 '예'라고 말하기를 꺼린다는 것을 알고 있다. 그에 비해 나는 모든 예감, 불타는 욕망, 그리고 사라지지 않는 생각에 '예'라고 말함으로써, 즉 기꺼이 '예'라고 말했기 때문에 나와 함께하는 인도하는 영의 손길을 느낀다. 삶에 '예'라고 말함으로써, 세상과 그 안에 사는 모든 사람들을 완전히 새로운 방식으로 바라보는 것이다.

점점 더 많은 영감을 얻게 되면서, 나는 거의 모든 사람에게서 영을 본다. 그리고 그들이 쌓아온 성공의 축적물을 보는 대신 그들의 영을 감지함으로써, 나는 모든 사람과 훨씬 더 연결되어 있다고 느낀다. 나는 이것을 '눈이 아닌 마음으로 보기'라고 부른다. 이제 나의 정체성은 이 세상에 국한되지 않은 경험들과도 연결되어 있는 것 같다. 그리고 나는 나의 마음이 보는 것, 즉 기적을 위한 가능성과 열린 문을 사랑한다! 그것은 내 눈의 한계 너머를 바라보며, 우리 모두가 무한한 세상에서 하나임을 안다. 나의 마음은 더 이상 죽음을 두려워할 대상으로 여기지 않는다. 오히려 무한한 곳에서 살 수 있으며, 육신의 세계에서 한 발짝 물러나 관찰자가 될 수 있기 때문이다. 하루하루가 흐를 때마다 나는 나의 마음이 진실이라고 아는 것을 느끼며, 어디서나 이 모든 것을 아우르는 이 사랑의 본질을 찾는다.

영감을 받았을 때 내가 어떻게 느끼는지를 제대로 전달하는 것은 아마 불가능할 것이다. 여기서 내가 진심으로 나누고 싶은 것은 우리의 근원과 완전히 조화를 이루는 느낌이 모든 곳에서 기적을 만들어낸다는 것이다. 나는 영감받은 경이로운 조망에서 이 세상을 관찰하고 소통할 때 등골이 오싹해지는 행복감을 느낀다. 『기적 수업』의 이 구절이 나에게 진실로 다가온다. "그러나 반드시 인식해야 할 것은 탄생이 시작이 아니었고, 죽음이 끝이 아니라는 것이다." 이것이 바로 내가 이 무한한 영 안의 관점에서 얻은 앎이다.

갈등은 없다. 모든 것은 있어야 할 그대로 있는 것이다. 내가 개선하고 싶은 것들은 싸움이 아니라 영과의 연결 상태를 유지하는 데 주의를 기울임으로써 성취될 것이다. 고린도전서에서 성 바울은 이렇게 말한다. "너희 가운데 소송이 있다는 사실 자체가 너희가 이미 완전히 패배했음을 의미한다." 영감의 자리에서 살면서 나는 갈등이 더 이상 나에게 가능하지 않다는 것을 알게 되었고, 바울이 고린도 사람들에게 보낸 그 편지에서 말하고자 했던 것이 무엇인지 이해하게 되었다. 나는 패배하지 않을 것이다. 그럴 수 없다. 왜냐하면 나에게는 더 이상 '그들'이 없고, 오직 '우리'만 있기 때문이다. 나는 나의 마음을 영으로 돌렸다. 나는 신이 나를 자신처럼 창조했다는 것을 알고, 내가 신처럼 되어야 한다는 것을 안다. 이 생각은 다른 어떤 것보다도 내가 이 장에서 나눌 수 있는 것 이상으로 나에게 영감을 준다.

나는 계속해서 영감을 얻고, 눈으로 보는 것만이 아니라 마음이 아는 대로 살아가고자 한다. 그리고 나의 마음은 우리 모두가 창조적이고 조직적인 지능이 뒷받침하는 우주 안에 있다는 것을 알고 있다. 나는 그 영감이 나를 통해 흐르고 있다는 것을 알고 있으며, 신이 허락한다면 나는 영 안에 머물며 당신이 이곳에 와서 살고자 했던 영감 가득한 삶을 살 수 있도록 도울 것이다. 이보다 더 큰 축복은 있을 수 없다!

나는 당신에게 사랑을 보내고, 빛으로 당신을 감싸며, 나와 함께 영 안에서 살아가기를 바란다.